校级规划教材

刑法总论导学教程

Learning Guide to The General Theory of Criminal Law

主　编　石经海　刘湘廉

副主编　丁胜明

撰稿人（以姓氏笔画为序）　丁胜明　石经海　刘湘廉　刘沛谞　骆　多　谢佳君

法律出版社

——北　京——

始创于1954年

好书，同好老师和好学生分享

图书在版编目(CIP)数据

刑法总论导学教程 / 石经海, 刘湘廉主编. -- 北京: 法律出版社, 2021(2022.9 重印)
ISBN 978-7-5197-5973-5

Ⅰ. ①刑… Ⅱ. ①石… ②刘… Ⅲ. ①刑法-法学-中国-教材 Ⅳ. ①D924.01

中国版本图书馆 CIP 数据核字(2021)第 199178 号

刑法总论导学教程
XINGFA ZONGLUN DAOXUE JIAOCHENG

主　编 石经海　刘湘廉
副主编 丁胜明

责任编辑 刘　琳
装帧设计 凌点工作室

出版发行 法律出版社
编辑统筹 法律教育出版分社
责任校对 周合芝
责任印制 刘晓伟
经　　销 新华书店

开本 710 毫米×1000 毫米 1/16
印张 18.75　**字数** 306 千
版本 2021 年 11 月第 1 版
印次 2022 年 9 月第 2 次印刷
印刷 固安华明印业有限公司

地址:北京市丰台区莲花池西里 7 号(100073)
网址:www.lawpress.com.cn
投稿邮箱:info@lawpress.com.cn
举报盗版邮箱:jbwq@lawpress.com.cn

销售电话:010-83938349
客服电话:010-83938350
咨询电话:010-63939796

书号:ISBN 978-7-5197-5973-5
定价:49.00 元

凡购买本社图书,如有印装错误,我社负责退换。电话:010-83938349

编写说明

《刑法总论导学教程》是法学本科专业“马工程”刑法学教材和西南政法大学刑法学科组织编写的相关教材的配套教学用书，也是西南政法大学“首批国家级线下一流本科课程”刑法学总论（2020年11月入选）建设的前期成效总结与成果提炼。

刑法学是西南政法大学的传统优势课程。自1952年8月西南革命人民大学政法系筹建西南政法学院刑法学科至今，本课程先后建为重庆市精品课程（2004年）、重庆市精品资源共享课（2013年）、重庆市精品视频公开课（2014年）、重庆市研究生优质课程（2015年）、重庆市一流本科课程（2020年）和教育部首批国家级线下一流本科课程（2020年）。

本教程所依托的刑法学总论“首批国家级线下一流本科课程”探索，其教学模式主要是针对我国新时期本科教学普遍存在的课程思政未能融合、学生学习不够投入、教师教学不够敬业、考核方式不够科学等突出问题，基于“德法兼修”的法治人才培养理念、“课程育人”的课程思政理念、“有效过程学习”的学生学习主体理念、“一切为了学生”的潜心教书育人理念和“问题导向”的靶向教育理念，将“课程思政”“专业思维”“能力培养”等人才培养核心要素融入全部教学内容和任务中，并分流到“课前—课上—课后”三个阶段，通过“课前自主学习—课上交流解惑—课后总结提升”方式方法，以“集体备课”“团队管理”“扣分制考核”措施保障其有效完成。在以上模式中，学生始终是教学任务的完成主体（教师只是主导者），并使“教学互动”贯穿“课前—课上—课后”的整个教学过程中。其中，在课前，学生需将那些基础性内容消化吸收掉；在课上，教师主要交流解惑那些学生有疑惑，或教师认为是重难点或需拓展的内容；在课后，学生需就每次课进行总结，梳理本次课的收获与尚存在的疑惑，提出对教学的意见和建议，教师据此予以评估自己教学效果和对此予以集体答疑。为保障以上要求的有效实现，教程采取了强有力的

“全过程集体备课”“多层级教学管理”“扣分制过程考核”等措施，确保教学任务、教学内容、教学方法、教学投入、教学效果、教学方案等落到实处。

本教程的编写，以 2018 年立项的刑法学总论校级重大课改项目及 2019 年在法学院 6 个教学班试点运行的教学改革材料为蓝本，吸收了近两年分别在全校 24 个教学班（30—110 人）和 48 个教学班（30—70 人）推广应用中的有益探索经验。3 年的课程探索与实践，不仅较好地解决了前述突出教学问题，而且还促进了教与学的良性循环和学风的提升，并附带解决了课堂教学课时不足等问题。

全书由主编和副主编统改定稿。编写人员为西南政法大学刑法学科本改革课程的第一批核心团队成员，包括：石经海（法学博士，西南政法大学教授、博士生导师、刑法学科带头人/负责人、本课程负责人）、刘湘廉（法学学士，西南政法大学副教授，硕士生导师）、丁胜明（法学博士，西南政法大学副教授，博士生导师）、骆多（法学博士，西南政法大学讲师，硕士生导师）、谢佳君（法学博士，西南政法大学副教授，硕士生导师）和刘沛谞（法学博士，西南政法大学副教授，硕士生导师）。

本课程改革实践的第一批教学助理、西南政法大学刑法专业硕士研究生袁飞、唐渠渠、石晓玲、贺笑冰、孙茜、耿腾飞、何雨辉、李书萧以及参与后续改革实践的各研究生教学助理，为教程内容的形成与完善做了大量辅助工作，特致谢忱。

作为教程，虽然依托的是西南政法大学法学本科课程《刑法学总论》，但我们期待其在教学理念、教学措施等方面具有一定的普适性。同时，我们也期待参阅本教程的老师和同学能结合自身的“教”“学”提出相应的完善意见和建议，共同助力提升本科教学效果！

编著者

2021 年 5 月

作 者 简 介

石经海　男,安徽宿松人,法学博士。西南政法大学教授、博士生导师、刑法学科带头人(负责人)、量刑研究中心主任、学术集刊《量刑研究》主编,国家级二等奖教学成果"法治人才'四位一体'培养模式的探索与实践"主要执笔人(个人排名第三),国家社科基金重大项目"国家毒品问题治理的实践困境与模式创新研究"首席专家,中国刑法学研究会常务理事,重庆市第四批哲学社会科学领军人才,重庆市第三批技术学术带头人,重庆市高等教育教学改革研究项目"新时代本科'金课'建设的探索与实践"负责人,首批国家级线下一流本科课程《刑法学总论》负责人。本书第一主编。

刘湘廉　男,湖南邵东人,法学学士。西南政法大学副教授、硕士生导师、刑法教研室副主任,曾任西南政法大学成人教育学院副院长、继续教育学院院长,担任《刑法学》《刑法学总论论点要览》《刑事案例诉辩审评——杀人罪、伤害罪》主编,担任四川省高等教育自学考试教材《刑法》、新阶梯法学规划系列教材《刑法分论》和《经济刑法学》副主编,首批国家级线下一流本科课程《刑法学总论》核心成员。本书第二主编。

丁胜明　男,安徽安庆人,法学博士。西南政法大学副教授、博士生导师,重庆市巴渝学者青年学者,首批国家线下一流课程《刑法学总论》核心成员。本书副主编。

骆　多　男,重庆万州人,法学博士。西南政法大学讲师、硕士生导师、量刑研究中心副主任,第四届全国刑法学优秀博士论文二等奖获得者,首批国家线下一流课程《刑法学总论》核心成员。本书编写组成员。

谢佳君　女，重庆人，法学博士。西南政法大学法学院副教授、硕士生导师。2013年3月获得日本早稻田大学法学博士学位，2017年10月至2018年8月日本京都大学访问学者，首批国家线下一流课程《刑法学总论》核心成员。本书编写组成员。

刘沛谞　男，四川苍溪人，法学博士。西南政法大学法学院副教授、硕士生导师，美国辛辛那提大学（UC）法学院访问学者，曾任四川省武胜县人民检察院副检察长，曾在重庆市人民检察院第一分院挂职职务犯罪侦查局局长助理，首批国家线下一流课程《刑法学总论》核心成员。本书编写组成员。

目录

第一部分
课程及其基本教学方式

- 课程性质 /3
- 授课对象 /3
- 教学方法 /3
- 考核方式 /5
- 教学手段 /6
- 行课安排 /9

第二部分
各讲教学要求与安排

第一讲　刑法学概说 /13
第二讲　刑法概说 /21
第三讲　刑法的基本原则 /28
第四讲　刑法的效力范围 /40
第五讲　犯罪概念与犯罪构成 /48
第六讲　犯罪客体、犯罪客观方面(一) /58
第七讲　犯罪客观方面(二) /66
第八讲　犯罪主体 /72
第九讲　犯罪主观方面(一) /81
第十讲　犯罪主观方面(二) /85
第十一讲　正当行为 /93
第十二讲　犯罪的停止形态 /105
第十三讲　共同犯罪 /115
第十四讲　罪数 /124
第十五讲　刑事责任及其实现方式、刑罚制度(一) /131
第十六讲　刑罚制度(二) /138

第三部分 课程配套学习案例

第一章 刑法的基本原则 / 151
第二章 刑法的效力范围 / 159
第三章 犯罪概念与犯罪构成 / 166
第四章 犯罪客体 / 181
第五章 犯罪客观方面 / 189
第六章 犯罪主体 / 205
第七章 犯罪主观方面 / 214
第八章 正当行为 / 224
第九章 犯罪的停止形态 / 240
第十章 共同犯罪 / 248
第十一章 罪数 / 268
第十二章 刑罚与量刑 / 273

案例目录

赵某华非法持有枪支案 ／151

方某某裸聊案 ／153

李某组织男性卖淫案 ／155

范某冰逃税案 ／156

张某强管辖权争议案 ／159

糯康等贩毒、杀人案 ／161

特大跨国电信诈骗案 ／163

王某军非法经营案 ／166

“非遗”传承人制造爆炸物案 ／169

蒲某升帮助他人安乐死案 ／171

陆某代购抗癌药案 ／174

福建赵某见义勇为案 ／177

南京换偶案 ／181

徐某盗取自己被扣押的机动车案 ／184

陈某盗取 QQ 密保卡数据案 ／186

刘某涉嫌过失致人死亡案 ／189

佛山“小悦悦”案 ／191

宋某祥不阻止妻子上吊自杀案 ／193

颜某于等故意杀人案 ／195

快播公司传播淫秽物品牟利案 ／197

首例高空抛物危害公共安全案 ／200

盗卖 QQ 靓号案 ／202

大连 13 岁男孩杀人案 ／205

姜某某涉嫌抢劫案 ／207

抑郁症患者滕某杀人案 ／209

彭某吸毒后杀人案 ／211
天价葡萄案 ／214
孙某铭以危险方法危害公共安全案 ／216
于某平爆炸案 ／218
莫某晶放火案 ／220
梁某涉嫌盗窃案 ／222
于某刺死辱母者案 ／224
范某秀防卫过当案 ／227
昆山于某明“反杀”案 ／230
邓某娇防卫案 ／232
谢某强假想防卫过当案 ／235
王某兴破坏交通设施案 ／237
黄某勇等入户抢劫案 ／240
孙某财破坏交通设施案 ／241
李某容抢劫、杀人案 ／243
徐某盗窃案 ／246
雷某奇等在旅游区开枪射击致人死亡案 ／248
张某鸿涉嫌抢劫案 ／251
吴某友雇凶故意伤害案 ／253
易某春、周某兵抢劫案 ／256
岳某群利用不满 14 周岁的女儿投毒杀人案 ／259
朱某华等三人绑架案 ／262
王某帅、邵某喜抢劫、故意杀人案 ／265
彭某安破坏电力设备案 ／268
梁某珍招摇撞骗案 ／270
张某扣为母复仇案 ／273
丁某军强奸、抢劫、盗窃案 ／276
陈某策故意伤害案 ／278
深圳王某出售鹦鹉案 ／280
李某奎强奸、杀人案 ／282

第一部分

课程及其基本教学方式

课程性质

《刑法学总论》是法学本科专业必修课中最主要、最重要、最基本的专业核心课程之一，是教育部确定的10门A类（一类）法学专业核心课程之一，对于构建学生法学核心知识体系，培养新时代一流法治人才，具有举足轻重的地位。

授课对象

本课程面向法学专业本科生开设，通常行课16周，每周行课3—4课时。

教学方法

本课程推行以学生为学习主体的教学方法。研究表明，以教师讲授为主的教学，学生至多吸收学习内容的15%；有学生积极参与的、“教”“学”相融的教学，学生能吸收学习内容的50%；为“教”而“学”的教学（如同老师备课和讲课那样的学习），学生会吸收学习内容的90%。本课程试图通过采用有效的考核制度设计，推行严格的“学生课前自主学习—师生课堂交流解惑—学生课后复习巩固”的“三位一体”教学模式，充分调动学生学习的积极性和主动性，并通过课堂环节的疑问交流、重点难点提点等以及课后的复习巩固，以体现学生的学习主体性，使学生所学知识能够融会贯通，同时解决“教学大纲—教学内容—教学时数—教学负担”等的矛盾冲突以及学生的逃课率、低头率和听课率等问题。

课前自主学习

每位同学需在指定的在线课程平台（西南政法大学录制的《刑法学总论》在“中国大学MOOC”平台上的链接为 https://www.icourse163.org/course/SWUPL-1461566163）上进行实名认证注册（可使用已有慕课账号），结合平台上指定的教学视频、思考题、教材、刑法法律条文和其他可能的学习材料，进行自主学习（不只是预习）。课前自主学习以学生自主把握那些学生自己能理解和把握的教学内容，其程度以学生消化掉本次课的基础性教学内容为标准，并能应对课堂交流时授课教师、同学的适当难度提问和完成指定在线教学平台的“单元测验”（按平台要求）。有条件的可以联系同学通过灵活方式相互讨论，或在网上进一步寻找学习资料进行思考。自主学习的需要撰写课前学习笔记,即将课前自主学习的感受、收获和在自主学习中认为确实有难度或自己难以搞懂的,整理成200字以下的学习笔记。课前学习笔记须简明扼要、达意顺畅、按时提交,以训练学生的文字表达能力和规则意识。笔记于授课前一日上午9时前交班长转教学助理,助理尽快整理交授课教师。

□ 课上交流解惑

◆ 改变传统讲授式教学模式

课堂上原则上采用"简单梳理 + 师生问答"方式行课:每次课先对上次课进行简单的总结提升,接着根据课前提出的疑惑问题,结合课前提供的思考题和其他学习材料,进行交流。交流要突显学生学习的主体性和教师在课堂教学上的主导性,注意循循善诱与启发延伸。

◆ 课堂交流应有相当广度和深度

因有学生课前自主学习的基础,课堂上原则上只交流或研讨那些学生在自主学习中有疑惑或授课教师认为学生有疑惑或重点的内容。

◆ 考核课前自主学习情况

在课堂"内容梳理"环节,通过"中国大学 MOOC"平台"线下课堂"抽点考核,或在"师生问答"环节抽点考核。

□ 课后总结巩固

◆ 课后学习总结的撰写要求

每次课结束后每位同学都需即时进行学习总结,包括学习的收获(不是罗列学习了哪些内容,而是收获了哪些以前没注意或没想到的东西,获得了哪些启发)与尚存在的疑惑(需作简要说明)等。字数100—500字(注意语言的精练和行文的规范与流畅,低于和超过规定字数以及有错别字的,酌情扣平时成绩的1—10分),课后第2日晚上11时前发给学习班长,学习班长统一转交教学助理。

◆ 课后学习总结的反馈与疑惑交流

教学助理及时梳理同学们的学习情况和提出的问题,并在授课教师的指导下对学习总结进行批阅,授课教师或教学助理将通过指定的在线平台,及时反馈本次总结成绩和对学习总结中反馈的疑难问题进行解答。

■ 考核方式

□ 考核规则

◆ 考核方式

由平时考核和期末考核组成。期末考核由学校统一进行期末闭卷考试，平时考核由线上与线下两种方式构成。其中，课前在线课程的自主学习考核，在指定的在线教学平台进行；课前学习笔记、课堂表现（含课堂考勤）、课后学习总结等的考核，由各班授课教师和教学助理按规则进行。

◆ 记分规则

百分制计，期末考核和平时考核的各自总分为100分，分别按60%和40%权重计入课程总评成绩。其中，平时考核的记分规则为：（1）施行“扣分制”：基于“诚信机制”和各方面表现，按规则进行“扣分制”计分，即相信每位同学都会认真对待各自主学习要求，并假定每位同学的平时成绩都是100分，但对于那些心存侥幸心理而未认真按要求完成各学习任务的，将进行严厉的惩罚性“扣分”，以培养学生的诚信观念和规则意识，督促所有人按质按量完成规定的教学任务；（2）极端事项的否定性计分：对于完全未进行单次课前自主学习、弄虚作假和旷课（绝不允许旷课，真的有事可请假）的，直接将课程平时成绩记为0分；（3）课堂考勤的扣分：由学习班长或教学助理完成。其中，请假按次（3节课）累进扣课程平时成绩（第1次扣3分、第2次扣6分、第三次扣12分……以此类推；有教务处证明的特训生除外）；（4）进行激励性加分：对于各类别平时考核被评为“优秀”的，每次优秀加0.5分计入课程总评成绩；（5）其他事项的记分：按行课的相应运行要求执行。

□ 过程考核

◆ “课前自主学习”的考核

（1）指定在线课程自主学习的考核。未通过平台单元考核的，扣平时成绩10分；课堂上随机抽点交流表现出课前学习不充分的，扣平时成绩1—10分（表现好才不会扣分）；课前完全没有自主学习或作假应付的，本门课平时成绩直接记为0分。（2）撰写课前学习笔记的考核。对于超字数、表达不顺、不简明和未按时提交的，单次扣平时成绩1—10分。

◆ “课上交流解惑”的考核

表现好的,原则上不计加分,但表现不好的,需酌情扣平时成绩的0—10分。

◆ “课后总结巩固”的考核

也就是课后学习总结的考核。

基本规则:学习总结的成绩评定,按以上学习总结要求及其反映出的学习效果等情况酌情评定,每次总结成绩按扣平时成绩的0—10分计(达到班级80%总结效果的不扣分),并评出不超过20%的优秀;对于未交或未按时交学习总结的,分别扣平时成绩的10分和1—5分(晚于行课后第3日晚上8时的,视为未交)。为训练学生的文字表达能力,对于总结的语言不够精练、行文不够规范与流畅、字数低于和超过规定字数以及有错别字等的都将酌情扣分。

满分标准:对于大体有以上方面内容,并能反映出对本次课程内容的学习程度、课堂内容的效果程度的,就可以得满分(即不扣分,达到班级80%总结效果的不扣分)。提问题和提建议仅作为辅助评分事项。

扣分细则:未交或未按时交学习总结的,分别扣平时成绩的10分和1—5分(晚于行课后第3日晚上8时的,视为未交);字数低于100字,或内容过于简短,不能大体总结上述内容的,扣1—10分;单纯罗列书本或课件或授课内容,或总结的知识点有明显的错误,或明显偏离本次课内容的,扣1—5分;提出的问题已经课堂阐释或答疑反馈,或能够很容易地在课本上找到解答的,扣1—3分;格式不规范的,扣1—3分;重点名词出现错别字的,扣2—5分;提交作业时间晚于规定时间或交错作业的,扣5分;未经老师批准未提交学习总结达两次的,扣本课程全部平时成绩,即本课程最终平时成绩为0分。

◆ 附加“拓展训练”的考核

基于本课程教学目标,在教学中,结合教学内容,适当穿插创新项目(论文)的选题训练等创新能力训练和刑法条文的熟练把握训练等法律适用能力训练(不计加分,但视情况扣平时成绩)。

■ 教学手段

基于以上教学目标、教学内容、教学方法,本课程的教学手段主要包括:

□ 做实集体备课制度,科学与规范教学全程设计

集体备课是解决教学问题、提升教学效果、实现教学传帮带的重要法宝,

也是我校长期培养杰出人才的办学经验所在。然而,近几年由于各种原因,如此基本和重要的教学活动几近失传。这不仅使青年教师难以获得教学传帮带,而且即使是老教师也因缺乏集体交流而导致教学水平和效果大大下降,并带来多人上课、教学大纲与教学内容内容不一等问题。本团队的教学改革,通过做实集体备课,在一定程度上实现了教学全程设计的科学性与规范性。

□ 连通课前课上课后,使教学任务得以分解落实

具体做法是,通过集体备课提出需深入思考的问题,将教学任务分解到课前课上课后分层次完成。其中,第一层次:通过课前结合这些问题的预习,学生课前自己消化吸收大部分内容(通过这个层次的过滤,一方面不需要把学生自己能掌握的内容交给课堂,另一方面学生在课堂上也不可能茫然听不懂老师重点讲解的内容)。第二层次:学生在课前预习中将消化吸收不了的,带到课堂,或老师通过这些问题的课堂互动交流检查,认为学生没有把握的,在课堂上予以集中重点交流讲解。第三层次:借助这些深层次问题的理解、把握和领悟,通过学生每次课后的学习总结,观察教学内容中哪些东西最终变为了学生自己的东西,学生在课堂上收获了什么(教学效果如何),予以总结提炼出来和固定下来,并将疑惑通过总结和其他渠道,反馈给教学助理和老师予以答疑解惑,以及作为后续教学需要提升的方面。在以上做法中,提出供思考的基本教学问题是关键。

□ 加强课上互动交流,从教师主体转为学生主体

如前所述,为"教"而"学"的教学模式,学生吸收的学习内容可谓最多。故而,本改革在教学过程中强调互动性教学。所谓"互动交流",并非就只是"提问"与"回答"(这种方式占用太多时间),其方式多种多样,凡是能够实现教与学融通的方式都是互动,关键看学生能否参与到课堂思维中并跟着课堂思维对教学内容有主动性的反应,是否发挥了学生主体性,具体视不同教学内容、不同听课场景而灵活采用。

□ 控制 PPT 过度使用,以适量板书引导教学思维

研究表明,多媒体技术教学手段是一把"双刃剑":合理使用会提升教学

效果,可过度使用会影响教学效果。据调研,我校教师,特别是青年教师普遍存在过度使用多媒体技术手段问题,主要表现在,老师们没有讲稿、没有教案,替代的是将主要教学内容都放在 PPT 上,课堂讲授主要依赖 PPT,学生下课大量拷贝 PPT。这不仅带来 PPT 难以承受如此多内容以致制作质量和使用效果很差,而且还会把学生主要的课堂学习注意力吸引在 PPT 上,从而使教师的教学思维、教学技巧方面的东西失效,导致学生在课堂上得到的不是学习过程及其效果,而主要是记录一些留待以后背诵的结论。本改革,将限制和优化 PPT 上的教学内容和 PPT 的使用方式。如何实现有效和高效的"互动交流",是是否有良好课堂教学效果的关键。

□ 严格推行扣分制度,重罚与消除侥幸懒散现象

当前教学效果不好、学生听课不认真、课前不预习、课后不复习等现象,在很大程度上是考核方式出了问题,也就是课程考核方式没能很好地考核学生的学习效果与能力。这既表现在课程考核方式不够丰富多元合理,也表现在考试没能对教、学、管理的效能信息进行全面、准确、及时、有效地评价反馈,以考促教、以考促学的反馈调控功能没有得到充分发挥。为能够体现和对接本课程的过程学习和学生学习主体特点,经研究,本改革课不实行期中考试,考核方式为平时过程考核和期末闭卷考试,权重分值分别为总分的40%和60%。其中,平时过程考核包括课前预习效果考核、到课考核、课堂表现考核、学习总结考核。对于缺课和不认真完成各考核要求的,施行严格的累进扣分制,并在达到设定红线时直接按挂科处理。

□ 要求每次课后提交学习总结,固定和沟通每次教学效果

如何取得和评价良好教学效果,是教学考核的重点和难点。其中,学生评教作为其基本手段,往往因为不客观、不理性和不会评而达不到其基本功用。其实,研究表明,最合适的学生评教方式是学生自己评自己的学习效果。本团队推行的教学改革,就是通过学生每次课后及时对自己本次课的学习进行总结,梳理所收获的知识、方法,提出尚存在的疑惑及对老师上课的意见和建议,从而真正达到评价和互动的效果。

□ 组建教学管理团队,落实与监控各个环节要求

基于以上教学目标、教学内容、教学方法,改革后的本课程教学管理包

括:一是责任教授的全面负责。主要包括:改革方案的框架构想、意见收集、制定实施、修订完善、总结报审;课程内容、教学方法、教学手段、教学制度的总体设计与构建制定;教学任务的安排分配与监管实施;教学质量的全程监控;改革中遇到问题的协调解决;其他需负责处理的相关事项。二是授课教师的按章授课。主要包括:参与课程改革讨论和按方案授课,按质按量完成课程教学任务。三是教学助理的教学辅助。本课程设置2—3名青年教师助理,课后对学生开展辅导交流;每个教学班配置1—2名教学助理,以协助布置课堂教学任务、准备各教学活动材料、课堂考勤、收集学生课前或课后遇到的问题等。四是教学环节的有效监控。通过将课前、课上和课后教学任务的有机衔接、问答式检查和成绩评定等措施,确保所有学生都充分地参与到整个教学中。

■ 行课安排

周次	讲授主题	讲授内容
1	第一讲　刑法学概说	包括刑法学的概念、作用、分类、关系,我国刑法学的立场、演进与学习方法等内容(这是刑法学的入门性内容,不可不重视)
2	第二讲　刑法概说	包括刑法的概念、性质、渊源、体系、根据、任务、修改和解释等内容(这是刑法的基础性内容,不可不重视)
3	第三讲　刑法的基本原则	包括刑法基本原则概述、罪刑法定原则、适用刑法人人平等原则、罪责刑相适应原则等内容(关节性内容需讲透学透)
4	第四讲　刑法的效力范围	包括刑法的域内效力、域外效力和时间效力等内容(关节性内容需讲透学透)
5	第五讲　犯罪概念与犯罪构成	包括犯罪的概念、犯罪构成的概述性内容(需对整个犯罪论体系有总体把握,突出有机整体性,同时应介绍阶层犯罪论的基础内容)
6	第六讲　犯罪客体、犯罪客观方面(一)	包括犯罪客体、犯罪客观方面的部分内容(需结合我国立法实际教学,同时应适当介绍法益理论,据进度确定具体内容)

续表

周次	讲授主题	讲授内容
7	第七讲　犯罪客观方面(二)	包括犯罪客观方面(一)以外的本部分其他内容(关节性内容如概念的核心内涵和相关概念界分的关节点,需讲透学透)
8	第八讲　犯罪主体	包括犯罪主体概述及单位、自然人犯罪主体等内容(关节性内容如概念的核心内涵和相关概念界分的关节点,需讲透学透)
9	第九讲　犯罪主观方面(一)	包括犯罪主观方面概述及犯罪故意等内容(关节性内容需讲透学透,据进度确定具体内容)
10	第十讲　犯罪主观方面(二)	包括犯罪主观方面的其他内容(关节性内容如概念的核心内涵和相关概念界分的关节点,需讲透学透,据进度确定具体内容)
11	第十一讲　正当行为	包括正当行为概述、正当防卫、紧急避险、其他正当行为等内容(关节性内容如概念的核心内涵和相关概念界分的关节点,需讲透学透)
12	第十二讲　犯罪的停止形态	包括停止形态概述及犯罪既遂形态、犯罪预备形态、犯罪未遂形态、犯罪中止形态等内容(关节性内容需讲透学透)
13	第十三讲　共同犯罪	包括共同犯罪各内容(须结合我国立法实际教学,同时应适当介绍域外共犯理论,关节性内容需讲透学透)
14	第十四讲　罪数	包括一罪与数罪的判断、实质的一罪、法定的一罪、处断的一罪等内容(关节性内容需讲透学透)
15	第十五讲　刑事责任及其实现方式、刑罚制度(一)	包括刑事责任的概念、根据与实现;刑罚的基本理论及其体系和种类等内容,量刑(关节性内容需讲透学透,据进度确定具体内容)
16	第十六讲　刑罚制度(二)	包括量刑的其他部分内容(关节性内容需讲透学透,据进度确定具体内容)

第二部分

各讲教学要求与安排

第一讲　刑法学概说

■ 本讲教学要求

在刑法学的概念和研究对象的教学中，既要指出学科知识理论以及精神理念的共性，也要明确刑法作为部门法学和应用法学的本土个性，坚持中国实际、中国立场和中国信念，揭示刑法规范及理论背后的哲理基础、政策依据和现实背景。在我国古代和近代刑法演进历程的教学中，应本着尊重历史、辩证分析的态度，理性客观地评价传统刑法制度与思想，认真发掘"德主刑辅""明刑弼教""矜老恤幼"等传统法律文化中的积极因素，以史为鉴、古为今用；在中国刑法学的沿革与发展的教学中，应揭示其背后深刻的政治、经济和社会原因，理性看待我国刑法及理论发展过程中遇到的问题，肯定其在惩罚犯罪、保护人民中所发挥的重要作用，激发学生的自豪感、认同感和使命感。

■ 本次课教学安排

◇ **时间：**第 1 次课，教学时数为 3 学时左右。

◇ **教学内容的重点、难点：**刑法学的概念、作用、分类、关系；我国刑法学的立场、演进与学习方法等内容。

◇ **教学方式：**

- 课前学生自主学习，班长收集各位同学在自主学习中的疑惑于课前转交该班教学助理和主讲教师。
- 课堂教学活动实行"三环节"制：自主学习疑惑交流；本次课重点难点引导性讲授；重点难点内容疑惑讨论。

课前学生自主学习内容

□ 学习资料

◇ 指定在线课程的相应内容。

◇ 应阅读的教材章节：贾宇主编《刑法学(总论)》绪论；石经海主编《刑法学总论》的相应内容；石经海等主编《刑法重点问题案例实务教程》的相应内容。

◇ 其他教材、著作、论文等的相关内容。

□ 学习中应思考的问题

1. 刑法学在法学专业的课程体系和未来的职业生涯中处于一个什么地位？你准备如何学好这门课程？要精通刑法的理论与实践工作，还必须学好哪些课程？为什么？
2. 到底什么是刑法学？可以如何概括它的基本特点？
3. 刑法学与刑法是什么关系？二者有没有可能是一个意思？“规范”与“理论”有何不同？
4. 既然实践中的法律适用根据是法律而不是理论，那为何还要学习刑法学理论？
5. 刑法学可以做哪些分类？它们各自的分类标准、功能或意义是什么？如何据此清晰、准确地把握这些概念？
6. 通常所说“刑法学”是广义还是狭义的？它是否涉及不是现行刑法规范如刑法史学、外国刑法规范、国际刑法规范的内容？
7. 国内刑法学、外国刑法学和国际刑法学间是互异关系还是交叉关系？为什么？
8. “注释刑法学”与“教义刑法学”是什么关系？试借助网络资料予以理解。
9. 试借助网络资料思考，刑法学与经济刑法学、行政刑法学、环境刑法学、医事刑法学、网络刑法学、军事刑法学等到底是什么关系？经济刑法学等要成为“刑法学”需要具备什么样的条件？
10. 刑法学的相邻学科有哪些？它们之间是一个什么样的逻辑关系？这个逻辑关系的理论与实践意义何在？
11. 刑法学中的“犯罪”与犯罪学、侦查学、刑事诉讼法学、刑事执行法学中的

“犯罪”是不是一回事？

12. 你认为我国刑法学的基本立场是什么？为什么？把握这个基本立场的意义何在？
13. 西方刑法学的发展经历了哪些阶段？每个阶段各有什么突出特点？你认为这些发展阶段及特点，对我国刑法学发展该有什么样的启发或借鉴（结合教材思辨即可）？
14. 我国刑法学的发展按不同标准有不同阶段划分方式，你认为该以什么标准划和分为哪些阶段？这些阶段各有什么突出特点？意义和启发何在？试据此展望下我国刑法学的未来发展？
15. 学好刑法学的方法有很多，你认为最适合你的方法是什么？为什么？把教材和法律条文背熟的方法是不是学好刑法学的基本方法？为什么？看书到底看什么？是文字还是其他？
16. 请结合不同学习资料，谈谈你对刑法学总论与分论的关系、刑法的总则与分则关系的理解，并提出你据此理解的方法论原理是什么？这种理解可能会解决什么疑难问题？
17. 如何理解法条和法理的关系？试找出一些实例予以说明。
18. 如何理解规范和案例的关系？试从人民法院裁判文书网上找一个刑事案例结合刑法典规定予以体会。

■ 课中师生交流的重难点问题及解析要点

□ 概念

1. 刑法学的“犯罪”和犯罪心理学的“犯罪”是一回事吗？

通说认为，刑法学中的“犯罪”是具有严重社会危害性、刑事违法性和应受刑罚惩罚性的行为，在法律后果上，“犯罪”必然引起相应的刑事责任。但是犯罪心理学意义上的“犯罪”可能具有严重的社会危害性但是并不违反刑法规范，如未达刑事责任年龄的未成年人的杀人行为。因此，犯罪学中的“犯罪”比刑法学中的“犯罪”概念的犯罪要大。

2. 教义刑法学和注释刑法学的关系如何理解，在学界二者的关系为何存在分歧？

一方面，教义刑法学等同于实质意义上的注释刑法学。“教义刑法学”一词经由德文 strafrechtsdogmatik 翻译而来，关于什么是德文词 strafrechtsdogmatik 恰当的中文翻译，在中国刑法学者之间存在较大的意见分歧。该词在德文中相对应的概念是立法学。在中文语境下，立法学概念与释义学相对应。为什么德文词“strafrechtsdogmatik”翻译为教义刑法学，乃因“教义”有西方宗教信仰之义，如此翻译旨在强调教义刑法学将刑事规范作为信仰去解释而不轻易批判，动辄要求修改立法，与立法学相对。也就是说在中文语境下，教义学应翻译为释义学。我国台湾地区学者也都翻译成释义学。

另一方面，教义刑法学与注释刑法学的关系存在分歧，是学界对注释刑法学存在形式意义和实质意义上的不同理解所致。其实，无论是以北京大学陈兴良教授为代表主张的形式意义上的注释刑法学还是以清华大学张明楷教授为代表的实质意义的注释刑法学，它们对教义刑法学的理解是一致的。在这个背景下，陈兴良教授认为二者不同，而张明楷教授认为二者是一回事。

3. 刑事政策学与刑法学的关系是什么？

一方面，刑事政策学是研究党和国家关于社会治理的政策的学科，是从广义的刑法学中逐步演变出的独立学科，与狭义的刑法学研究内容不同。其中，刑事政策可以通过立法程序转化为刑法等的立法规定并在司法实践中在法律框架内指导法的理解和适用。

另一方面，刑事政策学对刑法学的内容和发展有重要作用。刑事政策学站在犯罪治理、国家治理的角度，对某个危害行为是入刑还是给予行政处罚等处置，作出政策上的抉择与分流。可以说，没有刑事政策的调控，刑法立法就难以确定它在法律体系、法学体系、国家治理体系中的合理位置，容易带来盲目性、情绪性、极端化的立法和司法问题。同样，没有刑事政策的指导，刑法立法规定如何理解和适用也缺乏方向。如刑法中的从重、从轻、减轻、免除等是否适用及适用程度如何，其实都需要刑事政策的指导。

4. 为什么说经济刑法学在现实中不可能成为真正的“刑法学”？未来的立法实践不可能出现针对经济犯罪的刑法总则和分则从而产生一系列专一化的发展吗？

经济刑法学是围绕分则中的经济犯罪的相关法律规范进行研究所形成的学科，其在立法上不具有独立的刑法规范体系，不具有“刑法学”所具有的完整总、分论理论体系，难以成为独立的刑法学门类。当然，倘若一国专门对经济犯罪予以分则的罪名设置与法定刑配置，并专门针对经济类犯罪进行刑罚种类等体系配置，那么也可以有独立的经济刑法学。其他专门刑法学的道理相同。详见教学纲要的总、分则关系部分的理解。

5. 国内刑法学、外国刑法学、国际刑法学三者的关系是什么？

以刑法学中"刑法"的地域范围为分类标准，可以分为国内刑法学、外国刑法学和国际刑法学。它们中的"刑法"分别是本国刑法、其他国家刑法和国际法所确立的国际犯罪、跨国犯罪的实体和程序问题。从刑法所适用的地域范围来看，三者各不相同，但是从研究内容上看，它们仍存在交叉部分，如国内刑法学也会涉及国际刑法学的内容。例如，国内刑法如何处理危害全人类利益等国际犯罪的内容，在此，需要注意看问题的不同角度。

6. 在实践中是狭义上的刑法学运用更多还是广义上的刑法学更加多呢？

随着法学的日渐发达，学科呈现精细化的发展。19 世纪以后，通常所指的"刑法学"是指狭义上的。

□ 刑法学的运用

7. 法条在刑法学中到底扮演什么样的角色？

法条是法律条文的简称，也是法律规范的载体和基本存在形式，是学习和学好刑法学的最基本的对象和工具。法条与刑法学的关系体现在法条与法理的关系上。法理是法条背后的立法背景和理论依据，是正确理解、把握和适用法条的基础和关键。学习刑法时，既要结合法条，也要借助法理；否则，学习就容易囫囵吞枣和死记硬背。

8. 总则和分则的关系是如何运用的？规范和案例的产生是否存在先后关系？

总则和分则是一般与特殊的关系，而不是一般与具体的关系。若是后者，就意味着刑法分则规定能独立评价一个行为是什么和如何处罚，可刑法分则的任何规定都做不到。具体而言，刑法总则是关于犯罪和刑事责任的"一般规定"，刑法分则是关于具体犯罪罪状及其法定刑配置的"特别规定"。这意味着，只有同时适用刑法总则和分则的所有相关规定，才能正确定罪和准确量刑。刑法总则和分则中的任何一个规定，都不具有独立评价某个行为是什么和如何处罚的能力，必须结合刑法总则和分则的所有相关规定，并形成基于个案的具体评价体系，才可以做到。例如，对于故意杀人行为,《中华人民共和国刑法》(以下简称《刑法》)第232条的规定无法实现对其是不是故意杀人罪和如何处罚的评价,必须借助刑法总分则的其他所有相关规定才能做到。在这个意义上说,《刑法》第232条的罪状和法定刑规定,只是评价故意杀人罪及其如何处罚的特别规定,其在刑法适用中,会因刑法总则的规定而需作“限制”理解和适用(如情节显著轻微危害不大的杀人行为就不构成犯罪)、作“修正”理解和适用(如甲帮助乙绑架杀人致死认定的是绑架罪)和作“补充”理解和适用(如行为人需要符合《刑法》第17条关于刑事责任年龄等的规定)。明白这些,对于刑法学习和适用特别重要。

从立法角度出发,现实中发生的形形色色的案件有助于发现立法的空白,推动刑事立法,分则中的个罪的构成要件乃从成千上万的具体案件中危害行为抽象提炼而来。而从司法角度出发,案例是规范的适用对象,根据已有的规范对未来不断发生的案件进行司法裁判,以实现刑法的任务和目的。因此,规范和案例的存在先后关系不可一概而论。

9. 当朴素的正义观与刑法发生冲突时,如何处理?例如,甲想要自杀并向乙借工具,为什么要对乙定罪?

严格地说,二者是不存在冲突的,正确适用刑法才能做到合情合理地定罪量刑。之所以产生朴素的正义观与刑法相冲突的困惑,是因为孤立地理解和适用分则的条文,而忽视了总则的相关规定。例如,2007年广州许霆案中,原一审只适用了部分刑法规定(主要是适用原《刑法》第264条),判决结果引起巨大舆论;而重审判决直接和间接适用了刑法的所有相关规定,包括原《刑法》第3条、第4条、第5条、第61条、第63条、第264条等,判决结果获得了公共认同。这样说来,针对某个个案,系统地理解和适用刑法的所有相关规定,可避免朴素的正义观与刑法的冲突。否则,就可能是没有正确地理解和适用刑法。

甲想要自杀并向乙借工具,要对乙定罪是因为乙的帮助行为符合刑法关于故意杀人罪的成立条件。具体而言,在帮助他人自杀的案件中,应当对帮助他人自杀者以故意杀人罪论处,但是考虑到自杀者的行为往往起到决定性作用,应根据案情从宽处理。同时,在行为人帮助作用轻微、主观恶性不大的情况下,也可根据《刑法》总则第13条的规定,不作为犯罪处理。

□ 学习方法

10. 在课前自主学习时如何看书，该不该过于纠结一些用词？

以教学纲要和教材为蓝本，结合思考题、其他教材、刑法条文以及相关网络的解读、案例等进行。至于对于用词的深究，应当分情况对待，对于重要概念应当做到准确理解和把握。

11. 课后需要做对应的练习题吗？

在学有余力时当然可以，但不鼓励，因为这仍是机械性的学习和训练。建议多做拓展性阅读与实务训练：一是读经典性学术书籍，如贝卡利亚的《论犯罪与刑罚》、马克昌的《近代西方刑法学说史略》等；二是结合学习感兴趣的内容找相关书籍阅读；三是通过《人民法院报》、《检察日报》、正义网等杂志、网址关注时政热点。注意课后学习应该是思辨式学习，而不是死记硬背。

12. 高中时的理科思维该如何转换？

法学属于哲学社会科学领域，不同于自然科学领域，不能一味追求精确答案。要学会运用辩证思维看待问题，对于一个问题从多个角度去思考，从而在价值衡量下作出选择，寻找一个相关最优的答案。

13. 我们怎样学习刑法规范，是逐条学习还是抓重点学习？

逐条学习，尤其是刑法总则。要通过对它们的理解和融会贯通而记住总则的所有法条规定。

□ 其他

14. 种概念和属概念是什么意思？

种概念（又称下位概念）与属概念（又称上位概念、类概念）相对，如果有这样两个概念，其中一个概念真包含另一个概念，那么前者称属概念，后者称种概念。例如，概念“学科”真包含概念“刑法学”，“学科”便是“刑法学”的属概念。大家可找《法律逻辑学》等书籍看看。

15. 什么是“立足中国实践”？

立足中国实践，就是对刑法学的理解、构建和研究等都要在我国的治理模式、文化传统、法律体系上。（详见教学纲要）

16. 刑法是不是也是如同民法一般以人为本呢？根本目的是不是民众的利益呢？

在我国，所有法律的根本目的都是中国人民的福祉和利益，从这个意义上说，刑法同样以人为本。但是从刑法和民法的区分来看，二者功能不同，民法调整平等主体之间的人身和财产关系，关注个人受损利益的恢复；而刑法通过惩罚犯罪以恢复被破坏的社会秩序，以维护社会稳定。

17. 希望可以推荐一些杂志或者是检索法条案例论文的网址（最好免费）。

杂志：《人民司法》《人民检察》《中国检察官》《中国应用法学》等。

网站：法治日报官网、人民法院报官网、检察日报官网、中国裁判文书网等。

公众号：人民法院报、检察日报正义网、刑法规范总整理等。

第二讲　刑法概说

■ 本讲教学要求

在本讲的教学中,需以习近平新时代中国特色社会主义思想,特别是习近平法治思想为指导,以刑法相关立法为例,阐述我国刑法的宪法根据、主要任务和价值追求,增强学生对中国特色刑法理论体系的理解和感悟。其中,“刑法的性质”的教学中,需明确刑法的阶级性质和法律性质,突出我国刑法的社会主义本质;“刑法的制定根据”的教学中,需突出我国刑法同犯罪作斗争的实际经验,结合典型案例,展现刑法作为部门法和应用法的个性特点;“刑法体系和刑法解释等知识点”的教学中,需基于刑法立法和司法,理论联系实际,用马克思主义的系统论、辩证法等基本原理,培养学生的系统、辩证理解和适用刑法的能力。

■ 本次课教学安排

◇ **时间**:第 2 次课,教学时数为 3 学时左右。

◇ **教学内容的重点、难点**:刑法的含义、性质、地位;刑法的解释。

◇ **教学方式**:

- 课前学生自主学习,班长收集各位同学在自主学习中的疑惑于课前转交该班教学助理和主讲教师。
- 课堂教学活动实行“三环节”制:自主学习疑惑交流;本次课重点难点引导性讲授;重点难点内容疑惑讨论。

课前学生自主学习内容

学习资料

◇ 指定在线课程的相应内容

◇ 应阅读的教材章节:贾宇主编《刑法学(总论)》第一章;石经海主编《刑法学总论》的相应内容;石经海等主编《刑法重点问题案例实务教程》的相应内容。

◇ 应重点研读的法条:《中华人民共和国宪法》(以下简称《宪法》)第5条,《刑法》第1—2条,全国人大常委会《关于加强法律解释工作的决议》(1981年6月10日)。

学习中应思考的问题

1. 什么是刑法?是关于犯罪与刑罚的法律?还是关于犯罪与刑事责任、刑罚的法律?抑或是关于犯罪与刑事责任的法律?
2. 刑法是否犯罪法?刑法是否刑法法律?
3. 我国现行刑法属于刑法分类中的哪一种?
4. 刑法各方面的性质意味着什么?
5. 中华人民共和国何时有刑法?
6. 中华人民共和国有多少部单行刑法?
7. 中华人民共和国有几部刑法典?
8. 1997年《中华人民共和国刑法》(以下简称97刑法)相对于1979年《中华人民共和国刑法》(以下简称79刑法)有哪些变化?
9. 如何理解刑法的三个制定根据?
10. 刑法的制定根据是不是也是刑法的修订和解释的根据?
11. 刑法立法专门规定刑法的任务有何意义?它与刑法的目的、性质、功能是什么关系?是不是刑法的"僵尸条款"?
12. 什么是刑法的体系?如何理解和适用刑法的渊源体系和法典体系?
13. 何为刑法解释?刑法为何要解释?如何进行刑法解释?如何理解和评价刑法解释的立场?
14. 刑法解释有哪些类型?它们各自的分类根据是什么?以学理解释与论理

解释的异同理解掌握分类根据的意义。

课中师生交流的重难点问题及解析要点

1. 刑法与犯罪法为什么同义却加以区分？

从字面含义看，“刑法”是以刑罚或刑事责任为视角的名称，“犯罪法”是以犯罪为视角的名称。

从刑法的发展史来看，这两个名称的含义确实有过不同，但随着刑法学的发展，现代意义上的“刑法”和“犯罪法”已是两个约定俗成的内涵相同的概念，即二者都存在“是关于犯罪与刑罚，还是犯罪与刑事责任、刑罚，抑或是犯罪与刑事责任的法律规范的总称？”的历史发展进化问题。

2. 刑法的渊源

从刑法的表现形式来看，刑法的渊源有直接渊源与间接渊源之分。其中，刑法的直接渊源是指司法机关在刑事案件的审判中可以直接援用为定罪判刑依据的法律规范，在我国通常包括刑法典、单行刑法、附属刑法、刑法立法解释、刑法司法解释等。刑法的间接渊源是指不能直接援引为定罪处刑的法律依据，但却为理解刑法规范的内容或者决定刑法规范的适用范围所不可或缺的行政法规、国际条约、风俗习惯、法院判例等。需要注意的是，刑法修正案其实不是刑法直接渊源的独立存在形式，因为它的内容需全部纳入刑法典中，实际上只是刑法典的一部分。

刑法渊源与刑法体系的关系，取决于如何理解刑法的体系。其实，刑法的体系有内在体系与外在体系之分。前者即刑法典的内部构造，指刑法典的编、章、节、条、款、项、段等，后者即刑法典与其他刑法的直接渊源的关系。

3. 附属刑法是刑法的直接渊源，但在我国附属刑法又不可司法适用，这里面有没有矛盾冲突？

刑法的渊源是指刑法的表现形式，有直接渊源和间接渊源之分。前者有司法适用性，可作判案时裁判文书的援引根据，后者没有司法适用性，不可作裁判文书的援引根据。

至于我国是否有附属刑法，要结合广狭义刑法和我国刑法立法模式来理解。就广义刑法即关于犯罪和刑事责任的法律规范而言，我国在《刑法》以外的行政法、经济法、民商法中，有很多关于犯罪和刑事责任的“罪刑规范”（往往表述为“构成犯罪的，依照刑法追究刑事责任”）。虽然这些规范都因不可作裁判文书的援引根据而不具有司法适用性，但这个立法现象是客观存在的。在这个意义上，我国有附属刑法。

就狭义的刑法即刑法典而言，我国刑法的立法模式是“单一制”，即具有司法适用性的刑法规范，一定是规定在刑法典和单行刑法中，其他法律中的罪刑规范，不可作判案时裁判文书的援引根据，不具有司法适用性，不是作为刑法直接渊源的附属刑法。

4. 关于刑法的解释

❶ 学理解释、文理解释、论理解释之概念，有权解释、无权解释之关系

其实它们是不同分类标准所作的分类。大家之所以将其混淆，是因为没有理解各自的分类标准。

对此，要从各自相应的标准中去把握它们。其中，学理解释是按照解释的主体或者效力划分的，它既可以用文理解释也可以用论理解释的方法作出，具体视解释对象而定；文理解释和论理解释是按照解释的方法进行划分的，可以作为学理解释的解释方法，也可以作为立法解释、司法解释等有权解释的解释方法。

❷ 刑法的立法解释和司法解释，在法律效力上属于什么层级？有权解释是否构成了一种事实上的立法而不仅仅是解释？

立法解释和司法解释都属于有权解释，都具有法律效力，在效力层级上，司法解释要低于法律和立法解释。

立法解释和立法背后虽然是同一个主体，但是解释行为不同于立法行为，在一些内容上（如拟制性规定[1]）只能进行立法，而不能作出解释。

进一步理解，当全国人民代表大会及其常务委员会作为立法机关从事立法活动的时候，就是制定法律；作为解释机关从事法律解释活动时，就是对之前制定的法律需要进一步明确含义的部分进行解释。因为语言文字本身的特点，一个词语可能具有多种意思，就需要通过解释来明确。立法和立法解释不能混为一谈。

---

〔1〕 法律拟制，又称法定拟制，是将原本不符合某种规定的行为也按该规定处理。如《刑法》第269条规定：“犯盗窃、诈骗、抢夺罪，为窝藏赃物、抗拒抓捕或者毁灭罪证而当场使用暴力或者以暴力相威胁的，依照本法第二百六十三条的规定定罪处罚。”

❸ 关于“当然解释”

当然解释就是只要经过合理的推理，就可以得出的结论。例如，如果相对轻微的行为构成犯罪，那么一个性质相同、危害程度更高的行为就当然应该构成犯罪；如果某个严重的行为不构成犯罪，那么比它轻的行为也当然不是犯罪。例如，按《刑法》第 17 条的规定，已满 14 周岁不满 16 周岁的人只对八种犯罪行为负刑事责任，其中明文规定了抢劫罪而未明文规定抢劫枪支、弹药罪。这是不是意味着这类人不需要对抢劫枪支、弹药的行为负刑事责任呢？显然不是。既然他们抢劫普通财物都要负刑事责任而构成抢劫罪，那么实施抢劫枪支、弹药这个危害更大的行为时，就当然要负刑事责任而成立抢劫枪支、弹药罪。

❹ 扩大解释和类推解释的区分标准是什么？在实际操作时如何区分两者？

两者的区分标准是，解释结论是否超出用语可能具有的含义，是否违背罪刑法定原则。如果答案是肯定的，则属于类推解释；否则属于扩大解释。

在实际操作中如何区分，就看是否违背罪刑法定原则。扩大解释是符合罪刑法定原则要求的（至少不会违背一般国民的直觉或是非感），而不利于行为人的类推解释则违背罪刑法定原则（有利的则符合罪刑法定原则）。

❺ 司法解释、立法解释中是否可能存在类推解释？如果有，其效力如何？

类推解释是指解释方法，司法解释、立法解释则是指解释主体。不同的解释主体可以采取同样的解释方法。因而从理论上看，任何主体都可能作出类推解释。

但是，立法解释是立法机关作出，通过立法解释所作的类推解释，在一定意义上其实就是“立法”，在适用时按从旧兼从轻的溯及力原则适用即可；而司法解释的效力与权威不能高于刑法，最高人民法院和最高人民检察院（以下简称“两高”）作出的超出刑法立法的“类推解释”，应当是有利于行为人的，否则就违背罪刑法定原则。

❻ 关于历史解释

要看怎么理解“刑法的与时俱进”。成文法（制定法）意义上的刑法，是针对抽象行为和行为人的，其适用需结合刑事政策在罪刑法定原则要求的限度内进行。所谓历史解释，是梳理立法规定的来龙去脉与历史流变，并结合当前刑事政策要求，作出相应解释结论。如此解释方法，既是哲学社会科学的基本方法论原理的体现，也是法律适用的应有之义。

立法原意当然是真实存在的，但立法原意只代表立法时的立法背景，并不意味着其就是法律适用的根据。因为立法一旦完成，其作为“静态”方式存在于刑法典中的“规定”，在适用时需要在刑事政策指导下予以适用，包括按《刑法》第1条的宪法根据和实践根据作出解释。

❼ 如何理解体系解释（尤其是其中的同类解释规则）？

体系解释，是根据刑法条文在整个刑法中的地位，联系相关法条的含义，阐明其规范意旨的解释方法。可以比照整体与部分的关系去领会体系解释。

遵循同类解释规则，对于刑法条文在列举具体要素之后的“等”“其他”用语，要比照所列举的内容、性质进行解释，从而使刑法条文内部、刑法条文之间保持协调，避免刑法规范的矛盾。

5. 违法与犯罪的关系

广义的违法包括犯罪（刑事违法）、行政违法、民事违法。与犯罪相对应的“一般违法”，是指行政违法和民事违法。

6. 刑法引用过程中能否与其他法律共同适用，它们在适用过程中是否有明确的界限？

这要基于刑法与其他法的关系并视适用对象的具体情况而定。(1)若其他法是程序法，则当然会同时适用。(2)若其他法是刑法以外的实体法，则需看刑法针对具体问题规定时的要求。在理解和适用刑法需要参照其他法的具体规定时，通常是既要适用刑法，又要适用具体规定的法，如《中华人民共和国交通安全法》《中华人民共和国食品安全法》《中华人民共和国森林法》《中华人民共和国税法》等。(3)若是在刑事案件中要附带处理民事赔偿问题，则既要适用刑法又要适用民事诉讼法、民法等。

7. 刑事刑法与行政刑法的区别是什么？

这种分类是根据犯罪类型来分的。刑事刑法是规定刑事犯（自然犯）的刑法规范，行政刑法是规定行政犯（法定犯）的刑法规范。

8.“但书”在司法实践中是否适用？如何适用？

“但书”在司法实践中经常适用。如《刑法》第13条“但书”就经常适用于在形式上符合犯罪成立条件，而实质上“情节显著轻微危害不大，不认为是犯罪”的情形。判断一个行为是否构成犯罪是综合评价的，并不是只要有社会危害性就构成犯罪，还要判断社会危害性的程度、行为人的主观罪过大小等。

课后环节及要求

本次课堂教学结束后，每位学生就本次课程学习情况撰写100—500字的个人学习总结，并提出仍然存在的疑惑；教学助理评阅每位学生的学习总结并就学生的疑惑作出解答，由所有主讲教师集体审改疑惑解答，反馈学生。

第三讲　刺法的基本原则

■ 本讲教学要求

刑法基本原则问题是刑事立法和刑事司法中一个带有全局性、根本性的问题。随着我国社会主义法治和人权保障制度的不断完善,“国家尊重和保障人权”被正式写入宪法,鉴于刑法直接关涉公民基本权利和自由,刑法基本原则在刑事立法和司法中发挥着不可替代的指导、制约和限定作用。因此,在本讲的教学中,应向学生介绍刑法基本原则的确立过程,展示我国刑事法治建设的进步和成就,特别是要结合具体案例,让学生明确我国刑法中罪刑法定原则、罪责刑相适应原则以及刑法面前人人平等原则在尊重保障人权、避免公权力滥用、坚持人人平等、维护公平正义等方面的重要作用,引导学生树立公正、自由、平等的社会主义法治思想和法治理念。

■ 本次课教学安排

◇ **时间**:第 3 次课,教学时数为 3 学时左右。

◇ **教学内容的重点、难点**:刑法基本原则的判断标准;三个法定基本原则各自的内涵;三个法定基本原则的司法适用问题。

◇ **教学方式**:

- 课前学生自主学习,由班长收集各位同学在自主学习中的疑惑点,于课前交该班教学助理与主讲教师。
- 课堂教学活动实行“三环节”制:自主学习疑惑内容交流;本次课程重难点引导性讲授;重难点疑惑内容讨论。

■ 课前学生自主学习内容

□ 学习资料

◇ 指定在线课程的相应内容

◇ 应阅读的教材章节：贾宇主编《刑法学（总论）》第二章；石经海主编《刑法学总论》的相应内容；石经海等主编《刑法重点问题案例实务教程》的相应内容。

◇ 应重点研读的法条：《刑法》第3—5条。

□ 学习中应思考的问题

1. 刑法的原则与基本原则是什么关系？
2. 我国刑法现有的基本原则是否就是应有的基本原则？
3. 刑法基本原则的意义何在？对定罪和量刑有何具体影响？
4. 罪刑法定原则经典表述的意义何在？其存在的历史使命是什么？其机能与刑法的机能有无不同？为何理论上认为本原则同时也是一个宪法原则？能否将其表述为"罪刑法定原则"？
5. 如何理解罪刑法定原则的思想渊源和理论基础？我国97刑法以前的刑法（各时代刑法）中规定了该原则吗？
6. 罪刑法定原则在刑法中处于何种地位？此种地位决定了刑法与民法有何根本不同？在实践层面会带来什么样的影响？
7. 罪刑法定原则的发展有何特点？其发展出了哪些派生原则？
8. 我国《刑法》中的罪刑法定原则的表述与其经典表述有何不同？如何评价这个不同？在司法上如何正确理解和适用？根据本原则，刑法的某个规定在判案时就不可变通吗？
9. 罪刑法定原则在我国立法和司法上是如何体现的？同一内容，会不会在立法体现和司法体现上不一致（立法标准与司法标准的内在关系是什么）？例如，司法解释可不可以对立法上行为犯的"行为"作数额性的要求？司法可否将故意伤害罪的"伤害"解释为"轻伤以上"？
10. 如何理解适用刑法人人平等原则的基本含义？
11. 适用刑法人人平等原则仅仅是一个刑法原则吗？刑法为何要将其作为基

本原则？它要解决什么问题？

12. 适用刑法人人平等原则的立法和司法体现有何特点？其立法和司法体现的内在关系是什么？
13. 如何理解适用刑法人人平等原则与罪刑法定原则的内在关系？
14. 如何理解罪刑相适应原则的基本含义？该原则能否表述为“罪行相适应原则”？
15. 罪刑相适应原则只是一个量刑原则吗？它要解决什么问题？
16. 罪刑相适应原则的立法和司法体现有何特点？其立法和司法体现的内在关系是什么？
17. 罪刑相适应原则与罪刑法定原则的内在关系是什么？它与“以刑制罪”是什么关系？

课中师生交流的重难点问题及解析要点

1. 刑法三个基本原则之间的联系是什么？（尤其是罪刑法定原则与罪刑相适应原则）

有的观点认为，刑法基本原则之间存在从属关系，而非平等关系。其中，罪刑法定原则在整个刑法体系中地位最高，适用刑法人人平等原则与罪刑相适应原则是由罪刑法定原则引申出来的原则。但也有观点认为，刑法三个基本原则在刑法体系中位于同等重要的地位，三者之间不存在轻重、从属之分，每个刑法基本原则都有其特殊的内容，且彼此之间不具有包含性。

其实，三个基本原则之间是内在统一的，任何原则的存在和适用都不能违背其他原则。并不存在所谓的坚持罪刑法定原则而背离其他基本原则的情况，否则这样的罪刑法定原则的坚持是虚假的。

2. 我国现行刑法规定的基本原则是否为刑法应有的基本原则？还有哪些其他原则可以被认定为刑法的基本原则？

不是。立法规定这三大基本原则，是从我国的立法和司法实际出发的。有些约定俗成、不需要在立法上特别强调的基本原则，如人权保障原则、罪责自负原则和主客观相一致原则，也应是刑法的基本原则。

3. “（刑法基本原则）贯穿于整个刑法的制定与适用过程……”中的“刑法”是指最广义的刑法，这是否包括监狱法、刑事诉讼法？

刑法基本原则必须是刑法所独有的、体现刑事法治基本精神的准则。此处的刑法指的是刑法典、单行刑法等关于犯罪与刑罚的法律文件，而不包括监狱法、刑事诉讼法。

4. 刑法基本原则应如何进行司法适用？在刑法的适用中，如何调和基本原则和具体规则的关系？

罪刑法定原则要求司法机关在司法适用中正确认定犯罪和判处刑罚，正确进行刑法解释。适用刑法平等原则在司法上表现为定罪、量刑及行刑的平等。罪刑相适应原则在司法上表现为，司法工作人员应当根据具体的案件事实，综合考量社会危害性与人身危险性因素，实现一般预防与特殊预防的统一。在刑法的适用中，原则是用以指导具体规则的适用的，具体规则的适用应当贯彻原则的精神。在司法实践中，当某个案件的法律适用违背以上要求时，就会出现定罪不准、量刑不当，就会引起社会反响、改判甚至宣告无罪。

5. 何为刑事法治？

法治是指以民主为前提和基础，以严格依法办事为核心，以制约权力为关键的社会管理机制、社会活动方式和社会秩序状态。法治建设包括许多方面，刑事法治是其中重要的一环。刑事法治要求严格依法办事，不能离开法律的精神和原则去适用法律。如果说刑法的机能定位于保护社会和保障人权，那么刑事法治应当担负起这两方面的重任。

6. 涉及国民自由的预测可能性理论相比于心理强制说有何进步之处？

国民自由预测可能性理论相较于心理强制说更与时俱进，解释得更为灵活，更能符合“常识、常理、常情”；心理强制说作为罪刑法定原则的理论基础，强调立法的明确性，反对法官对法律作出随意理解和刑法效力的溯及既往。

7. 预谋性犯罪可以用来反驳费尔巴哈的心理强制说吗？

费尔巴哈的心理强制说，是建立在理性人的基础之上，是不科学的。大多数人在犯罪前都不可能权衡苦乐，而是基于不可能被抓的侥幸心理实施犯罪行为。因此，当前使用民主主义和保障人权作为理论基础来解释罪刑法定原则。预谋性犯罪是行为人在明知犯罪后果的情况下，仍然选择实施犯罪行为，心理强制说显然无法对此进行解释。

8. 允许有利于被告的类推解释的目的是维护被告人的利益，但其是否会危害

到被害人的合法权益从而造成不公平?

刑法的目的除了惩罚犯罪,还有保障人权。保障人权既包括保障受害人,也包括保护被追诉人的权利。保护被追诉人的权利就是要使其受到公正的对待和审判。基于现代刑法人权理念的考量,即使放纵了部分犯罪也比可能使无辜者蒙冤要好,所以有利于被告人的类推解释被允许,正是在一定的冲突中人权优先的选择结果。

9. 罪刑法定原则为什么同时也是宪法原则?

法治的基本要求是保障人权,这也是宪法存在的基本使命。罪刑法定是近代社会的产物,是随着民主、人权观念的勃兴而提出的,与法治相伴而生,是"刑法中的法治原理"。罪刑法定有利于在刑法中保障公民的自由,实现对国家权力的限制,实现在刑事领域的法治。罪刑法定的精髓是限制机能和保障机能,通过对国家刑罚权的限制(包括对立法权与司法权的限制)来保障公民的基本人权。

10. 法不溯及既往原则与禁止事后法原则是否属于同一含义? 它们有何区别?

两者是罪刑法定原则视野下不同视角的表述,是同一含义。

11. 简单罪状是否与罪刑法定原则相冲触?

简单罪状不是规定不明确,而是无须具体描述,一般人都能够知道其含义,所以不违反罪刑法定原则。之所以采取简单罪状的方式,往往是因为这些犯罪的特征为众人所知,简单概括,避免烦琐。

12. 罪刑法定原则有绝对和相对之分,现在所说的罪刑法定原则是不是指相对的罪刑法定原则呢? "罪刑法定原则不允许溯及既往"这句话是否正确呢?

我国刑法实行的是相对罪刑法定。相对罪刑法定原则禁止不利于行为人的溯及既往。"罪刑法定原则不允许溯及既往",不是一个结论,而是一个须结合罪刑法定原则的演化予以分析的命题,在早期主张绝对罪刑法定原则的时期,这个论断是符合该时期观点的,但相对于现代相对罪刑法定而言,该论断是有问题的。

13. 习惯法在相对罪刑法定原则中成为了间接或者直接渊源,其与公序良俗的内涵有何差别?

习惯法是指经过长期实践与适用所形成的为历代民众所肯定认可的习惯,它在人们的日常生活中一直保持效力,并以不成文法的形式对人们保持约束力。公序良俗指国家的公共秩序和善良风俗,其内容会因时代的变迁而不断变化。从功能上分析,习惯法与公序良俗均具有克服成文法局限的功能。公序良俗原则更多的是作为现代民法的指导原则。

14. 我国刑法关于罪刑法定原则的规定和罪刑法定原则的经典表述有何不同?

罪刑法定原则的经典表述是"法无明文规定不为罪""法无明文规定不处罚"。其仅从消极方面规定,以突出限制公权力侵犯人权的作用。

我国刑法关于罪刑法定原则的规定是:"法律明文规定为犯罪行为的,依照法律定罪处刑;法律没有明文规定为犯罪行为的,不得定罪处刑。"其既包括积极方面也包括消极方面。前者强调犯罪及其刑罚的法定性,强调依法正确地运用刑罚、惩罚犯罪和保护社会;后者强调限制刑罚权的适用,防止国家滥用刑罚权侵犯人权,以保障公民的权利和自由。

我国刑法的以上规定,是从我国的司法现状和法治程度出发的。只要不机械地把积极规定理解为"按刑法的某个规定予以定罪处刑"(这里的"法律"是针对某个个案所涉及的所有刑法条文规定),就不会理解为以上积极规定和消极规定是相互矛盾的。

15. 中国古代是否存在罪刑法定原则?

有学者认为,罪刑法定的思想自古有之,早期代表人物有韩非子、李斯、商鞅、吴起等。然而,实际执行时会有偏离。首先是君高于法,其次是"刑不上大夫"。此外,也有学者认为中国古代并没有以保障人权为核心的罪刑法定原则。

从罪刑法定原则的思想渊源和理论根据来看,该问题的回答应是否定的。罪刑法定原则作为一项"法治"原则,是近代启蒙运动的产物。

16. 罪刑法定中的"法"是指刑法的渊源吗? 是指广义刑法吗?

罪刑法定原则中的法指的是刑法,是广义的刑法,不仅包括刑法典,还包括单行刑法,但在我国一般不包括附属刑法。

17. 罪刑法定原则的"形式侧面"与"实质侧面"有何区别?

由于对法的理解不同,导致在理解罪刑法定原则上产生了分歧,形成了两种不同的维度,即形式的罪刑法定与实质的罪刑法定。形式的罪刑法定是把法理解为有权的国家机关制定的规范,把犯罪理解为对规范(实定法)的违反。在基本属性上,把确定性放在很重要的价值地位的,便是形式的罪刑法定原则。实质的罪刑法定是把法理解为自然法规范，理解为既包括制定法，也包括公平、正义、平等、公正等自然法的价值理念。

形式罪刑法定原则的具体内容包括：(1)成文的法律渊源：法律规范的表达必须是成文的，有权机关的制定法是法律的唯一渊源（排斥习惯法和非立法机关制定的法律）。(2)要求规范的文字和内容。(3)法律没有明文规定为犯罪的行为，无论社会危害性有多严重，都不应进行惩罚。法律有明文规定的行为，无论有没有社会危害性都应当进行惩罚。(4)目的：限制司法权，防止法官擅断。(5)大陆法系国家崇拜理性以及启蒙运动反对封建专制和罪刑擅断的历史影响等，使大陆法系国家比较偏向形式罪刑法定。(6)原因：一方面，欧洲大陆中世纪的司法腐败、擅断以及对法官的不信任；另一方面，欧洲大陆革命阶层的反动作用。(7)积极作用：反对司法擅断；保护人权与自由。(8)缺陷：忽视内在价值导致恶法亦法；太过于机械地重视法条，可能导致真正的不公正。

实质的罪刑法定原则的具体内容包括：(1)反对将法律视为僵硬的法条，主张法官发挥主观能动性，弥补法律与现实的差距。(2)法源：强调法的多样性甚至认同内容的不确定性。(3)在犯罪的本质问题上，强调社会危害性。(4)反对恶法亦法，主张限制立法权。(5)英美法系较为重视实质的罪刑法定原则。(6)缺陷：过度强调实质而忽略形式载体，可能陷入法律虚无主义。

其实，形式的罪刑法定与实质的罪刑法定，是罪刑法定原则发展史上的两个阶段的表现形式，是罪刑法定原则从极端走向理性、从绝对走向相对的表现。就现代相对的罪刑法定原则而言，二者应是有机统一的，否则就会出现很多无法解释的现象（如把某个不具有社会危害性的行为认定为犯罪）。

18. 在刑法没有明文规定，但行为恶性极大时，采用当然解释方法中的“举轻以明重”来将其入罪，是否与罪刑法定原则相冲突？

若这里的“刑法没有明文规定”，是指该行为没有入刑，或该行为没有在罪刑法定的应有范围内，那当然是违背罪刑法定原则的，不可以用当然解释将其入罪。当然解释必须在罪刑法定原则允许的范围内进行。

19. 为什么民主主义与尊重人权主义是现代罪刑法定原则的理论基础？此二者如何与罪刑法定原则相联系？

(1)民主主义要求,国家的重大事务应由国民自己决定,各种法律应由国民自己制定。法的处罚范围与程度直接关系着每一个人的生命、身体、自由、财产与名誉,属于特别重大的事项。所以应当由国民决定什么行为是犯罪,对犯罪科处何种刑罚。但社会现实表明,不可能每个人都是直接的立法者,国民不可能直接决定犯罪与刑罚;妥当的做法是由国民选举代表组成立法机关,由立法机关制定刑法;由于立法机关代表国民的意志,故其制定的刑法也反映了国民的要求。刑法一经制定,便由司法机关适用。司法机关适用刑法的过程也是行使国民意志的过程。这理所当然地形成了罪刑法定主义中的法律主义(或成文法主义)。由于刑法是国民意志的体现,所以司法机关不能随意解释刑法,尤其不能类推解释。又由于刑法是国民意志的体现,它要尽最大可能、最大限度保护国民的利益。如果扩大处罚范围,就必然侵害国民的自由,因此要求禁止处罚不当罚的行为。正义与公平是国民的当然要求,立法机关根据国民意志制定的刑法,必须体现正义与公平。所以,刑法必须规定与犯罪相均衡的刑罚,同时禁止残酷的刑罚。

(2)尊重人权主义。为了保障人权,不致阻碍国民的自由行动,不致使国民产生不安感,就必须使国民事先能够预测自己行为的性质与后果,必须事先明确规定犯罪与刑罚。因为当国民事先能够根据成文刑法预测自己的行为性质时,就不会因为不知道自己的行为是否会受到刑罚处罚而感到不安,也不会因此而不敢实施合法行为。在此意义上,尊重人权主义与使国民具有预测可能性是一个含义。但是,国民对自己行为的性质与后果具有预测可能性的前提是事先有成文法的规定,这便是法律主义;事后法不能使国民具有预测可能性,因此,必须禁止刑法溯及既往不利于被追诉者的规定。刑法是裁判规范与行为规范,如果含混不清、模棱两可或者前后矛盾,法官就无法裁判,国民也因为不能预测自己行为的性质而左右为难,由此产生了刑罚法规的明确性原则。刑法是通过限制自由的手段来保护自由的,二者之间始终存在一个平衡问题,故刑法的处罚范围必须合理,否则便与刑法的宗旨相矛盾。

20. 罪刑法定原则的机能是不是刑法机能其中一方面的体现?刑法机能中的保障犯罪人不受刑法外的处罚是否与罪刑法定原则的保障人权机能相似?那么两者的区别主要体现在什么方面呢?

罪刑法定原则的机能是刑法机能其中一个方面的体现。刑法机能包括惩罚犯罪和保障人权，罪刑法定原则也是为了保障人权。刑法的机能是指刑法所发挥的功能，刑法机能是体现在所有的刑法条文之中的。罪刑法定原则作为刑法的重要条文之一，必然也包含着刑法的机能。

保障犯罪人不受刑法外的处罚和罪刑法定原则中的保障人权二者的内在要求是一致的，二者的主要区别在于表达和要求的视角不同。

21. 罪刑法定原则存在的历史使命是什么？其历史使命与意义有何不同？

罪刑法定原则的历史使命是为了限制公权力的滥用、保障人权。罪刑法定原则的意义是指，在刑法的明文规定以外，国家刑罚权是无用武之地的，只能针对法律事先明文规定的有害于社会的行为而运用。在刑法明文禁止的范围内，是公民不自由的地方，而在刑法规定的范围之外，是公民能够行使自由的领地。刑法明文规定的范围既是公民自由的界限，也是国家刑罚权的界限。

从罪刑法定的意义来看，罪刑法定的历史使命和意义并不存在不同之处。这些“提问”，是进一步的追问或者不同视角的思考。

22. 罪刑法定原则的机能除了限制公权力、保障人权外，是否还有预防犯罪？

这要看如何理解罪刑法定原则的机能。根据心理强制说，可以这么理解。即立法机关通过制定刑法，颁布了一张“罪刑价目表”，公民会在知晓犯罪的后果之后合理计算选择自己的行为，人们会在趋乐避苦的心理动机支配下，抑制犯罪意念和犯罪行为，从而预防犯罪。

23. 最高人民法院所实行的案例指导制度是罪刑法定原则的另一种表现方式还是对它的偏离？

这个问题的关键是，如何理解罪刑法定原则中的“法”。这里的“法”，是全国人民代表大会及其常务委员会依法制定的刑事实体法律规范。所以，指导性案列并不是刑法的渊源，更多起到的是解释作用和参考作用。由此，它既不是罪刑法定原则的另一种体现，也不是对它的偏离。

24. “适用刑法平等原则”是否不属于刑法所特有？是否仅因为加上了刑法二字才勉强解释为刑法所特有？

可以这么理解。适用刑法平等原则是法律面前人人平等原则在刑法中的适用和体现。不仅在刑法，在刑事诉讼法、民事诉讼法等部门法，也有该宪法原则的具体体现。所以，适用刑法平等原则和法律面前人人平等原则是特殊与一般、个性与共性的关系，两者体现的价值和精神是一致的。

25. 为何适用刑法平等原则更能突出刑法基本原则的特点？“适用”一词应该怎么理解？刑法平等原则不包括立法上的平等又是怎么回事呢？

对第一个问题的理解并不合适。平等和自由是人类的主题，自由由罪刑法定规定，平等由适用刑法平等规定。三大基本原则是相辅相成的，没有谁优先、更重要之说，三者缺一不可。

“适用”一词的理解如下：在立法层面，很多地方也体现了平等的思想。比如，中国人犯罪，都要适用中国刑法；只要是犯罪，无关身份等（这里的立法上的平等与问题里提到的概念要加以区分，两者针对的对象是不一样的）。在司法层面，任何人在法律面前都是平等的，没有“能人犯罪、网开一面”的说法。

立法上的“不平等”，是指刑法立法是由全国人民代表大会及其常务委员会制定的，不能所有人都去制定法律，制定的主体是特定的。由此，此“不平等”不是通常意义的“不平等”，因为全国人民代表大会所代表的也是人民的意志。

26. 适用刑法平等原则在司法适用上反对变通执法，这与民族自治区的变通执法权是否矛盾？

这两者不是一个层面的意思。适用刑法平等反对变通执法的意思是，不能因为一时一地或者某个个人或者单位的利益而不依法办事，让犯罪行为变通为不以犯罪处理或者允许戴罪立功等。民族自治区的变通执法权来自《刑法》第 90 条的规定，民族自治地方不能全部适用本法规定的，可以由自治区或者省的人民代表大会根据当地民族的政治、经济、文化的特点和本法规定的基本原则，制定变通或者补充的规定，报请全国人民代表大会常务委员会批准施行。可见，对于刑法规定的变通需要很高层级的审批，说明立法者对于自治区变通执法权持审慎态度。民族自治地方制定不同于刑法的变通规定是基于其特有的政治、经济、文化等特点，由该区或省的人民代表大会制定，并且经全国人民代表大会批准的。

27. “严打”政策是否违反适用刑法平等原则？

这要看如何理解“严打”。若“严打”是在法律框架内，符合罪刑法定原则的要求，是在法律框架和罪刑法定原则要求之内的宽严相济刑事政策的体现，就并没有违背适用刑法平等原则；若“严打”不在法律框架内，则它既不符合罪刑法定原则的要求，也可能违背适用刑法平等原则。

28. 量刑平等和刑罚个别化有无矛盾？

不矛盾。我们不能机械地理解平等，而是要把平等寓于差异之中，形成动态的“比值相等”。贝卡利亚曾指出，即使是同样的刑罚，施加在不同的犯罪人身上往往也会有截然不同的效果。他说，“棍棒可以矫正一个卖苦力的人，但对于一个高贵者、一个诚实的商人和任何一个文明人来说却是一种侮辱和毁灭……这样的刑罚不再与犯罪相称，而是被大大地加重了，因为刑罚所造成的损害与过错所造成的损害是无法比拟的。”刑罚的存在不单单是一种报复，更是对行为人的矫正。对于初犯、偶犯、激情犯罪等情形，追求重刑主义不但不能起到效果，反而会加速他们的堕落。从这个角度看，考虑个体情况而酌情作出量刑调整并不违反量刑平等原则，反倒是平等原则的体现。

29. 关于“以刑制罪”问题，及其与罪刑法定原则、罪刑相适应原则的关系

这个问题在理论上有不同看法。从相关文献看，以刑制罪大致可以分为抽象的以刑制罪、激进的以刑制罪和法实质解释的以刑制罪。

抽象的以刑制罪主张从立法层面更多考虑犯罪的处罚必要性和可行性，在司法层面根据刑罚的具体效果作入罪或出罪的处理。

激进的以刑制罪主张刑法的本质即量刑，所谓定罪只是量刑的手段。因此应当颠覆传统的罪责刑的思维模式，以量刑为优先，反推合适的罪名。

法实质解释的以刑制罪就是罪刑相适应原则在定罪上的要求和体现。无论是《刑法》第13条的但书出罪规定还是基于刑法理论上的转化犯、法条竞合、罪数形态、未完成形态、共同犯罪形态等，其实都是这种“以刑制罪”的体现和要求。

基于以上理解，激进的以刑制罪主张是违背罪刑法定原则和无罪推定原则的，应坚决反对，而法实质解释的以刑制罪符合罪刑法定原则和罪刑相适应原则。

罪刑相适应是以刑制罪的理论基础。以刑制罪并不与罪刑法定原则相违背，任何思维模式都必须在罪刑法定的框架下运用。而相对不定期刑本来就是为法律允许的。

■ 课后学生总结巩固的训练案例

◇ 赵某华非法持有枪支案
◇ 方某某裸聊案
◇ 李某组织男性卖淫案
◇ 范某冰逃税案

■ 课后环节及要求

本次课堂教学结束后，每位学生运用所学相关刑法知识尝试分析推荐案例，就本次课程学习情况撰写100—500字的个人学习总结，并提出仍然存在的疑惑；教学助理评阅每位学生的学习总结并就学生的疑惑作出解答，待主讲教师集体审改疑惑解答后反馈给学生。

第四讲　刑法的效力范围

■ 本讲教学要求

刑法效力包括空间效力和时间效力，是指刑法在何时、何地对何人产生强制适用效果的问题。在刑法空间效力的教学中，应当向学生阐明属地原则、属人原则、保护原则以及普遍管辖原则的基本内涵，揭示其优劣之处以及适当介绍域外刑法空间效力的相关规定，引导学生从国家主权的维护、人民权益的保障、司法协作的落实、国际外交的博弈等方面，深入理解我国刑法对于空间效力的立法规范和司法实践，感受我国刑法在维护国家主权和民族尊严、维护公民合法权益方面的切实作用，增强国家认同感和自豪感，树立其把国家、社会、公民的价值融为一体的家国情怀。

■ 本次课教学安排

◇ **时间：**第 4 次课，教学时数为 3 学时左右。

◇ **教学内容的重点、难点：**刑法空间效力各项原则之含义及依据；我国关于刑法空间效力原则的规范及其适用；从旧兼从轻原则的含义与适用。

◇ **教学方式：**

- 课前学生自主学习，由班长收集各位同学在自主学习中的疑惑点，于课前交该班教学助理与主讲教师。
- 课堂教学活动实行“三环节”制：自主学习疑惑内容交流；本次课程重难点引导性讲授；重难点疑惑内容讨论。

■ 课前学生自主学习内容

□ 学习资料

◇ 指定在线课程的相应内容

◇ 应阅读的教材章节:贾宇主编《刑法学(总论)》第三章;石经海主编《刑法学总论》的相应内容;石经海等主编《刑法重点问题案例实务教程》的相应内容。

◇ 应重点研读的法条:《刑法》第6—12条。

□ 学习中应思考的问题

1. 何为刑法的空间效力?能否称为“适用范围”?刑法的空间效力意味着什么?有何重要意义?刑法的空间效力与刑诉法上的“管辖”是什么关系?
2. 刑法空间效力四大原则的含义和功能分别是什么?我国刑法关于空间效力范围的立法(《刑法》第6—9条)采取的是什么原则?如何图示?
3. 如何理解“本法”“领域”“法律有特别规定”“犯罪地”“享有外交特权和豁免权”?
4. 我国是如何对待外国刑事裁判的效力的?其法理是什么?
5. 何为刑法的时间效力?刑法的生效和失效有哪些方式?79刑法、97刑法及各刑法修正案是否有生效和失效时间?分别有何特点?
6. 何为刑法的溯及力?它通常有哪些原则?这些原则的刑法精神实质分别是什么?它们分别基于什么时间基点予以判断?(是行为时法还是审判时法?)这些原则与罪刑法定原则是什么关系?
7. 我国刑法采用的是何种溯及力原则?该原则在79刑法、单行刑法、刑法修正案、立法解释和司法解释的适用上是如何体现的?

■ 课中师生交流的重难点问题及解析要点

1. 关于刑法空间效力的各项原则之关系

当今世界各国,对于刑法的空间效力,一般采用的是以属地原则为基础、以其他原则为补充的混合原则。出于保护本国主权的需要,很少有国家只采用一种空间效力原则。在以上空间效力混合的原则中，通常优先适用属地原则。根据我国刑法立法，各空间效力原则的外延是相互衔接的，并通常按属地管辖原则、属人管辖原则、保护管辖原则以及普遍管辖原则的顺序适用（如果需要适用后续原则）。

2. 在适用属人原则对行为人进行审判时，是应当以行为人行为时的国籍为准还是以审判时的国籍为准？

根据罪刑法定原则的精神实质（罪刑法定原则在定罪上以“行为时”为基准，但基于人权保护需要，允许有利于被告人的审判时法溯及既往，即从旧兼从轻），原则上应是以行为时国籍为准，但可能会基于存疑时有利于被告人或者国家主权保护的需要而以审判时国籍为准。

3. 司法管辖权与空间效力的联系与区别是什么？

从国际法的角度来说，司法管辖权是国家司法主权的重要表现，而司法主权又是国家主权的重要组成部分。刑法的空间效力，是要确定刑法在什么地方、对什么人具有效力，其实质是明确国家刑事司法管辖权的范围。在此意义上，二者是目的与手段的关系。

4. 为什么对于属人原则是“最高刑在三年以下”可以不予追究，而对于保护原则却要求根据我国刑法“最低刑在三年以上”方可适用，这样的语词规定背后的意义是什么？保护原则理论上为保护本国利益而设，但《刑法》第8条规定的定罪前提更有利于对我国国家或者公民实施犯罪的外国人，这是否与保护原则本身有冲突？

对于属人原则为何规定“最高刑在三年以下”可以不予追究，主要基于以下几点考虑：第一，《刑法》第7条规定的是“可以不予追究”，保留了追究的权力。第二，为何规定为“可以”，是因为最高刑为三年以下的犯罪属于轻罪。第三，基于诉讼经济考虑，对于这些案件没有与外国司法争夺管辖权的必要。第四，既然既不经济也无必要，为何还要规定“可以不予追究”？其目的在于确认主权和司法管辖的不可侵犯性。只要属于中国国民，就应当属于我国刑法规制范围内，不得违反我国刑法。

保护原则为何规定“最低刑在三年以上”方可适用，主要基于以下几点考虑：第一，基于上述的同样理由，轻罪侵犯法益较轻，一般也会得到他国司法救济，不必进行严格保护。第二，保护原则与外国刑事司法管辖权会不可避免地产生冲突。第三，为集中司法资源更好地履行保护管辖原则，因此限缩了保护管辖权的范围。第四，诉讼经济原则。

5. 单行刑法、附属刑法的效力范围是否与刑法典相同？

单行刑法、附属刑法与刑法典一样同属于刑法的渊源，效力范围相同，但我国没有严格意义上的附属刑法。

6. 虚拟空间中的刑法效力应如何认定？

这主要涉及行为地和犯罪地的确定问题。对于该问题，理论上还没有完全达成共识。一般认为，虚拟空间具有虚拟性、无国界性、非中心性等特点，其行为地通常是网络终端所在地，结果地通常是行为人有明确针对性的国家、地区和权益损害地。

7. 我国消极承认外国刑事裁判效力的法理是什么？

其法理在于：既要坚持我国独立的司法主权，也要基于"一事不二罚"客观对待已经受过刑罚处罚这个事实。需要注意的是，按我国《刑法》第10条的规定，凡在中华人民共和国领域外犯罪，依照本法应当负刑事责任的，虽然经过外国审判，仍然可以依照本法追究，但是在外国已经受过刑罚处罚的，可以免除或者减轻处罚。这里的"免除或者减轻处罚"，一方面只是"可以"（主权在我），另一方面所谓"消极承认"即客观对待的，并不是外国"审判"，而是在外国已经受过的"刑罚处罚"。

8. 对于张子强案，其部分犯罪发生在我国内地，我国内地刑法在对该部分犯罪进行管辖时，是否可以一并管辖其实施的其他犯罪行为？

张子强犯罪集团属于跨境犯罪和内地香港两地居民相互勾结的共同犯罪。该案涉及的犯罪分子，有的居住在香港，有的居住在内地。其非法买卖爆炸物、走私武器、弹药的犯罪行为均发生在内地。部分抢劫犯罪的事实也发生在内地（例如，在深圳抢劫某贸易中心经理李晨曦并致其死亡的案件），而在香港实施的抢劫金铺和绑架等犯罪行为也是在内地的广州和深圳密谋、策划和准备的。根据我国《刑法》第6条第1款、第3款之规定，凡是在我国领域内犯罪的，除非法律有特别规定的以外，都适用我国《刑法》，而犯罪的行为或者结果有一项发生我国领域内的，就认为是在我国领域内犯罪。又因《刑事诉讼法》第25条规定："刑事案件由犯罪地的人民法院管辖。如果由被告人居住地的人民法院审判更为适宜的，可以由被告人居住地的人民法院管辖。"由于香港警方没有对张子强犯罪集团立案侦查和起诉，张子强等人又是在内地犯罪被内地司法机关捕获的，因此该案由内地司法机关进行起诉和审判,是完全符合法律规定而不存在侵害香港地区司法管辖权的问题。

9. 我国刑法对属人原则有最高刑在三年以下有期徒刑,可以不予追究的规定。那么不予追究是否违背了法律面前人人平等的原则?

不违背。按我国刑法,“最高刑为三年以下有期徒刑的”犯罪,是属于比较轻微的犯罪。这类犯罪,对我国国家利益、社会利益以及公民利益的损害并不大。对这类犯罪规定“可以不予追究”,完全符合《刑法》第13条的应受刑罚惩罚性的要求,不存在违背适用刑法平等原则的问题。

10. 我国刑法对属人原则规定为,最高刑为三年以下有期徒刑,可以不予追究。其不予追究的意思是已经犯罪但是不惩罚吗? 公民犯罪却不惩罚岂不矛盾? 双重犯罪是指的什么情况?

刑法规定属人原则是为了确定对哪些人适用我国刑法予以定罪量刑,属于国家刑事管辖权方面的问题。据此,这里的“不予追究”,就是既不定罪也不处罚。双重犯罪是指犯罪行为在本国(请求引渡国)与犯罪地(被请求引渡国)均构成犯罪。

11. 当我国的刑法空间效力与他国发生冲突时,应该如何协调犯罪的处理?

一般通过刑事司法协助途径解决。其中,双方签订了双边或多边条约或公约的,按条约和公约解决;没有签订的,通过外交协商解决。

12. 具有外交特权和豁免权的外国人的外交特权和豁免权是绝对的吗? 即使不在执行公务期间犯罪,也不能适用我国刑法吗?

享有外交特权和豁免权的人员,自其被接受国接受而进入接受国国境就任之时起享有此等特权和豁免。其已在该国境内者,自其委派通知接受国外交部或两国另经商定之其他时刻开始享有。

享有外交特权和豁免权人员的职务如已终止,其上述特权与豁免通常是在该人员离境之时或给予其离境的合理期间结束之时终止。

也就意味着,只要是享有外交特权和豁免权的外国人,无论是否在执行公务期间,只要是在我国境内犯罪,就要通过外交途径解决,而不能适用我国刑法。但是这并不意味着不受我国刑法约束,只是表明需要以特殊方式处理他们犯罪以后的刑事责任。

13. 既然悬挂国旗的船舶、航空器算作我国领土,为什么在国外的我国汽车、火车等不能算作我国领土?

不同于船舶常处于公海,航空器常处于公海上空,汽车、列车的位置易于确定,直接适用属地原则即可,不会产生争议。

14. 行政刑法中的空白刑法规范发生变更之后如何适用刑法?与限时刑法的关系如何?

空白刑法中经常涉及行政法规的变化问题。从旧兼从轻原则能否适用于行政法规,理论界曾经讨论过。有人主张根据谦抑人道等刑法基本原则,进行类推解释,认为空白刑法中行政法规发生变化,"适用新的法律"中"新"的法律包括行政法规。但我们认为,违反行政法规的规定是相关罪名的行为要素,若新的行政法规规定不违法,实际上就是罪名行为要素的不具备(构成要件缺失),也即所谓的"新法规定不是犯罪",当然应当适用从旧兼从轻的原则。

15. 从旧兼从轻原则,对正在服刑的犯人是否具有改判的效力呢?能否将已经依照旧法判决的犯罪人提前释放?如果不能,其原因是什么?

不能。我国《刑法》第 12 条第 2 款认为,既判力高于溯及力。对于已经生效的判决应当尊重其效力,即使当事人提起再审,也应当适用行为时的法律。

16. 溯及力的原则在司法解释上是如何体现的?

通说认为,司法解释是对法律条文的解释,并不创造新的刑法规范。故对司法解释应当适用从新原则,即颁布后立即生效。但对于同一法条先后颁布的两个司法解释,则应当适用从旧兼从轻原则。对于这个问题,可以参考最高人民法院、最高人民检察院 2001 年《关于适用刑事司法解释时间效力问题的规定》第 1 条、第 3 条的规定。

17. 从旧兼从轻原则是否在一定程度上破坏了法律的稳定性和威严?是否会导致知法犯法却得不到处罚的现象?是否违背了罪刑法定原则以及适用刑法平等原则?

从旧原则是罪刑法定原则的直接要求,即行为时还没有颁布的法律当然不能予以适用。从轻原则的法理基础是:既然新法认为对某行为的法定刑作出了修改,则意味着立法者已经作出了这样的判断,即旧法的规定不够合理,或已经不能适应当今社会的具体情况。在这种情况下仍适用旧法惩罚行为人是不合理的。在此意义上,从旧兼从轻原则当然没有破坏法律的稳定性和威严,不会导致知法犯法却得不到处罚的现象,没有违背罪刑法定原则以及适用刑法平等原则。

18. 在行为人犯罪后、判决前颁布了新法，而旧法与新法对行为人的犯罪行为规定了不同的罪名。如果新罪名比旧罪名量刑更轻，此时，为了量刑更轻，即便是需要更改罪名，也要适用新法吗？

当新法既有对行为人不利的规定，又有对行为人有利的规定时，应当区分适用，即适用对行为人有利的那部分新法，剩余部分仍适用旧法。当新法所规定的刑罚比旧法更轻、同时变更了罪名时，在认定罪名上仍应适用旧法，但在量刑上应适用新法。

19. 对于某种具有延续性的行为来说，行为开始于新法生效前，结束于新法生效后，对此应该只适用新法还是根据从旧兼从轻原则在新旧法中进行选择？

根据1998年12月2日最高人民检察院通过的《关于对跨越修订刑法施行日期的继续犯罪、连续犯罪以及其他同种数罪应如何具体适用刑法问题的批复》的规定，对于开始于1997年9月30日以前，继续或者连续到1997年10月1日以后的行为，以及在1997年10月1日前后分别实施的同种类数罪在新旧刑法都认为是犯罪且应当追诉的情况下，应当一概适用修订刑法一并进行追诉。对于修订刑法比原刑法所规定的构成要件和情节较为严格，或者法定刑较重的，也应当适用修订刑法，但在提起公诉时，应当提出酌情从轻处理意见。根据这一司法解释，如果犯罪行为开始于新刑法施行之前，继续到刑法生效以后才结束，就应当作为新刑法生效之后发生的犯罪对待，适用新刑法。

20. 从新兼从轻原则与从旧兼从轻原则为何不能统称为从轻原则？即定性与审判时都适用罪刑较轻的法律？二者的差别仅仅体现在新法是否具有溯及力这一概念上吗？在定罪量刑上有什么差异？

从旧兼从轻原则与从新兼从轻原则不能统称为从轻原则，这是因为二者的基点是完全不同的：前者是基于“行为时法”（旧法），后者是基于“审判时法”（新法），前者是相对的罪刑法定原则的完全体现，后者在严格意义上是违背罪刑法定原则要求的。虽然量刑的判决结果可能相差不大，但在适用法律上可能差别很大。

课后学生总结巩固的训练案例

◇ 张某强管辖权争议案
◇ 糯某等贩毒、杀人案
◇ 特大跨国电信诈骗案

课后环节及要求

本次课堂教学结束后，每位学生运用所学相关刑法知识尝试分析推荐案例，就本次课程学习情况撰写100—500字的个人学习总结，并提出仍然存在的疑惑；教学助理评阅每位学生的学习总结并就学生的疑惑作出解答，待主讲教师集体审改疑惑解答后反馈给学生。

第五讲　犯罪概念与犯罪构成

■ 本讲教学要求

犯罪概念是对犯罪特征的概括和抽象,旨在从一般意义上解决“什么是犯罪”的问题,其在刑法犯罪论理论体系中居于基础与核心的地位,是犯罪论乃至整个刑法学体系的逻辑起点。本讲在教学过程中,通过系统分析我国刑法立法关于犯罪概念和具体犯罪的犯罪构成,深入揭示犯罪概念所规定的犯罪成立的三个基本条件与具体犯罪法律规定的对应关系,既让学生明确域外犯罪概念以及犯罪构成的理论成果和学说争议,也要立足中国国情和法治建设实际,客观评价和分析我国犯罪概念以及犯罪构成的源起、沿革和发展变化的历史背景和社会原因,引导学生正确全面地认识四要件理论,明白其历史合理性和国情符合性,培养其学术本土意识和理论自信,理性认识到刑法的法律适用不是适用域外的刑法理论,而是适用我国的刑法规定,从而增强对我国刑法法律适用的自信,切实贯彻马克思主义法学中国化的基本立场。

■ 本次课教学安排

◇ **时间:**第 5 次课,教学时数为 3 学时左右。

◇ **教学内容的重点、难点:**犯罪的本质;犯罪的基本特征;犯罪的理论分类问题;犯罪构成与犯罪构成要件。

◇ **教学方式:**

- 学生课前自主学习,班长负责收集各位同学在自主学习中的疑惑点,并于课前交给该班的教学助理与主讲教师。
- 课堂教学活动实行“三环节”制:自主学习与疑惑交流;本次课堂重点难点的引导性讲授;关于重点难点内容疑惑的讨论。

■ 课前学生自主学习内容

□ 学习资料

◇ 指定在线课程的相应内容

◇ 应阅读的教材章节：贾宇主编《刑法学（总论）》第四章；石经海主编《刑法学总论》的相应内容；石经海等主编《刑法重点问题案例实务教程》的相应内容。

◇ 应重点研读的法条：《刑法》第 13—19 条。

□ 学习中应思考的问题

1. 如何理解西方学者及马克思关于犯罪本质的观点与学说？各学说的区别何在？
2. 三种类型的犯罪概念分别是什么？三种类型的犯罪概念的功能有何区别？我国立法对犯罪的定义属于何种类型？如何评价我国立法关于犯罪的规定？
3. 犯罪的三大基本特征分别是什么？各个基本特征的切入点和相互联系是什么？何为犯罪的本质特征？
4. 什么是社会危害性？只有违法犯罪行为才有社会危害性吗？什么样的社会危害性是犯罪的社会危害性？是“严重的社会危害性”吗？它在我国《刑法》总则中是如何体现的？有哪些外在表象？
5. 刑事违法性中的刑事法律规范仅指刑法典吗？具有严重社会危害性的行为是否都被刑法规定为犯罪？现行刑法所规定的犯罪是否永恒地具有严重的社会危害性？为什么？如果不是，应当如何处理这些已经入罪的行为？
6. 刑罚一定是犯罪的必然法律后果吗？（如果不是，为什么？）应不应受刑罚处罚与需不需要给予刑罚处罚的关系是什么？
7. 如何理解各种犯罪分类的标准？它对理解和把握犯罪分类及其含义有何意义？
8. 何为犯罪构成？它是立法概念还是理论创设？它是司法上定罪的根据吗？犯罪构成理论最重要的法律机能是什么？（亦即，为何需要研究犯罪构成？

犯罪构成与刑事立法的关系何在?)

9. 如何理解犯罪构成的整体性？犯罪构成与犯罪是什么关系？犯罪构成与犯罪构成要件是什么关系？

10. 犯罪构成可以在理论上作哪些分类？各分类的标准是什么？如何在分类标准的指导下把握具体类别的犯罪构成概念？

11. 犯罪构成的“四要件”和“三阶层”理论模型有何不同？它们的要件内容、基本含义和排列顺序各是什么？如何评价？

■ 课中师生交流的重难点问题及解析要点

1. 为什么说法益侵害说和规范违反说是对立关系？马克思对犯罪本质的论述是否只适用于社会主义国家？

法益侵害说和规范违反说及其对立关系,存在于大陆法系刑法理论的话语体系,是该话语体系下近代刑法思想(理论)发展进化的阶段表现。

为何说二者是对立关系？主要是因为二者针对不同的刑事责任对象、基于不同立场。所谓法益侵害说,是指行为在造成法益(生活利益)侵害或者引起危险的结果时,才被给予否定性评价(所谓结果无价值)。基于这种学说,犯罪的本质是行为对法益造成的侵害或者危险,它以“行为”为苛责对象,强调的是对结果的否定性评价。所谓规范违反说,是指行为人违反行为规范而受到评价规范的否定性评价(所谓行为无价值)。基于这种学说,犯罪的本质是行为人行为规范义务的违反,它以“行为人”为苛责对象,强调的是对行为的否定性评价。需要提示的是,规范违反说将法规范分为行为规范(决定规范或意思决定规范)和评价规范(裁判规范)。其中,行为规范是指法律对行为的提示和指引的规范(将法律所提示的内容传递给行为人的意志,行为人的意志决定是否对规范的遵守),是一种超法规的规范,具有社会伦理价值和刑事政策内涵;而评价规范则来源于制定法的规定,即规定何种行为是犯罪和对犯罪处以何种处罚的法律条文。这样说来,法益侵害说与规范违反说分别针对“行为”与“行为人”,分别强调“结果无价值”(对结果的否定评价)与“行为无价值”(对行为的否定评价),后者为反对前者而形成理论学说。

至于马克思对犯罪本质的论述是否只适用于社会主义国家,从理论上看应持否定回答。首先,马克思对犯罪本质的论述也只是一种理论学说,只不过这种学说是基于犯罪的阶级性立场提出来的;其次,从法规范本身所具有的阶级属性来看,马克思的这般论述在法理上也不过是揭示了犯罪的阶级本质,这个本质在资本主义国家和社会主义国家都是客观存在的;最后,马克思的犯罪本质论,也是刑法学的学术贡献和理论贡献,本该作为任何国家学术和理论中的一部分。

2. 我国《刑法》第 13 条“但书”规定和罪刑法定原则是否相冲突?

不冲突。其一,《刑法》第 13 条“但书”本就是《刑法》中的规定,其适用符合罪刑法定的要求(罪刑法定的“法”不是刑法的某个规定);其二,罪刑法定原则禁止在刑法明确性规定外对犯罪人作出不利的处罚,但不禁止对犯罪人作出有利的处罚。

3. 既然犯罪的社会危险性是主客观相统一的,那么过失犯罪人也具有主观危险性吗?

刑法上的社会危险性通常是指行为人再次犯罪的可能性。这个概念不同于犯罪行为的社会危害性(对刑法所保护的某种秩序、关系或利益损害的事实特征),但接近于“犯罪人的人身危险性”这个概念。无论是社会危害性还是人身危险性(或犯罪的社会危险性),若要作为刑事责任的评价根据,都需要既有客观方面的事实特征(犯罪行为、非犯罪行为或其后果方面的表现),又有主观方面的事实特征(通常称为主观恶性,表现为故意、过失、动机、目的等)。没有主观方面的事实特征(主观恶性)支配的行为及其结果的事实表现,不能称为具有社会危害性、人身危险性或社会危险性,作为苛责的根据。从这个意义上讲,过失犯罪人也有主观危险性,只是相对于故意犯罪者要相对小些而已。

4. 犯罪有可能不受刑罚处罚,但犯罪又具有应受刑罚处罚性这一特征,这是否矛盾?

这并不矛盾,解题关键在于区分应不应受刑罚处罚和需不需要给予刑罚处罚。应不应受刑罚处罚关系到行为人的行为是否构成犯罪的问题,应受刑罚处罚说明该行为已经构成犯罪,不应受刑罚处罚则说明该行为根本不是犯罪,当然也就不存在应受惩罚的问题。而需不需要给予刑罚处罚则说明该行为已经构成犯罪,只是考虑到某一案件的具体情况,是给予刑事处罚还是不给予刑事处罚的问题。免予刑事处罚本身说明,行为人的行为还是在犯罪行为之列，只是考虑某种情况不给予刑罚处罚。它与不应受刑罚处罚在性质上是完全不同的。由于两者关系到罪与非罪的界限，因此应注意区分应不应受刑罚处罚和需不需要给予刑罚处罚，切忌将二者混为一谈。

5. 关于犯罪的三个基本特征之间的关系是什么？

三者本就是有机统一的，共同构成犯罪成立基本条件的有机评价体系（如果三者相互割裂则不能称为体系）。只有某种危害社会的行为应受刑罚处罚时，立法机关才将其规定为犯罪，从而赋予该行为刑事违法性的特征，应受刑罚处罚性是从立法层面将社会危害性与刑事违法性联系起来的中间环节。之所以将刑事违法性作为联结犯罪的社会危害性与应受刑罚处罚性的桥梁和纽带，是因为对于某种有害于社会的行为是否应受刑罚处罚，就其表现形式来看必须取决于刑法规范的评价，可以将其理解为是从司法层面来认识刑事违法性。

6. 犯罪的形式概念是否可以看作罪刑法定原则的延伸？如果可以，那么犯罪形式概念的不完整性是否也意味着罪刑法定原则具有不完整性？

犯罪的形式概念是罪刑法定原则的重要体现，但不是唯一体现，罪刑法定原则包括形式的罪刑法定和实质的罪刑法定。

7.《刑法》第 13 条“但书”内容是“情节显著轻微危害不大的，不认为是犯罪”，《刑法》第 37 条对于免予刑事处罚的规定是“对于犯罪情节轻微不需要判处刑罚的，可以免予刑事处罚”。“显著轻微”和“轻微”之间是否具有较为明确的分界点？法官判案一般是否会适用“但书”？

一般来说，具体个案由法官行使自由裁量权认定。

“但书”作为总则中的条款，应当适用于分则的所有条款，其与规定什么是犯罪的《刑法》第 13 条的前半部分一样，具有决定罪与非罪的作用。法官判案会使用“但书”，实践中也有将“但书”作为出罪依据适用的例子。例如，1986 年陕西汉中人王明成为身患绝症的母亲实施“安乐死”，并因此被公诉机关以故意杀人罪提起公诉，后被法院以当时《刑法》第 10 条的“但书”规定宣布无罪释放。当前，《刑法》第 13 条“但书”已转化为相应司法解释的规定，如 2010 年《最高人民法院关于贯彻宽严相济刑事政策的若干意见》中就对此有明确的规定。

8. 何为法定犯的自然犯倾向?

自然犯与法定犯的区分是相对的,两者在一定的条件下可以转化。法定犯的自然犯倾向是指,以前属于法定犯的犯罪,在社会伦理道德演变过程中,转变成自然犯。例如,环境犯罪本来是法定犯,但随着人们对环境保护的日益重视,逐渐也能根据伦理观念判断犯罪与否。因此,环境犯罪也就越来越具有自然犯的色彩。

9. 法定犯为何经常处于变动之中?自然犯为何具有稳定性?

对于法定犯而言,其违反了行政法规的禁止性规范,而行政法规会因为国家管理需求调整而发生变化,因此法定犯经常处于变动之中。对于自然犯而言,人们根据一般伦理观念就可以判断犯罪与否,如故意杀人、强奸等传统型犯罪,因此自然犯往往是稳定的。

10. 加重犯和加重情节的区别与联系是什么?

根据刑法分则规定的法定刑来分类,可以将犯罪分为基本犯、加重犯和减轻犯。其中,加重犯又包括情节加重犯与结果加重犯。前者是指出现某种情节时依法提高法定刑档次的情形,后者是指造成某种危害结果时依法提高法定刑档次的情形。不同于量刑情节中的从重情节,无论何种加重犯,都应当源自于刑法分则的明文规定,否则便会违反罪刑法定原则。

11. 继续犯、即成犯和状态犯的具体界限何在?

继续犯:也叫持续犯,是指作用于同一对象的一个犯罪行为从着手实行到行为终了,犯罪行为与法益受侵害的状态在一定时间内同时处于持续状态的犯罪,如非法拘禁罪、绑架罪等。

即成犯:又称即时犯,是继续犯的对称,是指犯罪行为实行完毕后,犯罪即告成立的犯罪。大多数犯罪都是即成犯,如故意杀人罪等。

状态犯:指犯罪完成以后,其行为所造成的不法状态处于继续状态的犯罪。即犯罪行为已经完成,达到既遂,但是犯罪行为所造成的不法状态仍然继续存在。大多数的持有类犯罪都是状态犯,如非法持有枪支罪等。

12. 关于结果犯,可以区分为两种类型,一种是以侵害行为产生相应的法定结果为构成要件的犯罪,另一种是以侵害结果的出现而成立犯罪既遂状态的犯罪。如何理解结果犯的这种区分?其意义何在?

一般而言,结果犯中的直接故意犯罪都有未遂形态,此时的结果是作为犯罪既遂要件而存在的。相对应的,结果犯中的间接故意犯罪和过失犯罪没有未遂形态,缺少实害结果则过失犯罪不能成立,此时的结果是作为犯罪的成立要件而存在的。这样的规定与刑法以打击故意犯罪为原则,打击过失犯罪为例外的精神相吻合,是罪责刑相适应原则的要求。

13. 大陆法系三阶层理论与我国四要件理论之间的关系是什么?

苏联的刑法学者对大陆法系的三阶层理论进行了批判,并将其改造成四要件理论,其后我国承继了苏联的四要件理论。

具体而言,三阶层理论中的"构成要件该当性"对应着四要件理论中的"犯罪客观方面","违法性"对应着"犯罪客体","有责性"则对应着"犯罪主体"与"犯罪主观方面"。

三阶层理论与四要件理论的区别在于:前者在认定犯罪时是递进式的思维过程,先从客观上判断某个行为是否符合法定构成要件,在符合构成要件的前提下再判断该行为是否具有排除犯罪性的事由(如正当防卫、紧急避险),在不具备排除犯罪性事由的前提下再判断是否具有排除行为人责任的事由(如不具备刑事责任能力),只有在前一阶段的判断成立的前提下,才有必要进行后续阶段的判断。而四要件理论中的各个要件是相互依存的,并无严格的逻辑递进关系。

14. 与"三阶层说"相比,"四要件说"在司法适用上有什么优势?

在我国的犯罪构成理论体系中,四个要件之间对应工整、界限清晰、简洁明快,具有鲜明的可操作性。例如,我们可以通过是否具有犯罪行为、是否具备主体资格、是否具有主观罪过来立即判断是否构成犯罪,不必如"三阶层"那样从该当、违法和有责的层面反复判断。事实上,作为解释犯罪的理论工具,犯罪构成体系的选择并不如我们想象的那么重要,哪怕在德国、日本的司法实践领域,严格按照"三阶层"进行思维推导的法官少之又少。

15. 为何不能将"但书"的规定纳入四要件中的犯罪客观要件中进行考量?

在此应当准确理解"但书"与犯罪概念的关系以及"但书"的功能。根据《刑法》第 13 条的规定,一切具有社会危害性、刑事违法性和应受刑罚处罚性的行为都是犯罪,这就大致框定了我国刑法的犯罪圈,但框入圈内的行为有些并非是犯罪。根据"但书",那些已被框入圈内但情节显著轻微危害不大的行为,不认为是犯罪,这就将一部分行为排除了出去,经"但书"排除后的部分才是最终划定的犯罪圈。因此,"但书"是对我国

《刑法》所规定的犯罪概念的重要补充,具有出罪功能。

《刑法》第13条规定的犯罪概念含有定量因素,具体犯罪中约三分之二含有定量因素,约三分之一不含定量因素。对于分则中含有定量因素的具体犯罪而言,"但书"也能发挥出罪功能。此类犯罪虽然行为性质比较严重,但并非仅实施该行为就足以断定其社会危害性已经达到应受刑罚处罚的程度,例如我国第一例安乐死案"蒲连升帮助他人安乐死案",便是利用了"但书"的规定进行出罪。对于分则中不含定量因素的具体犯罪而言,以定性为根基的犯罪构成理论无法全面地评价某种行为是否成立犯罪,此时"但书"的出罪功能显著。以私自开拆、隐匿、毁弃邮件、电报罪为例。如果行为人出于集邮的爱好,将一邮件上的邮票剪下后将此邮件隐匿,而该邮件并无特别的重要性,亦未造成其他危害。显然,上述情况已完全符合私自开拆、隐匿、毁弃邮件、电报罪的构成要件,按照我国的犯罪构成理论,应认定为犯罪并受刑罚处罚。然而,此类行为的情节显著轻微,社会危害性小,实践中难以被定罪。此时,"但书"的出罪功能便可将已经符合某罪构成要件的行为排除在犯罪圈之外。

16. 在记述要件与规范要件的分类中,如果某一规范要件经过司法或立法解释后变得足够明确,那么此时它是否可以转化成记述要件?

记述要件与规范要件的主要区别在于,记述要件的认定不需要经过一定的价值判断,而规范要件的认定需要由法官根据特定社会的文化和法律进行评价以后才能确定。如果某一要件根据法律解释就可以认定,而不需要法官进行价值评价,那么它就是记述要件。

17. 犯罪的构成分类和犯罪的构成要素分类的区别与联系是什么?

这个问题关键在于对犯罪构成与犯罪构成要件的区分。

犯罪构成是指我国刑法所规定的,决定某种行为构成犯罪所必须具备的主观要件与客观要件的有机整体。而犯罪构成要件是犯罪构成所包含的各种构成要素,它是犯罪构成的基本单元,是犯罪构成的各个有机组成部分。

18. 若无刑事责任能力的人触犯了刑法,能否将其行为称为犯罪?

根据我国犯罪构成四要件说,认定某一行为构成犯罪需要同时具备四个要件,缺少任何一个即不构成犯罪。无刑事责任能力的人不符合犯罪主体要件,因此其所实施的危害行为不能被称为犯罪。

19. 结果犯与实害犯有什么联系?

结果犯是指以侵害行为产生相应的法定结果为构成要件的犯罪,或者是以侵害结果的出现作为犯罪既遂状态的犯罪。前者如交通肇事罪,后者如故意杀人罪。

实害犯是指以出现法定危害结果为构成要件的犯罪。如过失损毁交通工具罪。

结果犯和实害犯并非决然对立或者等同的关系。我们可以说实害犯就是结果犯,但不能说结果犯就是实害犯。

实害犯只能在构成意义上使用,结果犯则可以在构成意义或既未遂意义上使用。

20. 结果加重犯与基本犯罪的罪名相同,是否存在将加重犯规定为另一种独立犯罪的情况?

这个问题在理论界有不同认识。

按照传统理论,结果加重犯的概念是:(1)行为人实施了一个犯罪行为;(2)行为造成了更加严重的结果;(3)行为人对该结果至少存在过失;(4)应按照原罪名加重法定刑处罚。因此,结果加重犯自身不存在独立规定为他罪的情况。

但是,法律中确实存在因加重结果的出现而转化为他罪的现象。如《刑法》第247条刑讯逼供罪即是典型,只要在刑讯逼供中使用暴力致他人伤残的,应按照故意伤害罪或故意杀人罪论处(当然,这到底是法律拟制还是注意规定,理论界仍有争议),但这种情况已经不是我们传统意义上所说的结果加重犯了。

■ 课后学生总结巩固的训练案例

◇ 王某军非法经营案
◇ 非遗传人制造爆炸物案
◇ 蒲某升帮助他人安乐死案
◇ 陆某代购抗癌药案
◇ 福建赵某见义勇为案

■ 课后环节及要求

本次课堂教学结束后，每位学生运用所学相关刑法知识尝试分析推荐案例，就本次课程学习情况撰写100—500字的个人学习总结，并提出仍然存在的疑惑；教学助理评阅每位学生的学习总结，并就学生的疑惑作出解答，由所有主讲教师集体审改疑惑解答，反馈学生。

第六讲　犯罪客体、犯罪客观方面(一)

■ 本讲教学要求

犯罪客体是我国刑法所保护的、为犯罪行为所侵犯的社会关系。犯罪客体是犯罪构成的必备要件,任何一种犯罪必然侵犯犯罪客体。近年来,由于德国、日本犯罪论体系在我国的广泛传播与本土化发展,理论上出现废弃犯罪客体的观点,因此,在本讲讲授过程中,需从我国刑法的立法规定出发,揭示犯罪客体在我国犯罪成立评价体系中的不可废弃和不可替代的地位。这其中的关键是,与"法益"等域外话语体系的概念不同,"犯罪客体"是我国刑法立法上直接规定的内容,在犯罪成立的评价中,不可能废弃和不作为认定要件。同时,揭示"社会危害性"作为犯罪成立的基础性条件,并非等同于犯罪客体和只体现在犯罪客体中(所有构成要件都体现犯罪的社会危害性),揭示"法益侵害"也只是类似于"社会危害性"的犯罪成立的基础性条件(而不是犯罪构成要件),从而引导学生对我国刑法立法及其犯罪构成体系的尊重和自信。另外,通过揭示犯罪客体在刑法所保护国家安全、政治制度、社会制度、公共安全、人身权利、财产权利、社会秩序等上的意义和价值,引导学生深入理解刑法在我国法律体系和国家治理体系中的地位。在危害行为、犯罪对象、危害结果等内容的教学中,引导学生理解我国刑法客观主义的基本立场和立足实践的立法模式,结合适当举例,展示我国犯罪客体以及犯罪客观方面立法及实践的逻辑优势和实践优势。

■ 本次课教学安排

◇ **时间:**第 6 次课,教学时数为 3 学时左右。

◇ **教学内容的重点、难点:**犯罪客体的实质与意义;危害行为的内涵。

◇ **教学方式：**

- 学生课前自主学习，班长负责收集各位同学在自主学习中的疑惑点，并于课前交给该班的教学助理与主讲教师。
- 课堂教学活动实行“三环节”制：自主学习与疑惑交流；本次课堂重点难点的引导性讲授；关于重点难点内容疑惑的讨论。

■ 课前学生自主学习内容

□ 学习资料

◇ 指定在线课程的相应内容

◇ 应阅读的教材章节：贾宇主编《刑法学（总论）》第五章、第六章；石经海主编《刑法学总论》的相应内容；石经海等主编《刑法重点问题案例实务教程》的相应内容。

□ 学习中应思考的问题

1. 何为犯罪客体？它与法益、犯罪对象是什么关系？它对于认定犯罪有什么作用？
2. 犯罪客体在立法和司法上有无体现？如果有，是如何体现的？一个具体犯罪的客体在哪里可以找到？是不是每一个犯罪的罪状中都明文规定了客体？如果没有明文规定，那么应当如何确定其客体？
3. 请结合犯罪客体的特征分析：妇女之性的不可侵犯的权利、人的生命权是否属于犯罪客体？
4. 何为犯罪的一般客体、同类客体和直接客体？请结合强奸罪、故意杀人罪，分析说明它们各自的存在意义。
5. 何为简单客体、复杂客体、物质性犯罪客体和非物质性犯罪客体？这些分类各自的意义是什么？它们与犯罪的一般客体、同类客体和直接客体是什么关系？
6. 何为犯罪客观方面？它与犯罪客体是什么关系？它对定罪量刑有何意义？试结合某些具体犯罪予以分析。
7. 何为必要要件与选择要件？犯罪客观方面要件中，哪些（个）是必要要件？哪些（个）是选择要件？为什么？试结合刑法的立法规定予以分析。

8. 何为危害行为？它的刑法地位是什么？它有哪些特征和表现形式？分别如何理解（试举例说明）？这些特征和表现形式分别与实行行为、教唆行为、帮助行为有无关系？同时，试结合前述理解分析如下两种情形：(1)《中华人民共和国消防法》第44条规定："任何人发现火灾都应当立即报警。任何单位、个人都应当无偿为报警提供便利，不得阻拦报警。严禁谎报火警。……"甲发现火灾后没有报警，该火灾造成严重损失，甲是否构成不作为犯？(2)甲在路上发现一个弃婴，便将其抱回家，后因弃婴日夜啼哭不止，甲心生厌烦，又将弃婴扔在马路上，后弃婴被饿死。甲是否构成犯罪？为什么？

■ 课中师生交流的重难点问题及解析要点

1. 犯罪客体在犯罪构成要件中的地位之争问题

犯罪客体应否成为犯罪构成要件，在理论上存在两种学说。主张犯罪客体不应成为犯罪构成要件的原因有很多，其中一个原因就是犯罪客体与其他三个要件不处于同一层次。对此，理论上的理解是：第一，犯罪客体是抽象的（我国刑法所保护而为犯罪行为所侵犯的社会关系，是被反映、被说明的对象），其他要件是具体的；第二，犯罪构成是说明一个行为构成犯罪的要件总和，而犯罪客体是这种说明的对象，可以理解为犯罪客体可以表现为其他三个要件，犯罪客体和其他三个要件是本质与现象、表现与被表现的关系；第三，在司法实践中，往往是通过其他三个要件最后确定犯罪客体。也就是说，定罪的思维过程并非表现为横向统一判断，而是逆向倒推。例如，甲与乙发生口角继而争执、厮打，其间甲一拳击中乙的头部，致乙倒地死亡。甲的行为究竟侵犯的是乙的生命权（过失致人死亡）还是乙的健康权（故意伤害）？只有全面分析案件、确定案件性质后，其客体才随着定性而被表述出来。甲的行为如果被认定为故意伤害（致人死亡）罪，其客体就被表述为乙的健康权；而甲的行为如果被认定为过失致人死亡罪，其客体则被表述为乙的生命权。实际上，在定甲的罪名时，犯罪的直接客体是不清楚的，定罪后又要表述其客体，这种实际定罪活动中的思维过程（如果定××罪，客体就是×××）在很大程度上是为了迎合现行犯罪构成理论的要求。

其实,以上理解是理论上的误区:其一,犯罪客体是有相应立法规定的,如十大类犯罪,都是同类客体的立法体现;其二,在司法上,离开犯罪客体是无法准确认定犯罪的。例如,用炸药炸死某人的行为,在危害公共安全的情况下是爆炸罪,在没有危害公共安全的情况下是故意杀人罪;又如,醉驾成立危险驾驶罪的前提就是其行为危害了公共安全。

通说认为,在传统四要件理论中,四个要件是一种耦合式的逻辑结构。在这种逻辑结构中,构成要件之间的关系是一种共存关系,相互平行,只要其中一个要件不具备就不能构成犯罪。各要件之间不存在逻辑上的阶位关系、优先关系,各要件之间的顺序可以随意打乱。在借助四要件犯罪构成理论模型进行犯罪成立评价时,并非各要件的单独和孤立评价,而是它们的有机整体评价。

2. 犯罪客体与法益概念的比较

犯罪客体和法益的范围并不一致,它们是两个不同的概念。两者来自不同的理论体系,其外延、功能等都各不相同,不需要将两者进行对应。

3. 同类客体的意义

犯罪的同类客体是指某一类犯罪所共同侵犯的客体,即刑法所保护的社会关系的某一部分或者某一方面。犯罪的同类客体是刑事立法和刑法理论建立科学的刑法分则体系的重要依据,有助于理论研究者和司法实务者在类的层面上把握犯罪的性质。我国刑法分则基本上是根据犯罪的同类客体,将犯罪分为十类,并依各类犯罪所侵犯的我国社会关系的性质及程度依次排列。

4. 关于先行行为引起的作为义务问题

如果行为人做好事,其行为并没有制造、增加危险,并不产生作为义务。例如,行为人将路边的弃婴抱到民政机关门前,或者一同进餐的人将醉酒者送回其住处,即使后来他人因没有得到救助而死亡,行为人也不承担不作为犯的责任。但是,如果行为人将他人遗弃的女婴抱回家,就必须尽到抚养义务,而不能放置家中不管。因为,在法益处于无助或者脆弱状态时,行为人自愿承担保护义务,使法益的保护依赖于行为人,此时行为人必须继续承担保护义务,这是行为人基于自愿承担产生的保护义务。

当先行行为成为作为义务的来源时,意味着:第一,先行行为对刑法所保护的具体法益造成了危险。第二,危险明显增大,如果不采取积极措施,危险就会立即现实化为实害。第三,行为人对危险向实害发展的原因具有支配性。例如,意外提供了有毒食物导致他人中毒后,提供者有救助义务。此时,行为人对自己先行行为造成的法益侵害紧迫危险具有防止义务,如果行为人不履行救助义务,可能构成不作为犯罪。

犯罪行为在一定情况下也能成为先行行为引起作为的义务。

5. 在刑法中多个行为人同时负有义务的情况下,履行义务需不需要遵循一定顺序?危害行为的有体性特征在具有法律拟制人格的法人等组织上是如何体现的?对人工智能犯罪如何解释?

当数个主体同时对某一法益具有作为义务时,在某些情况下,可能由于优先履行作为义务主体的存在,而使其他人不再具有作为义务,也可能出现各个主体的作为义务存在强弱之别和层次之分的情况。当数个主体争着去履行义务时,不存在不作为犯罪的问题,当然不需要遵循一定顺序;只有当数个主体都不去履行义务时,不作为的责任分担才会产生影响。例如,夫妻二人和丈夫的妈妈一起生活,当丈夫的妈妈生病时,二人本都有照顾的义务,但是因为丈夫的义务等级高于妻子,所以,一般认为,当夫妻二人都在家时,丈夫有救助义务,而妻子没有。如果丈夫出差,妻子在家,那妻子就有救助义务。

危害行为是人的身体活动和动作,而单位实施的行为本就是人实施的行为,只不过是有资格代表单位利益的自然人,在履行代表单位利益的职务行为中,以单位名义组织实施的行为。单位的行为归根结底还是人的行为,由此体现危害行为的有体性。

在当前的科学技术下,人工智能本身并不具有人的属性,也不是刑法上的主体,其行为并不是刑法意义上的行为,它只是人类的工具,即使人工智能产生了危害社会的结果,也不能由人工智能"自身"承担。

6. 根据婚姻法,夫妻之间有扶养义务。这是否意味着,当夫妻中的任何一方陷入危险时,另一方都应予救助?若一方是自陷危险,而另一方没有救助,其是否构成不作为犯罪?

夫妻间的扶助义务是否能成为刑法意义上的不作为犯罪义务来源,理论和实践上都存在较大争议。通说为肯定说,即扶助义务是刑法意义上的作为义务。但即使依照通说观点,也不能认为"任何一方陷入危险另一方都应予以救援”，因为不作为犯罪成立的条件除了作为的义务之外，还有行为人作为的能力和结果回避的可能性。例如，妻子不慎掉入水中，但丈夫不会游泳，或水流过于湍急，即使是游泳健将也无力回天，此时即使认为丈夫有作为义务，其也不成立不作为犯罪。自陷风险的情形并不能当然排除作为义务，这种情况还应按照不作为犯罪的一般条件予以判断。

7. 关于不真正不作为犯的成立条件，如果没有结果避免的可能性，则不构成犯罪。然而，因为结果避免的可能性而不去评价放弃救助的行为，这可能会产生极差的社会影响，要求具有结果避免可能性的观点是否在这方面有所欠缺？如何修正？

　　不真正的不作为与作为共用一个构成要件，因而不真正的不作为必须与作为具有等价值性才能被认定为犯罪。保证人即使履行作为义务也不可能避免结果发生，便不能将保证人没有履行作为义务的行为认定为不作为犯。例如，司机过失造成了交通事故，导致被害人头盖骨骨折，即使立即送往医院也不能挽救生命。在这种情况下，即使司机没有救助，也仅成立交通肇事罪。如果否认结果回避可能性的观点，就易将司机的行为定性为不作为的故意杀人罪，这显然不妥当。

8. 作为和不作为具有等价性，对此应当如何理解？所谓等价性是指危害结果的等价性还是侵犯法益的等价性？它和不作为犯罪的罪名成立之间有什么关系？

　　作为与不作为具有等价性，是指行为人的不作为与作为相等，都造成或可能造成刑法保护的社会关系被侵害的结果，或者说都侵害或威胁了刑法保护的社会关系。成立不作为犯罪，要求行为人的不作为与作为具有等价性。例如，路人发现火灾不报警，之后火灾导致严重后果。由于法益保护并不具体依赖于发现火灾的路人，因此，其不报警的行为与作为方式的放火行为之间并无等价性，所以，路人不构成不作为犯罪。又如，甲盗伐林木，树木倒下将乙砸晕，甲不救助而离去，后乙死亡。本案中，甲负有先行行为引起的救助乙的义务，甲能履行而未履行，造成乙死亡的危害结果，甲不救助的行为与作为方式的故意杀人罪具有等价性，所以，甲构成不作为的故意杀人罪，与盗伐林木罪数罪并罚。

9. 在不作为犯罪中，其他法律规定的义务如何成为刑法上的义务？例如，夫妻吵架,妻子自杀死亡,丈夫不劝阻不救助,是否构成不作为犯罪?将刑法没有明文规定的特定义务作为不作为犯的义务来源,这是否违反罪刑法定原则?

在不作为犯罪中,特定义务的来源之一为“法律明文规定的特定义务”,这里的法律规定既包括刑法典、单行刑法、附属刑法的规定,又包括民法、经济法、婚姻法、税法等法律的规定。但是,并不是所有的法律明文规定的义务都能成为不作为犯罪的义务来源,只有那些被刑法认可的、在法律规范的制裁部分具有刑事制裁内容的义务,才能成为不作为犯罪的义务来源。因此,将刑法没有认可的特定义务作为不作为犯的义务来源,这违反了罪刑法定原则。

夫妻间的扶助义务是否能成为刑法意义上的不作为犯罪义务来源,理论和实践上都存在较大争议。通说为肯定说,即扶助义务是刑法意义上的作为义务。近些年,我国司法机关通常将“未婚同居者或者夫妻之间,因琐事吵架,一方自杀,另一方见死不救的情形”认定为不作为故意杀人罪,如河南宋福祥杀妻案、天津王春全杀妻案等。但是此类案件在学理上应当如何定性,则是值得思考的问题。

在认定行为人是否构成不作为故意杀人罪时,应结合案件的具体情形,例如被害人是否处于意志完全自由的状态,行为人是否排除了其他人对被害人实施救助的可能性,导致行为人有无实施救助行为与被害人是否死亡具有“排他性”关系,行为人是否实施故意引起被害人生命法益遭受危害的行为等,综合判断行为人的不作为行为与作为的故意杀人行为有无等价性。

课后学生总结巩固的训练案例

◇ 刘某涉嫌过失致人死亡案
◇ 佛山“小悦悦”案
◇ 宋某祥不阻止妻子上吊自杀案

课后环节及要求

本次课堂教学结束后,每位学生运用所学相关刑法知识尝试分析推荐案例,就本次课程学习情况撰写 100—500 字的个人学习总结,并提出仍然存在的疑惑。教学助理评阅每位学生的学习总结,并就学生的疑惑作出解答,由所有主讲教师集体审改疑惑解答,反馈学生。

第七讲　犯罪客观方面(二)

■ 本讲教学要求

本讲的主要内容是刑法中的因果关系。因果关系是哲学上的重要范畴，刑法上的因果关系是指人的危害行为合乎规律地引起某种危害结果的内在联系。在本讲教学过程中，要适当介绍域外相关理论成果，特别是对德国的客观归责理论以及日本的相当因果关系说进行理性、客观、中肯的评价，切忌照抄照搬、生搬硬套地解决我国刑法中因果关系的实践问题。特别是根据马克思主义关于矛盾的普遍性和特殊性关系原理，坚持在因果关系教学中具体问题具体分析。具体而言，将定罪与量刑的因果关系分开考查，根据刑法关于定罪和量刑规定的内容分别予以考查，避免将定罪与量刑的各自因果关系混在一起。

■ 本次课教学安排

◇ **时间：**第7次课，教学时数为3学时左右。

◇ **教学内容的重点、难点：**犯罪对象与犯罪客体的关系；危害结果的内涵与外延；刑法中的因果关系的认定问题。

◇ **教学方式：**

- 课前学生自主学习，班长收集各位同学在自主学习中的疑惑点于课前交该班教学助理与主讲教师。
- 课堂教学活动实行"三环节"制：自主学习疑惑交流；本次课重点难点引导性讲授；重点难点内容疑惑讨论。

课前学生自主学习内容

□ 学习资料

◇ 指定在线课程的相应内容

◇ 应阅读的教材章节：贾宇主编《刑法学（总论）》第六章；石经海主编《刑法学总论》的相应内容；石经海等主编《刑法重点问题案例实务教程》的相应内容。

□ 学习中应思考的问题

1. 何为犯罪对象？犯罪对象与犯罪客体的关系是什么？犯罪对象是选择要件还是必要要件？试结合某些具体犯罪［如故意杀人罪、强奸罪、盗窃罪、偷越国（边）境罪、参加黑社会性质组织罪］予以分析。
2. 何为危害结果？危害结果与犯罪对象、犯罪客体有无关系？危害结果是选择要件还是必要要件？非法持有枪支罪第一档的危害结果是什么？《刑法》第114条的危害结果是什么？试结合刑法的立法规定分析“甲骗取乙的财物得逞后，乙向甲试图要求返还财物无果，遂当着甲的面喝下农药，甲未采取任何措施，最终乙死亡”这一案例中的危害行为、犯罪对象、犯罪客体及危害结果。
3. 危害结果有哪些分类？这些分类的法律意义是什么？试举例说明。
4. 何为刑法中的因果关系？它有哪些特征？应如何理解？它与犯罪客观方面和犯罪构成分别是什么关系？它对定罪量刑有何意义？试结合某些具体犯罪予以分析。并试结合前述理解分析：“甲杀死了乙，如果甲的母亲丙不生下甲，甲就不会杀死乙，因此，甲的母亲丙对乙的死亡也要负责”这句话在逻辑上有没有问题？如果有问题，问题出在哪？
5. 何为必然因果关系和偶然因果关系？什么是相当因果关系？在实践中应如何判断？试结合具体案例予以分析。并试结合前述理解分析电梯劝阻吸烟案中，杨某的行为和段某的死亡结果之间是否存在因果关系？杨某在刑法上不承担责任的原因是什么？
6. 何为犯罪的附属情状？有哪些具体情形？它们的刑法地位是什么？分别如何理解？试举例说明。

课中师生交流的重难点问题及解析要点

1. 间接危害结果与不属于犯罪构成要件的危害结果到底怎么区分？

间接犯罪结果与“直接犯罪结果”相对，是指犯罪行为对直接犯罪客体造成损害之后所引起连锁性危害结果。由于间接犯罪结果与犯罪行为之间没有直接的因果关系，故不能将此结果视为定罪要件，只能作为量刑情节予以考虑。换言之，间接危害结果是一种不属于犯罪构成要件的危害结果。

犯罪的构成要件具有法定性，结果加重犯作为一种派生的犯罪构成，也必须符合罪刑法定的要求。例如，诈骗罪中没有规定被害人死亡作为结果加重犯的升格条件，就不能将被害人的死亡结果在定罪层面上归于犯罪人。

《刑法》第236条第3款第6项对强奸罪的加重结果作出了明确规定，因此被害人自杀可以被归为犯罪行为，作为加重结果的犯罪构成而存在。至于究竟能否构成“强奸致人死亡”，还应当结合案件具体证据，尤其考虑自杀与强奸之间的因果关系，进行个案判断，而不能笼统地说强奸后被害人自杀一定能或不能成为强奸罪的加重结果。

2. 直接危害结果是否等于犯罪构成要件的危害结果？间接危害结果是否等于不属于犯罪构成要件的危害结果？

直接危害结果不等于犯罪构成要件的危害结果，间接危害结果也不等于不属于犯罪构成要件的危害结果，在此应当准确理解危害结果的分类。根据理论，以危害结果是否属于具体犯罪构成要件要素为标准，将危害结果分为属于犯罪构成要件的危害结果和不属于犯罪构成要件的危害结果；以危害行为与危害结果的联系程度将危害结果分为直接危害结果和间接危害结果。直接危害结果在符合犯罪构成要件结果时可成为属于犯罪构成要件的危害结果，间接危害结果在某些情况下也可以成为属于犯罪构成要件的危害结果。例如，甲强奸乙后，乙因羞愤而自杀，乙之死是甲强奸行为的间接危害结果，虽然不构成强奸罪基本犯罪的构成结果，但却可以成为甲强奸罪结果加重犯的构成结果。因此，不可以简单地画等号。

3. 对公民个人的评价具有主观性，对公民个人名誉的损害作为危害结果是否有悖危害结果之客观性?

举例来说,若“我”站在个人角度对某位公民进行指责,将其评价为“人品败坏者”,这属于主观评价,评价的对象是“这个人怎么样”。若“我”站在局外人的角度来看待大家对该公民的普遍评价,此时,我评价的对象是“这个人的风评怎么样”,根据大家对该公民的风评显示该公民是“名誉败坏者”,这就并非“我”个人的主观评价,而是“我”对该位公民在其所属社会中的客观情势的如实反映,这一既定事实并不以“我”的主观意志为转移,因而是客观的。

4. 刑法中的因果关系的直接性与间接性究竟要如何确定?

在复杂的因果关系中,对危害结果的发生起直接、主导作用的为直接因果关系,对危害结果的发生起间接、次要作用的为间接因果关系。因果关系的直接性和间接性体现了因果联系的不同形式,它们相互结合、综合作用,共同产生了特定的危害结果。一般通过原因作用于结果的方式及作用力大小来区分直接因果关系和间接因果关系,在刑法上,通常认为存在直接因果关系是行为人担负相应刑事责任的必然要求。

5. 如何理解英美法系国家,法律原因近因说中的介入因素与先行行为的独立和从属关系?能否举例?我国审判过程中是否会考虑介入因素与先行行为的关系?

在近因说中,如果介入因素在案件当时发生的概率很低,介入因素和先行行为在通常情况下不存在引起与被引起的关系,那么介入因素独立于先行行为。例如,乙因为甲向他开枪而改变路线,结果被闪电(介入因素)击中而亡。闪电的发生并不附随于甲的开枪行为,只是独立的意外事件,所以甲行为不是乙死亡结果的近因。如果介入因素依附于先行行为,是先行行为作用力发展的产物,那么介入因素从属于先行行为,最明显的例子就是受害人避免伤害而被迫采取的行为,此时伤害的先行行为即为危害结果的近因。所以一般来说,一个“相应的”介入因素,通常不会免除先前不法行为人的刑事责任,除非这种应对是非常反常或奇怪的。这种结果是合理的,既然“相应的”介入因素是对被告人不法行为的一种回应,被告人就该为外力的介入承担责任,被告人只有在介入的外力非常反常,以致让其为后来出现的结果承担责任显得不公平时,才能够免除刑事责任。

以上理论观点,一般不会成为审判实践考虑的因素。因为审判实践的适用根据是规范而不是理论。从规范适用角度来看，严格按法律予以定罪和量刑，一般是能够解决以上问题的。

6. 关于介入因素影响因果关系，如老师举例所言，甲在公路上殴打乙致其重伤且无法移动，而后乙被路上超速行驶的丙撞击身亡，那么，是否可以认为甲成立故意伤害致人重伤，丙成立故意杀人？如果丙在没有违反交通法规的情况下撞击乙并致其死亡，那么，丙是否成立故意杀人罪？

甲在公路上殴打乙致重伤且无法移动，而后乙在公路上因车祸被撞死，这种车祸的发生不异常，因此不能中断先前行为与最终结果的因果关系。至于丙成立何种罪名，因其违反交规超速行驶，应根据具体情形来判断，是构成交通肇事罪、以危险方法危害公共安全罪还是故意杀人罪，需要根据行为时的客观情况和行为人的主观心理态度来综合判断。在丙没有违反交通法规的情况下，其是否构成犯罪，也应根据其主观心理态度和行为时的客观情况综合认定。

7. 当用现有的知识和技术不能确定某些行为与结果之间是否具有因果关系时，根据“常识加公正”的标准来判断。但是刑法强调的是“罪刑法定原则”，并没有像民法那样强调“公序良俗原则”，那么这一说法是否违背了罪刑法定原则，而常识和公正界定的标准又是什么呢？

常识加公正一般来说指的是根据一般人的生活经验和常识，并且遵守公平和正义的要求对是否具有因果关系作出判断。

罪刑法定原则是刑法的基本原则，任何立法、执法、司法活动都必须遵守并严格执行。具体到因果关系的判断，当用现有的知识和技术不能确定某些行为与结果之间是否具有因果关系时，可以根据“常识加公正”的标准来判断，但是这种判断也应严格遵守罪刑法定原则。罪刑法定原则强调对人权的保障，如果根据“常识加公正”作出的判断不利于行为人，那么就不能采用此种判断结果。

8. 相当因果关系说认为，可以通过理性人的经验常识去判定因果关系的有无。这是否会造成“多数人暴政”的结果？尤其在事实复杂或涉及专业领域时，是否存在不足？

一方面，命题中的假设存在问题，理性人和多数人并不是相同的概念，多数人的观点并不一定是理性的，理性人并不等于多数人。“多数人暴政”是一个政治词汇，所体现出的更多是集体的非理性。从概念上来看，二者是存在区别的。另一方面,因果关系的成立并不一定会导致行为人的行为构成犯罪,有因果关系的行为也可能会因为存在客观违法阻却事由或者存在责任阻却事由而不成立犯罪。同样地,理性人这一假设前提就意味着,在面对事实复杂或涉及专业领域时,所适用的也是具有相关专业知识人的经验和常识,从这个角度来说,理性人的标准是不存在问题的。总之,同学们要认识到,理性人标准并不等于多数人标准,二者是存在区别的。理性人假设意味着,对于相关问题的判断,是从专业性的角度以及不带有偏见的角度出发的,理性人并不会导致“多数人暴政”。

■ 课后学生总结巩固的训练案例

◇ 颜某于等故意杀人案

◇ 快播公司传播淫秽物品牟利案

◇ 首例高空抛物危害公共安全案

◇ 盗卖 QQ 靓号案

■ 课后环节及要求

本次课堂教学结束后,每位学生运用所学相关刑法知识尝试分析推荐案例,就本次课程学习情况撰写 100—500 字的个人学习总结,并提出仍然存在的疑惑;教学助理评阅每位学生的学习总结并就学生的疑惑作出解答,由所有主讲教师集体审改疑惑解答,反馈学生。

第八讲　犯罪主体

本讲教学要求

犯罪主体是构成犯罪的必备要件之一，包括自然人犯罪主体和单位犯罪主体，是犯罪论的重要内容。在“自然人犯罪主体”的教学中，以习近平法治思想为指导，结合典型案例，从未成年人保护、社会实质公平、尊重保障人权、宽严相济刑事政策等角度，深入阐释我国刑法有关刑事责任年龄以及刑事责任能力的相关规定，促进学生对我国刑法指导思想、根据和任务的深层次理解。在“单位犯罪主体”的教学中，通过对单位主体立法演进历程的教学，展示我国刑法与时俱进、兼容并蓄的优秀品质，树立学生的制度自信和文化自信，进一步激发其学习刑法的兴趣与热情。

本次课教学安排

◇ **时间：**第 8 次课，教学时数为 3 学时左右。

◇ **教学内容的重点、难点：**刑事责任能力的内涵；影响刑事责任能力的因素；刑事责任能力规范判断；单位犯罪的主体要件内涵；单位犯罪的处罚原则；特殊主体问题。

◇ **教学方式：**

- 课前学生自主学习，班长收集各位同学在自主学习中的疑惑点于课前交该班教学助理与主讲教师。
- 课堂教学活动实行“三环节”制：自主学习疑惑交流；本次课重点难点引导性讲授；重点难点内容疑惑讨论。

■ 课前学生自主学习内容

□ 学习资料

◇ 指定在线课程的相应内容

◇ 应阅读的教材章节:贾宇主编《刑法学(总论)》第七章;石经海主编《刑法学总论》的相应内容;石经海等主编《刑法重点问题案例实务教程》的相应内容。

◇ 应重点研读的法条:《刑法》第 17—19 条、第 30—31 条、第 93 条。

□ 学习中应思考的问题

1. 何为犯罪主体?什么样的“人”可以成为犯罪主体?动物能否实施犯罪?国家工作人员、国家机关工作人员、军人何时能成为贪污贿赂罪、渎职罪和军人违反职责罪的犯罪主体?成立犯罪主体的最核心要素是什么?离开某个犯罪犯罪构成的其他要件能否确定某“人”为该罪的犯罪主体?
2. 自然人作为犯罪主体要具备哪些条件(要件)?这些要件中,哪些是必要要件、哪些是选择要件?为什么?自然人犯罪主体的一般要件与特殊要件是什么关系?它们的刑法地位有何不同?它们各自的具体表现及其决定或影响因素包括哪些?
3. 如何理解刑事责任能力(试举例说明)?它与刑法的两个基本范畴(犯罪和刑事责任)是什么关系?与犯罪主观方面的罪过(故意和过失)有无关系,如有关系,有什么样的关系?与犯罪能力、受刑能力有何不同?它在自然人主体犯罪和单位主体犯罪中的地位分别是什么?
4. 何为刑事责任年龄?它与犯罪和刑事责任、刑事责任能力分别是什么关系?请具体说明。刑事责任年龄是柔性还是刚性的规定?应如何计算?它可以分为哪几个阶段?划分标准是什么?它是用来定罪的还是量刑的?有无具体立法表现?跨刑事责任年龄阶段该如何处理?我国《刑法》第 17 条第 2 款所规定的“八种严重犯罪”,是该解释为“八种罪名”还是“八种罪行”?对于因未达到刑事责任年龄而不予刑事处罚或承担刑事责任的未成年人,是否意味着姑息放纵?
5. 精神病人实施危害社会行为是否要负刑事责任?其刑事责任能力的认定

标准是什么？能否划分为有刑事责任能力、无刑事责任能力和限制刑事责任能力三种情况？若能划分则各自的刑法处置措施是什么？间歇性精神病人属于哪一种情况？应当如何处置？强迫症和抑郁症是否属于精神病？

6. 醉酒的人、聋哑人、盲人的刑事责任能力与精神病人的刑事责任能力有何相同和不同？试分析这些人要承担刑事责任的法理根据。

7. 何为单位犯罪主体？包括哪些情形？具体如何理解？它与法人犯罪是什么关系？单位犯罪主体的成立需要具备哪些条件？单位成立犯罪需具备哪些条件？是否需要具有刑事责任能力？国家机关能成为单位犯罪的主体吗？单位犯罪主体的一般要件和特殊要件分别是什么？

8. 单位为何可以成为犯罪主体？单位犯罪的刑事制裁方式是什么？哪一种是常态？有无单位犯罪只惩罚单位而不惩罚自然人的？为什么？

■ 课中师生交流的重难点问题及解析要点

1. 立法设立刑事责任年龄的具体标准是什么？有无统计学、生理学的基础？

刑事责任能力，即行为人对于犯罪行为的辨认能力和控制能力，是一切犯罪主体都必须具备的条件。立法在设立刑事责任年龄标准时也据此衡量，因为一个人的年龄与其刑事责任能力之间是存在规律性联系的，从人的能力发展过程来看，年龄的大小往往能反映出其认识能力和控制能力的高低。立法者在设立标准时进行了广泛的调查研究和数据统计，才得出具有相应的辨认能力和控制能力、应当承担相应刑事责任的年龄标准。

近年来有不少人主张降低刑事责任年龄标准，认为现在的未成年人的心智发育远远超出制定标准时的水平。但是现在并没有充足的实证数据来支撑前述观点，并且这也会出现人类文明的发展程度越高而刑事责任年龄却越来越低的悖论。除此之外，降低刑事责任年龄也不能从根本上解决问题，短时间可以遏制但不长久，因为按照前述思路，社会的发展是不断向前的，刑事责任年龄肯定会一直降低，但这并不能很好的解决未成年犯罪的问题。

现在之所以主张降低刑事责任年龄，是因为现有的法律框架内对此无法给予相应的应对措施，使不满刑事责任年龄的未成年人游离在法律之外，更好的解决思路不是降低刑事责任年龄，而是建立并完善保安处分的制度建构,不满刑事责任年龄的人不构成犯罪,但是为了保护社会,有必要进行相应的否定性评价即进行保安处分,其所实施的行为仍然是被否定的。除此之外,还可以立足于整个法律体系进行考虑,即刑事责任年龄与行政责任年龄的衔接,《中华人民共和国治安管理处罚法》(以下简称《治安管理处罚法》)、《中华人民共和国行政处罚法》(以下简称《行政处罚法》)对于行政责任年龄都是规定的14周岁,因此可以考虑在刑法之外采取行政法上的应对措施,降低《治安管理处罚法》和《行政处罚法》对未成年人处罚的年龄,从而实现行政法与刑法上的衔接。

2. **既然单位是由自然人组成的,那么将单位设立为犯罪主体的必要性在哪里?**

要明确单位犯罪与个人犯罪的区别,单位犯罪是在单位意志支配下实施的,自然人的行为是单位意志的体现;而自然人犯罪则完全是在其个人意志支配下实施的,体现的是个人意志。之所以将单位规定为犯罪主体,是因为单位犯罪所实施的犯罪行为体现的是单位的意志,并且是为了单位的利益所实施的,因而才具有归责性,需要对单位进行处罚。

3. **不具有法人资格的单位为什么不能成为单位犯罪的主体?**

并不是说所有不具有法人资格的单位都不是刑法上单位犯罪的主体。

根据最高人民法院有关司法解释的规定,以单位的分支机构或者内设职能部门的名义实施犯罪,违法所得亦归分支机构或者内设职能部门所有的,应当认定为单位犯罪,不能因为单位的分支机构没有可供执行处罚的财产就不将其认定为单位犯罪。例如,分公司在总公司不知情的情况下,分公司的负责人在没有得到总公司的授权下独立以分公司的名义并为分公司的利益而实施犯罪时,分公司就可以作为犯罪主体承担刑事责任。

对于不具有法人资格的个人独资企业或合伙企业为什么不能是单位犯罪的主体,可以这样理解:在民法上,区分一个企业是否具有法人资格的关键是其对企业的债务是承担无限责任还是有限责任,无限责任就说明其不具有法人资格(个人独资企业对外承担无限责任,合伙企业对外承担无限连带责任)。第一,合伙企业是一种人的组合,其权利能力和行为能力都没有完全与合伙成员分离,而独资企业通常不具备健全的组织机构,因此很难讲这两种企业有刑事责任能力。第二,就合伙企业而言,在团体财产与团体成员的个人财产没有完全分离,团体行为与团体成员的共同行为合而为一的时候,团体的责任与团体成员的责任也就不可避免地牵连在一起。就独资企业而言,由于出资人享有对独资企业的全部权利并对全部债务和风险承担责任,可将独资企业和出资人等同看待。对这两种企业追究刑事责任实际是对自然人的一个犯罪行为进行二次处罚,违反罪刑相适应原则。因此,这两类企业不是现行刑法规定的单位犯罪主体。

4. 我国的醉态犯罪只有酒精饮料致醉态犯罪的理论,而对除酒精以外的毒品、药物等导致醉态犯罪的处理并没有涉及,在司法实践上认为吸毒致幻适用与醉酒犯罪相同的刑事责任规定,但吸毒毕竟与醉酒不同,是否有必要统一对吸毒致幻犯罪刑事责任能力的认定?

大多数国家,其法律并不区分吸毒和醉酒,而是对所有自陷精神障碍状态下实施犯罪行为的刑事责任能力作出统一规定。受文化、历史等多种因素的影响,在我国的社会环境中,吸食毒品与单纯醉酒相比明显不是一个性质的行为,所以,有必要统一对吸毒致幻犯罪刑事责任能力的认定。

我国立法之所以只规定醉酒而没有规定吸毒致幻的情况,可能是基于以下原因:第一,普遍认为吸毒要比醉酒的行为严重,根据刑法解释之当然解释,既然醉酒的人要负刑事责任,那吸毒的人犯罪自然也要负刑事责任。第二,还可以依据原因自由行为理论,也可以得出吸毒致幻应当负刑事责任的结论。所以,没有必要在醉酒的人犯罪要负刑事责任之后,再规定吸毒致幻的刑事责任。

那为什么有必要统一对吸毒致幻刑事责任的规定呢?一方面,更加契合罪刑法定原则。我国刑法只明文规定了醉酒犯罪人的刑事责任,而对于实务中日益高发的吸毒致幻犯罪却没有明确的立法,司法实务中一般是依据原因自由行为理论予以解决,但却没有立法明确规定得那么刚性。另一方面,醉酒致幻和吸毒致幻毕竟不一样,仅仅比照醉酒致幻来处理吸毒致幻存在很多问题,而且吸毒致幻在司法解释中也没有规定清楚。本书认为,可以将吸毒致幻分为三种情况规定:(1)“故意+故意”,行为人明知自己吸毒产生幻觉后会实施特定的暴力犯罪,仍然让自己陷入精神障碍而后实施侵犯他人人身安全、危害公共安全的行为。(2)“故意+过失”,一般来说,在无责任能力状态下,行为人的罪过多系过失。也就是在无法证明后面的实行行为是故意时,基于疑罪从轻,将其处理为过失。(3)“过失+过失”,过失地使自己陷入精神障碍状态后实施犯罪的行为。处理方式,对于第一种和第二种，均不得减轻处罚，对于第三种，在量刑时应当酌情予以从轻处罚。

5. 张扣扣案终审判决法官为何不认定专家论证中有关张扣扣符合偏执型人格障碍诊断标准的意见？为何不因为母报仇这一情节从轻处罚，而是维持死刑判决？

从刑事诉讼法的角度来讲，能够作为鉴定意见的材料需要具备一些条件。而在本案中，辩护律师出具的审查意见存在以下几个问题。第一，鉴定程序不合法。鉴定意见需要由公安司法机关指派或聘请的具有专门知识的人作出，案中并没有公安司法机关的指派或聘请。第二，鉴定对象不合理。案中张扣扣的律师出具的北京正慧科鉴咨询服务中心的三位专家出具的审查意见书，只是针对书证作出的审查意见，而不是针对张扣扣本人是否具有精神障碍的鉴定意见。第三，鉴定意见超出鉴定范围。辩护律师出具的审查意见中写道，其母被杀的事实与张扣扣的精神性障碍之间具有因果关系。然而，是否具有因果关系，只能由法官根据情况得出结论，不得由审查意见得出。

从刑法的角度来讲，法院之所以对此不作认定，主要是因为没有鉴定的必要性。张扣扣无精神病家族史和既往史，有现实的作案动机，作案前精心策划和预谋，选定三名被害人作为犯罪对象，事先跟踪、守候，作案中分别朝三名被害人的要害部位反复捅刺，作案后逃避抓捕，后又投案自首，表明其具有完全的辨认能力和控制能力。因此，法院的做法是符合法律规定的。

为什么不因其为母报仇而对其从轻处罚？第一，我国刑法已禁止私力复仇，在有公权力的情况下，私力复仇是对法律的蔑视。第二，案中，张扣扣犯罪动机卑劣，杀人犯意坚决，犯罪手段特别残忍，情节特别恶劣，后果和罪行极其严重，人身危险性和社会危害性极大，虽然事出有因，但不足以对其从轻处罚。第三，被害人王正某在张扣扣母亲案中已经被依法判刑，而且其父也赔偿了损失，在本案中，三个被害人并无过错，张扣扣是报复杀人，原判死刑并无不当。

6. 为什么具备特定身份就可以认为主体具备了对特定犯罪行为的辨认能力和控制能力？这种辨认能力和控制能力与在犯罪主体一般要件中所指的辨认能力和控制能力是基本相同还是有所区别？

例如,在枉法裁判罪中,司法工作人员对于枉法裁判具有辨认和控制能力,而普通人大多不能辨认何为枉法裁判,更遑论控制能力。这种辨认和控制能力与一般要件中的辨认和控制能力是特殊和一般的关系,当然是有区别的。

7. 刑事责任年龄是按照身份证上的出生日期来计算吗?但在进行行政登记时往往存在不准确的情况,如故意登记成有利于上学的年纪或登记农历生日。那在计算这些人的刑事责任年龄的时候会不会存在不公平?

这是一个诉讼法上的证据问题,身份证、户口簿上记载的出生日期均可作为判断行为人年龄的证据,但如果有其他足以推翻身份证记载的信息的证据,如医院的出生记录等,只要它符合证据规则也应当予以适用。

8. 如果一名完全丧失辨认和控制能力的精神病人一直在杀人,那该对其如何处罚?如果在其实施杀人行为的时候将其击毙,枪击者构成故意杀人罪吗?

对于人身危险性较大的精神病人,经法院决定,可以适用强制医疗程序。《刑事诉讼法》第302条规定:"实施暴力行为,危害公共安全或者严重危害公民人身安全,经法定程序鉴定依法不负刑事责任的精神病人,有继续危害社会可能的,可以予以强制医疗。"应当注意,强制医疗程序并非一种刑罚,而是一种强制措施,它不具有惩罚性。

对实施危害行为的精神病人能否进行正当防卫是四要件理论难以解决的一个问题。有学者提出,《刑法》第20条中的"不法侵害"并不能与"构成犯罪"相等同,只要行为人客观上实施了危害行为,就应当视为不法侵害,可以对其进行正当防卫。这样的观点虽然避免了得出常情常理不可接受的结论,但实际上是在四要件学说中引入了阶层性,对现有刑法理论会造成一定的冲击。

9. 刑事责任能力与犯罪能力有何重叠与区别?

犯罪能力是刑事责任能力的本质。犯罪能力是指具有自由意志、能够辨别善恶的能力。通常认为,只有知道善恶而去作恶的人才应承担刑事责任,若没有自由意志、没有辨别善恶的能力,则不应当要求其承担作恶的责任。

10. 为什么刑法只规定对于又聋又哑的人,可以从轻、减轻或者免除处罚,而没有规定只聋不哑或只哑不聋的人?只聋不哑或只哑不聋不也会影响到辨认或控制行为的能力吗？

残疾不仅包括聋、哑、盲还包括其他如肢体残疾、智力障碍等形式，但法律仅规定又聋又哑的人或者是盲人犯罪才可以从轻、减轻或者免除处罚，这在一定意义上承认了聋哑人生理缺陷对其社会认知和法律认知的阻碍，法律就不应该完全像对待健全人一样对聋哑人做出非难。从这个机理出发，可以看到只聋不哑或只哑不聋的人虽然较于健全的人在认识能力和控制能力上会因其生理缺陷受到一定的限制，但他们仍有强于又聋又哑的人的获取外界信息、健全社会认知的生理能力，因此刑法未规定只聋不哑或只哑不聋的人犯罪可以从轻、减轻或者免除处罚。

11. 身份犯的类型中有特定职务者犯罪与特定职业者犯罪，这两者有何区别吗？

特定职务者犯罪，一般是指公务人员犯罪，也就是国家工作人员犯罪。这里的国家工作人员，不仅是指在国家机关中从事公务的人员，还指在国有公司、企业，事业单位、人民团体中从事公务的人员，也包括受国家机关、国有公司、企业、事业单位、人民团体委派到非国有公司、企业、事业单位、人民团体中从事公务的人员以及其他依法从事公务的人员。相关条款散见于我国刑法除第十章之外的其他各章中，或为纯正身份犯，或为不纯正身份犯，尤以第八章（贪污贿赂罪）、第九章（渎职罪）为最甚。

特定职业者犯罪，是因其职业特殊性而相应具有了某种身份，如非法出租、出借枪支罪、重大飞行事故罪、重大责任事故罪、虚假广告罪、医疗事故罪等。

12. 私分国有资产罪中获利的并非单位，而且只处罚自然人，为什么不是自然人犯罪？

私分国有资产罪是否为单位犯罪，理论上存有争议。一种观点主张应为自然人犯罪，其理由如题目中所涉及；另一种观点则认为私分国有资产罪系单位犯罪。本书认为，本罪应属单位犯罪，原因在于：首先，本罪中，虽然私分的款项最终分配给单位职工，获利的并非单位本身，但是，单位犯罪构成要件并不包含“为本单位谋取非法利益”。其次，从我国《刑法》第 396 条规定来看，“违反国家规定”的是“国家机关、国有公司、企业、事业单位、人民团体”五类单位主体，根据罪刑法定原则，本罪只能是单位犯罪。最后，私分国有资产的行为是在单位决策机构按正常程序决策后实施，而非个人擅自决定；且是以单位名义作出，以发放奖金、福利等名义在单位内部公开进行，而非以个人名义实施。综上，本罪应属单位犯罪。

13. 假设甲在某公司工作，其受上层胁迫协助其进行偷税漏税、做假账等违规行为，此时，对甲的刑罚，应当是按照单位犯罪中惩处相关人员处理，还是以甲这个自然人为主体，以胁从犯对其定罪量刑？

《刑法》第201条规定了逃税罪，第211条规定："单位犯本节第二百零一条、第二百零三条、第二百零四条、第二百零七条、第二百零八条、第二百零九条规定之罪的，对单位判处罚金，并对其直接负责的主管人员和其他直接责任人员，依照各该条的规定处罚。"可以看出，不仅自然人可以成立逃税罪，单位也能够成立逃税罪。本案中，上层管理人员通过胁迫甲实施偷税漏税、做假账等行为，为单位谋取利益，如果逃税行为符合入罪标准，那么成立单位犯罪，对甲应当按照单位犯罪的处罚原则进行处罚。

课后学生总结巩固的训练案例

◇ 大连13岁男孩杀人案
◇ 姜某某涉嫌抢劫案
◇ 抑郁症患者滕某杀人案
◇ 彭某吸毒后杀人案

课后环节及要求

本次课堂教学结束后，每位学生运用所学相关刑法知识尝试分析推荐案例，就本次课程学习情况撰写100—500字的个人学习总结，并提出仍然存在的疑惑；教学助理评阅每位学生的学习总结并就学生的疑惑作出解答，由所有主讲教师集体审改疑惑解答，反馈学生。

第九讲　犯罪主观方面(一)

■ 本讲教学要求

犯罪主观方面,是指行为人对其实施的行为所必然或可能引起的危害社会的结果所持的心理态度。犯罪主观方面包括犯罪故意和犯罪过失、犯罪目的和犯罪动机等因素。本讲内容的教学,可以充分挖掘本土法律文化资源,以“德主刑辅”“明刑弼教”“原心论罪”“亲亲相隐”等立法例和传统法律故事,展现我国古代刑事法律对犯罪主观方面的重视和独特理解,汲取其有益成分,启发学生思考道德与法律、制度与秩序之间的关系,增强学生的文化自信和历史自豪感。同时,结合我国同犯罪作斗争的实际经验,揭示我国刑法主观方面规定的历史原因、现实效果和发展方向。

■ 本次课教学安排

◇ **时间:**第 9 次课,教学时数为 3 学时左右。

◇ **教学内容的重点、难点:**犯罪故意的内涵及其类型;直接故意与间接故意的区分与认定问题。

◇ **教学方式:**

- 课前学生自主学习,班长收集各位同学在自主学习中的疑惑于课前转交该班教学助理与主讲教师。
- 课堂教学活动实行“三环节”制:自主学习疑惑交流;本次课重点难点引导性讲授;重点难点内容疑惑讨论。

课前学生自主学习内容

学习资料

◇ 指定在线课程的相应内容

◇ 应阅读的教材章节：贾宇主编《刑法学（总论）》第八章；石经海主编《刑法学总论》的相应内容；石经海等主编《刑法重点问题案例实务教程》的相应内容。

◇ 应重点研读的法条：《刑法》第14—16条。

学习中应思考的问题

1. 如何理解犯罪主观方面的主观性与客观性？
2. 如何理解罪过的刑法意义？其他法律有无“罪过”之要求？
3. 犯罪故意包含哪些要素？具体如何理解？与犯罪主体的核心要件要素是什么关系？“明知”的内容该有哪些？“应知”又该如何理解？
4. 对于犯罪故意与犯罪过失进行理论分类的意义何在？
5. 直接故意与间接故意区分的根本性标志是什么？区分的难点是什么？
6. 犯罪动机与犯罪目的的关系如何？它们各自的刑法意义是什么？
7. 为什么过失行为也可能被追究刑事责任？
8. 犯罪故意与犯罪过失的区别及区别的意义何在？区分的关节点是什么？

课中师生交流的重难点问题及解析要点

1. 如果病理性醉酒的人经过一次醉酒之后，再次醉酒并实施了危害社会的行为，他是否该负刑事责任？

　　这个问题涉及刑法上的“原因自由行为”。原因自由行为是指具有责任能力的人，故意或过失使自己陷入丧失责任能力的状态，并在该状态下实施了法益侵害行为。此时让行为人承担责任的障碍在于，行为人在有责任能力时没有实施犯罪行为，在实施犯罪行为时又丧失了责任能力。行为与责任同时存在的原则要求行为人在实施行为时，应同时具有责任要件，才能谴责该行为。

但是,主流观点认为这是"行为与责任同时存在原则"的一种例外情形,故行为人应当承担刑事责任。让行为人承担责任的主要理由是:行为人在实施原因行为(导致丧失责任能力的行为)时,具有意志自由、选择自由,行为人支配了自己的这种无责任能力的状态。

2. 因为单位犯罪需由有资格代表单位利益的自然人施行,那么犯罪构成要件中的主观方面是否就是依据单位中直接负责的主管人员的主观方面进行认定?主观方面的过失和故意将如何判定?

所有单位都是由自然人组成的,因此单位犯罪的主观方面归根结底还是由自然人的意志组成的。但与自然人犯罪不同的是,单位犯罪中的主观方面经由法定、章定的决策程序产生,体现的是单位的集体意志,若非如此,则不能成立单位犯罪,应直接以自然人犯罪论处。《最高人民法院关于审理单位犯罪案件具体应用法律有关问题的解释》第3条规定,盗用单位名义实施犯罪,违法所得由实施犯罪的个人私分的,依照刑法有关自然人犯罪的规定定罪处罚。

可见,并不能直接将负责的主管人员的主观方面等同于单位的主观方面,只有当主管人员的意志体现的是单位的集体意志时才能加以等同。例如,犯罪行为经由董事会决定,犯罪所得全部归为单位所有的,则一般认为"体现了单位意志",此时考察犯罪的主观方面则应当以考察主管人员的主观方面为主,兼采其他证据。

判断单位故意或过失的方法和自然人犯罪类似,即用证据证明或推定主观方面,如董事会会议记录、证人证言、被告人供述等相关证据均可加以考察。

3. 间接故意是"放任",但前提是要有"放任"的空间,即既有发生的可能性,也有不发生的可能性。这种可能性是由哪一方来评判呢?

间接故意的成立要求行为人预见到自己的行为可能导致危害社会的结果,就犯罪主观方面而言,此处可能性是指行为人根据对自身的犯罪能力、犯罪工具、犯罪对象及犯罪的时间、地点、环境等情况的认识而作出的评判。就犯罪客观方面而言则是指该危害结果发生的客观可能性,对其评判应当采用客观标准,即根据具体案件的客观环境综合考察行为人的行为是否通常能够引起刑法规定的危害社会的结果发生,而非依据行为人的主观判断。应当注意的是主观和客观不一致的情形,如行为人误以为其行为可能造成危害社会的结果并选择放任，而实际上不可能造成危害结果发生的情况下，行为人不成立犯罪。

4. 直接故意可看作“必然/可能发生+希望发生”，间接故意可看作“可能发生+放任发生”，那么“必然发生+放任发生”应该属于直接故意还是间接故意呢？是否存在行为人已经预见事件必然发生时依旧放任的情况？如甲明知乙与丙同居，为杀死乙采用足量的毒气意欲将乙毒死，在明知丙必然会死的情况下放任丙死亡，甲属于直接故意还是间接故意？

“必然发生+放任发生”属于直接故意。间接故意要求行为人认识到自己的行为引起某种危害结果的发生只具有可能性，而不具有必然性。如果行为人明知自己的行为必然发生危害社会的结果而仍决意为之，则超出了间接故意的认识因素范围，应属于直接故意。

课后学生总结巩固的训练案例

◇ 天价葡萄案

◇ 孙某铭以危险方法危害公共安全案

课后环节及要求

本次课堂教学结束后，每位学生运用所学相关刑法知识尝试分析推荐案例，就本次课程学习情况撰写100—500字的个人学习总结，并提出仍然存在的疑惑；教学助理评阅每位学生的学习总结并就学生的疑惑作出解答，由所有主讲教师集体审改疑惑解答，反馈学生。

第十讲　犯罪主观方面(二)

■ 本讲教学要求

犯罪动机、目的以及认识错误是犯罪主观方面的重要内容。在本讲讲解过程中,可以结合典型案例展示犯罪动机、目的对定罪量刑产生的重要影响,体现我国刑法坚持罪刑法定、坚持责任主义的优秀品质,增强学生的认同感;可以适当介绍域外有关认识错误的理论观点,开拓学生视野,但切忌"学术迷信",脱离中国立法和司法实践去讨论现实问题;通过主客观相一致原则的教学,客观评价传统理论在解决认识错误疑难案件中的效率优势和逻辑不足,培养学生的中国问题意识和理论联系实际的能力。

■ 本次课教学安排

◇ **时间**:第 10 次课,教学时数为 3 学时左右。

◇ **教学内容的重点、难点**:犯罪过失的内涵及其类型;不同罪过形式的认定问题;疏忽大意过失与意外事件的区别、认定问题;间接故意与过于自信过失的区别、认定问题;认识错误的处理原则。

◇ **教学方式**:

- 课前学生自主学习,班长收集各位同学在自主学习中的疑惑于课前转交该班教学助理与主讲教师。
- 课堂教学活动实行"三环节"制:自主学习疑惑交流;本次课重点难点引导性讲授;重点难点内容疑惑讨论。

课前学生自主学习内容

学习资料

◇ 指定在线课程的相应内容

◇ 应阅读的教材章节：贾宇主编《刑法学（总论）》第八章；石经海主编《刑法学总论》的相应内容；石经海等主编《刑法重点问题案例实务教程》的相应内容。

◇ 应重点研读的法条：《刑法》第14—16条。

学习中应思考的问题

1. 如何判断"应当预见"？
2. 管理过失、监督过失的主要特点是什么？
3. 如何理解间接故意与过于自信过失的相似性与区别点？区分的难点是什么？
4. 如何理解期待可能性的意义与判断标准？
5. 什么是严格责任？它与意外事件、不可抗力有何不同？意外事件、不可抗力与犯罪主观方面存在什么关系？界分意外事件、不可抗力之间的难点是什么？
6. 刑法中的认识错误与犯罪主观方面、犯罪成立有何关系？刑法中的认识错误有哪些类型？具体如何理解？对其处理原则是什么？界分刑法中的认识错误有哪些难点？

课中师生交流的重难点问题及解析要点

1. 在间接故意犯罪中，行为人因为"放任"而导致危害结果的发生，可否视为行为人具有因先行行为引起的不作为义务？此时行为人是否应当负有救助的义务？

　　不能将不作为犯罪和间接故意犯罪相混淆。间接故意犯罪也可以非常典型的作为方式进行，例如甲在闹市区用猎枪捕鸟，他意识到这种行为可能对行人的生命造成威胁却放任这种结果，后来果然造成行人乙死亡。

这个案例就是典型的由作为构成的间接故意犯罪。由于危害行为是甲主动实施的,也就谈不上先行行为引起的义务、救助义务等问题。

2. 如何判断一个人是否应知或明知? 每个人是不同的个体,主观方面不同,应知或明知的内容、程度也不同,如何判断呢?

对于主观认识内容的判断,应当以一般人的认识能力为基准,即根据正常人的普遍认识能力,若正常人在当时情况下应知或者明知某种情况,则认定行为人在当时情况下也应知或者明知某种情况。

3. 在主人不知情的情况下,家里的宠物猫不小心触碰到阳台的花盆,致使花盆从高空落下砸伤行人,谁应当承担责任?

主人应当承担责任。客观上,主人未采取合理的风险规避措施(如约束宠物猫的活动范围、适当摆放花盆等),未履行其对危险源的监督管理义务。主观上,主人虽然对宠物猫的行为并不知情,但是其依然存在疏忽大意的过失,即应当预见到自己未采取合理风险规避措施可能会带来花盆坠落致人重伤甚至死亡的危害结果,因为疏忽大意没有预见,因而发生危害结果。因此,主人应当为其未采取合理风险规避措施的行为承担责任(注意:不一定是刑事责任)。

4. 刑法上的过失为什么要区分疏忽大意的过失和过于自信的过失,二者在量刑上有什么区别吗?

二者区分的依据是行为人过失心理态度内容的不同。在疏忽大意的过失犯罪中,行为人主观上"无知而为",是一种无认识的过失状态;在过于自信的过失中,行为人表现出一种"明知而为",主观上存在侥幸心理,未履行避免危害结果发生的义务。二者相较,后者呈现出对法益消极不保护的态度,其主观恶性要重于前者,反映了行为人对法益保护更为消极、蔑视的态度,其会影响对行为人犯罪可能性的判断,因此量刑会更重。

5. 客观的超过因素是否有违背主客观相统一原则之处?

主客观相统一原则要求在追究犯罪人刑事责任的时候不仅要求同时具备危害行为和主观罪过,而且客观的危害结果的范围亦必须与主观认可的危害结果的范围相一致。而所谓的"客观的超过要素"是我国个别学者所主张的一个概念,按其所言,客观的超过要素是指在犯罪客观要件中,超出了故意的认识与意志内容,不要求行为人对之具有认识与放任或希望的态度,其所举的例证丢失枪支不报罪中,"造成严重后果"虽然是构成要件，但不需要行为人对之具有认识与希望。该观点是借鉴德国、日本刑法理论中的客观处罚条件理论，其貌似与主客观相统一原则相冲突，但是就我国的刑法规定来看，依法配备公务用枪的人员在丢失所配备的枪支后有及时报告的义务，其对丢失枪支后可能造成的后果不是没有认识或不能认识到，即不能断然作出法律要求的这个后果超出了丢失依法配备公务用枪者的故意认识的结论，故这并不违背主客观相统一原则。

6. **具体符合说是否存在不合理性？例如，一个人计划杀掉所有的浙商，他认为浙商都是唯利是图的人。于是他跑到浙江枪杀了100个人，结果100人里竟然没有1个浙商。如果以“行为人的计划是否得逞”来作为犯罪认定标准，即行为人成立杀人未遂，但这样的认定明显是过轻的。**

具体符合说存在不合理之处。其主张行为人所认识的构成犯罪的事实与实际发生的犯罪事实具体地相一致时，才构成故意犯罪的既遂。该学说过于狭窄地限定了构成要件的故意范围，因而一般不采用。法定符合说更为合理，其主张行为人所认识的构成犯罪的事实与实际发生的犯罪事实虽非具体地相一致，但二者在法律规定的构成要件上相同时，就足以认定故意犯罪的既遂成立；至于对部分事实的误解，只要不改变构成要件的内容，就不影响故意的性质与既遂的成立。依此观点，本案中，行为人具有杀人的故意，并且实施了非法剥夺他人生命的行为，虽然杀害的对象并不是浙商，存在事实认识错误，但是，这并不影响行为人构成故意杀人罪既遂。

7. **如果果园主人已经认识到私拉电网可能会导致他人死亡，可还是在园子四周拉上电网，并且在果园明显处张贴了“高压危险”的公示。但是小偷不相信真的有电，结果触电身亡。果园主人该如何定罪？**

由于电网对人、畜有很大的危险性，危及公共安全，因此，政府严禁个人私拉电网。本案中，果园主人认识到私拉电网可能会导致他人死亡，但是行为人为了防止出现这一危害结果，在果园明显处张贴了“高压危险”的公示，由此看出，行为人对于他人触电死亡这一结果是反对、排斥的，而非积极追求或者听之任之的态度。所以，果园主人对于小偷的死亡在主观方面为过失而非故意。至于成立过失致人死亡罪还是过失以危险方法危害公共安全罪，应当判断果园主人私拉电网的行为是否对公共安全产生了极大的威胁，是否给公共安全带来重大隐患，如果该行为严重危害到了公共安全，则成立过失以危险方法危害公共安全罪。

8. 间接故意和过于自信的过失之间最关键的区别在于行为人主观上对危害结果是排斥还是接受。在实务中，怎么确定当事人主观上是否排斥结果的发生？当事人不想闹出人命，但是并没有采取避免结果的措施，这与当事人放任死亡结果，没有采取措施的情形相比，主观上不一致，但客观上的做法却是相同的，此时如何考究当事人的心理态度？对于罪过心理中的认识因素而言，行为人到底有没有认识，或者他到底应不应该认识到，又该怎么判定呢？

在客观上，间接故意表现为行为人没有采取避免措施，而过于自信的过失中行为人一般会采取避免措施。行为人的主观心态是一种难以被人所察觉的、特定情况下产生的心理状态，很难直接查明，这时就需要考虑行为人实行行为恶性的程度和致害可能性。行为人有过于自信的过失时，一般来说行为人已经采取了避免危害结果产生的、自认为有利的措施，在危害结果产生以后，行为人又积极采取补救手段，降低损害的程度。间接故意违背的是一般的注意义务，后果发生不具有很大的偶然性，那么行为人以“认为被害人会躲开”为借口轻信能够避免危害结果发生的说法很难成立，故更倾向于认定为间接故意。需要注意的是，有学者指出，所谓轻信能够避免危害结果产生所依据的主客观条件必须是现实存在的，而不应是行为人凭空臆想、没有现实根据的，或这种情况虽然存在，但对防止危害结果的产生毫无意义或意义极小，在这种情况下，如果发生危害结果不认为是出于过于自信的过失，而是属于间接故意。此外，还要注意，在避免措施与加害措施融为一体的情形，行为人在实施加害措施时为了避免危害结果的发生，认为自己会把握好分寸而采取了一定的避免措施，该情况就属于过于自信的过失，行为人对于结果的发生主观上是排斥的态度。

在认识因素上：第一，两者对危害结果发生的可能性认识不一致，间接故意对危害结果发生的可能性转化为现实性的认识没有发生错误，而过于自信的过失对危害结果发生的可能性转化为现实性的认识发生错误，过于自信过失的行为人，主观上认为凭借其自身能力、技术、经验、防范或者是某些外界条件等，其实施的行为可以避免危害结果的发生，也就是说其认为危害结果发生的可能性不会转化为现实性。第二，两者对危害结果发生的可能性认识程度不一致，间接故意应当达到明知的程度，应认识到危害结果发生的可能性大于结果不发生的可能性；而过于自信的过失只要求有认识，不要求明知，由于主观存在防止结果发生的依据，因此应认识到危害结果发生的可能性小于结果不发生的可能性。

9. 事实认识错误中，假如有人误以为尸体是活人而进行强奸的，应认定为强奸未遂还是侮辱尸体罪？有观点认为构成强奸未遂。假如有人将活人误认为是尸体进行强奸，若以行为人意欲侵害的客体定罪，应认定为成立侮辱尸体罪未遂。事实上两种行为侵害的法益明显大小有别，那么究竟该如何认定？

对犯罪的认定和追究刑事责任，必须主客观相一致。认定行为人的行为属于犯罪，应该是主观上有过错，客观上有危害行为，且这种主观上的罪过和客观上的危害行为与结果之间必须有因果关系。主观上的罪过是行为人实施危害社会的行为和造成危害结果的原因，同时这个行为必须是主观上的罪过支配产生的结果。客观上危害社会的行为和主观上的故意或者过失的统一，是构成犯罪的基本标志。因此，误将尸体认为是活人而强奸的应认定为强奸未遂，误将活人认为是尸体而强奸应认定为侮辱尸体罪。

10. 甲想把有毒的巧克力寄给乙，企图将其毒死，可甲填错了地址将丙毒死，那么甲的行为是方法错误还是对象错误？

甲的行为属于方法错误，也可称为打击错误。方法错误，是指行为人在主观认识上并没有这种错误认识，只是因为客观因素导致错误结果，是一种客观结果的错误；对象错误，是指行为人对某一个行为对象的身份属性等特征产生主观认识错误。在案例中，甲是因为填错了地址而导致的错误，对乙的身份属性并没有产生认识错误，因此属于方法错误。

11. 在手段不能犯中，行为人主观上有犯罪故意，但是客观上实施的行为不是真正的危害行为，那么根据主客观一致的原则，将其论处为犯罪未遂，是不是违背了此原则？

不违背。主客观一致是行为人的主客观相一致。从行为人自身来分析，在主观方面，行为人有犯罪的故意，在客观方面，其只存在于行为人的主观要件之中，即行为人的客观方面是行为人认识或者应当认识的客观性质，因此在手段不能犯中，行为人客观上所实施的行为在其自身的认识看来是具有危害性的行为，因此从行为人的角度看，主客观是相一致的。除此之外，在此情况下行为人本身具有人身危险性，如果不作为犯罪处理，很可能再次犯罪，所以将其作为犯罪未遂。但如果行为人所选用的手段本身并无危害社会的可能，只是因其无知而以为该手段能实现自己的加害目的，如以扎纸人、念咒语的迷信手段杀人，则不构成犯罪。

12. 严格责任是否和"无罪过则无犯罪"相矛盾？

并不矛盾。严格责任在理论上分为绝对的严格责任和相对的严格责任。前者是指，控诉方和法院不仅可以不问犯罪嫌疑人、被告人的主观过错而起诉和定罪，而且不允许被告人以"无过错"作为辩护理由；后者是指，不要求控诉方证明犯罪嫌疑人的主观过错，但允许被告人在审判中提出无过错辩护，若他不能证明自己主观上无过错，则法院可以凭控诉方指控的事实对其定罪量刑。从我国《刑法》和《刑事诉讼法》的有关规定来看，应当负刑事责任的只有故意犯罪和过失犯罪两种情形，所以我国并不存在绝对的严格责任，但是我国存在相对的严格责任。从上面的界定可知，相对的严格责任中行为人还是存在实际的主观罪过，不过由于很难证明其罪过的形式，基于特定情形的需要，我们对其罪过形式不做要求。相对的严格责任并不是不问过错的绝对责任，归根结底还是要厘清行为人的主观过错，即其最终定罪还是要基于主观故意或过失，这与主客观相统一原则一致，与"无罪过则无犯罪"不矛盾。

从另一个层面来看，我国刑法上的严格责任实际上是举证责任倒置的情形。控方承担举证责任是刑诉法的一般原则，但在特定情况下，法律规定犯罪嫌疑人、被告人承担一定的证明责任作为一般原则的例外也是被允许的，在证据法上被称为"举证责任倒置"。例如，巨额财产来源不明罪，免除检察机关证明行为人"罪过"的责任，只须证明行为人的财产或支出明显超过其合法收人且差额巨大这样一个事实；被告可以提出免责理由，即说明其来源是合法的；如果检察机关的指控事实成立，被告又提不出证据证明其财产来源合法，则法院可依法追究被告人的刑事责任。

■ 课后学生总结巩固的训练案例

◇ 于某平爆炸案

◇ 莫某晶放火案

◇ 梁某涉嫌盗窃案

课后环节及要求

本次课堂教学结束后,每位学生运用所学相关刑法知识尝试分析推荐案例,就本次课程学习情况撰写100—500字的个人学习总结,并提出仍然存在的疑惑;教学助理评阅每位学生的学习总结并就学生的疑惑作出解答,由所有主讲教师集体审改疑惑解答,反馈学生。

第十一讲　正当行为

■ 本讲教学要求

我国刑法关于正当行为的规定主要包括正当防卫和紧急避险，在教学中引导学生立足中国实际、秉持中国立场，全面、客观、深入地理解正当行为在我国刑法理论中的体系定位、实质内涵和实践标准。可以通过《尚书·舜典》中"眚灾肆赦"、《唐律·贼盗》中"格杀勿论"等古代立法例，使学生感受到我国传统法律文化的悠久和丰富，培养学生的文化自信；可以通过"于海龙案""唐雪案"等近年来的典型案例，向学生展示中国刑法理论及实践在正当防卫问题上的巨大进步，切实感受到我国刑法在匡扶正义、保障权益方面的重要作用，增强学生对社会主义法治事业建设的信心；可以揭示防卫目的之广泛性（特别是规定了特殊防卫）所体现与贯彻的社会主义核心价值观等方面的意义。

■ 本次课教学安排

◇ **时间**：第 11 次课，教学时数为 3 学时左右。

◇ **教学内容的重点、难点**：排除犯罪性行为的特征；正当防卫的成立条件；紧急避险的成立条件；防卫过当、避险过当的刑事责任；正当防卫与紧急避险的比较。

◇ **教学方式**：

- 课前学生自主学习，班长收集各位同学在自主学习中的疑惑点于课前交该班教学助理与主讲教师。
- 课堂教学活动实行"三环节"制：自主学习疑惑交流；本次课重点难点引导性讲授；重点难点内容疑惑讨论。

■ 课前学生自主学习内容

□ 学习资料

◇ 指定在线课程的相应内容

◇ 应阅读的教材章节:贾宇主编《刑法学(总论)》第九章;石经海主编《刑法学总论》的相应内容;石经海等主编《刑法重点问题案例实务教程》的相应内容。

◇ 应重点研读的法条:《刑法》第20—21条。

□ 学习中应思考的问题

1. 什么是正当行为?它有什么特征?它具体包括哪些行为?它为什么能排除犯罪性?它没有社会危害性吗?所有的排除犯罪性行为都是合法行为吗?
2. 我国刑法中的正当防卫成立的起因条件是什么?如何理解这一条件的内涵?
3. 假想防卫是怎么回事?对假想防卫该如何处理?
4. 如何理解我国刑法中的正当防卫成立的时间条件?为什么要设定时间条件?
5. 为什么法律规定只能对不法侵害人本人实施防卫行为?如果对第三人实施防卫,该如何处理?为什么?
6. 如何理解我国刑法中的正当防卫成立的主观条件?为什么成立正当防卫需要特定的主观条件?
7. 互殴与正当防卫如何区分?
8. 如何理解我国刑法中的正当防卫的限度条件?
9. 我国刑法中的特殊防卫与普通正当防卫有何区别?什么情况下可以实施特殊防卫?
10. 防卫过当的特征是什么?对防卫过当如何定罪量刑?对防卫过当减免刑罚的根据是什么?
11. 在现代社会,国家为什么还肯定公民个人的防卫权?
12. 我国刑法中的紧急避险与正当防卫有何相同点与不同点?为什么会有

不同？

13. 我国关于正当防卫与紧急避险的民事责任有何不同？为什么会不同？
14. 在紧急避险过程中可否为保全自己的生命而牺牲他人的生命？为什么？
15. 什么是偶然防卫？在我国刑法中该如何评价它？

课中师生交流的重难点问题及解析要点

1. 对于精神病人和未成年人，可否进行正当防卫？

根据我国刑法学界传统观点，对未达到刑事责任年龄的未成年人或不具有刑事责任能力的精神病人所实施的不法侵害，在不知道侵害人身份的情况下，可以实施正当防卫；但在明知侵害人身份的情况下应当尽可能回避，不能实施正当防卫；在无法回避的情况下实施的防卫行为，可作为紧急避险处理。但此说缺乏合理性，并不完全符合我国现行刑法关于正当防卫规定的立法精神与原理，我国刑法规定的正当防卫之起因条件的“不法侵害”并没有排除精神病人或未成年人的不法侵害。

2. 应当如何判断一个不法侵害“正在进行”？如果面对的是一个犯罪预备行为，可以实施防卫吗？

成立正当防卫要求不法侵害正在进行，正在进行是指不法侵害已经开始，尚未结束。关于正当防卫的开始时间，理论上有进入侵害现场说、着手说、面临直接侵害危险说与综合说。我们认为，从设置正当防卫制度的目的以及个人权利的自我保护来看，开始时间应当以面临直接侵害危险说为准。关于正当防卫的结束时间，理论上有危险结果形成说、排除危险说、行为停止说、离去现场说、侵害状态排除说。我们认为，结束时间应当以法益侵害的紧迫危险状态解除为准。如果行为人所实施的犯罪预备行为已经让被害人面临直接的侵害危险，那么是能够实施正当防卫的。

3. 甲受到乙的一般侵害，于是实施防卫（必要限度以内）导致乙重伤遂离去，乙失血过多死亡，甲构成正当防卫吗？正当防卫会引起刑法上的义务吗？

乙死亡，甲构成防卫过当。对于正当防卫是否会引起刑法上的义务，一般认为，正当防卫行为不会成为先行行为而产生作为义务。

而在题目所设情形中，乙欲伤害甲，甲反击致乙重伤，甲不予救助，乙死亡。对于此种情形，甲有无救助乙的义务，学界存在不同观点。多数观点认为，甲有救助乙的义务，理由是：乙死亡，意味着甲防卫过当，防卫过当应当负刑事责任，因此，甲有防止过当结果发生的义务，乙的死亡是由甲的作为（防卫行为）和不作为（不予救助）共同导致的，是作为与不作为的结合。同时，也有观点认为，甲没有救助义务，理由是：甲致乙重伤的防卫行为具有正当性，正当行为不应被附加作为义务，甲虽然构成防卫过当，但这个过当结果只是由作为方式（防卫行为）导致的，甲没有救助义务。

4. 正当防卫是否一定需要防卫意识？

理论上有防卫意识必要说和防卫意识不要说两种观点，可以举一个例子来明晰两者之间的区别：甲意图枪杀乙，而乙正持枪瞄准丙，但甲对乙的行为一无所知，开枪打死了乙。按照防卫意识不要说，甲成立正当防卫；按照防卫意识必要说，甲成立故意杀人罪。

我国传统刑法理论认为，成立正当防卫必须具有防卫意识，即采取了防卫意识必要说。同时，我国《刑法》第20条明确规定，只有当行为人认识到自己是在与正在进行的不法侵害相对抗，并且是为了保护国家、社会、他人或者自己的利益时，才能认为是正当防卫。这样的观点有利于将偶然防卫、防卫挑拨、互殴行为等排除在正当防卫之外。正如上例，如果将甲的行为评价为正当防卫，其杀人的主观恶性又该如何评价？

5. 正当防卫是否需要防卫意志？

在此举例说明：甲看到仇人乙正抢劫丙，因此基于报复心理制止了乙的不法侵害。此时甲具有防卫认识，但缺乏防卫意志。学界对此存在不同观点：如果认为正当防卫要求防卫意志，则甲不能成立正当防卫；如果认为不要求则成立。但主流观点认为防卫意志和攻击意志可以并存，它们之间并不是对立排斥关系。

6. 甲欲杀乙，乙用丙的花瓶砸甲，甲晕，花瓶碎。在此案中，如认为乙的行为既是正当防卫，又是紧急避险，存在以下疑问：（1）紧急避险是行为人在不得已的情况下损害第三人权益以保全更大合法权益的行为。但在此情况下，乙并非不得已，比如乙也可以徒手抵抗或者转身逃跑。那么《刑法》第21条所说的“不得已”具体如何解释呢？（2）正当防卫和紧急避险分属《刑法》第20条和第21条规定的两种不同情况，但乙只有一个行为。如果认为其同时成立正当防卫和紧急避险，是否导致重复评价？（3）假设乙事后得知花瓶就是甲的，那么其行为该如何定性？仅成立正当防卫吗？（如果

按照行为时判定，与之前无区别）

（1）紧急避险中的“不得已”是指，没有其他合理的方法排除正在发生的危险，只有损害另一较小的法益，才能保护面临危险的法益。在本案中，如果乙徒手抵抗或者转身逃跑便能消除危险，那么此时不符合紧急避险的条件，不能成立紧急避险。但甲侵害的是乙的生命权，当一个人的生命面临紧迫危险时，我们不能对乙的行为作过高的要求。针对此种严重暴力犯罪，我们应当允许行为人利用第三人的花瓶以保护自己的生命。

（2）不属于重复评价。第一，刑法中的禁止重复评价一般是指，只能对犯罪构成中的每个犯罪事实和情节评价一次。但紧急避险和正当防卫都不符合犯罪构成，根本不存在适用的前提。第二，退一步来讲，抛开符合犯罪构成的前提，本案中乙实施了一个行为，该行为针对甲被砸晕的情形，成立正当防卫；针对丙的花瓶破损事实，成立紧急避险，这是对于一个行为的不同侧面或不同属性而言，并不是“重复评价”。如果只评价为正当防卫或紧急避险，那么该行为的属性便没有被完全评价。

（3）乙事后得知花瓶是甲的，对于该花瓶破损的事实是成立紧急避险还是正当防卫在理论上存在争议，但通说认为应当成立紧急避险。其一，当乙实施行为时，主观上认为花瓶是第三人的财物，目的是用第三人的财物制止针对自己进行的不法侵害。其二，一般认为针对侵害人财物进行的正当防卫，要求该财物是不法侵害的工具或手段，但在此案中并非如此。

7.《刑法》第 20 条“正当防卫明显超过必要限度造成重大损害的，应当负刑事责任，但是应当减轻或者免除处罚”中为什么不是“可以”免除或减轻处罚呢？正当防卫时，即使有其他方法可以避免不法侵害，行为人依然选择直接反击，这样对于某些案件中的无刑事责任能力人会不会不公平？（例如对于精神病人，其明明可以用其他方法避免损害却还是直接进行伤害。）

❶ **为什么是“应当”而非“可以”？“可以”是有选择的，而“应当”是绝对的、必须的**

防卫过当必须减轻或免除处罚，原因如下：第一，刑法鼓励公民同违法犯罪行为作斗争。公民面对不法侵害时，很难掌握防卫的度，立法规定防卫过当必须从宽处理，也是为了减少公民防卫时的过分担忧。第二，刑法提醒法官在量刑时，不能对防卫人有过高的要求，必须从宽。第三，虽然防卫人对于过当行为所造成的重大损害具有罪过，但和一般犯罪相比，其主观恶性要小得多。而且防卫过当只对其所造成的过当部分承担刑事责任，而非对全部损害结果承担刑事责任，从主客观来看，减轻或免除处罚是罪刑均衡原则的体现。

❷ 刑法理论对能否对无刑事责任能力人（如精神病人）实施正当防卫存在争议

观点一：按照传统四要件，不法侵害是指达到刑事责任年龄、具有刑事责任能力的人在故意、过失心理支配下实施的侵害行为。按照该理论，只要侵害者不具有刑事责任能力（精神病），其行为就不属于不法侵害，因此不允许对其正当防卫，只能紧急避险。

观点二：按照不法和责任分离的理论，无论侵害者是否达到刑事责任年龄、是否具有刑事责任能力，只要侵害者在客观上正在进行侵害，该行为都属于不法行为，允许对其进行正当防卫。但基于人道主义的考虑，在被侵害人明知侵害人是无责任能力人并且有条件用逃跑或其他方式避免侵害的，不得进行正当防卫，只有在不知道侵害人的身份或在不得已的情况下，才能实行正当防卫。

8. 对于防卫过当行为能否实行正当防卫？对正当防卫和紧急避险能否正当防卫或者紧急避险？

正当防卫、紧急避险显然不属于《刑法》第20条的“不法侵害”，因此不能对其进行正当防卫。

防卫过当是防卫行为超出必要界限的结果，其本质还是防卫行为，只是结果超过了必要限度。例如，甲意欲扒窃乙，被乙发现后推开，不慎摔倒身亡，乙推开这个行为的性质就是一个防卫行为，而不能根据最终的结果反推为“正当防卫行为”或“防卫过当行为”，从而否认这个行为的正当性与合法性。显然防卫行为也不属于《刑法》第20条的“不法侵害”，不能对其进行正当防卫。

9. 对于侵害了别人人格权益的行为是否也可以正当防卫？

人格权益包括生命健康、姓名、肖像、名誉、荣誉、隐私等。相应地，侵害人格权益的犯罪就包括侵害以上各项权益的犯罪，大致而言有故意杀人罪、故意伤害罪、过失致人重伤、过失致人死亡等侵害人身安全的犯罪以及侮辱罪、诽谤罪等侵害名誉的犯罪。对于前者来说，在生命健康受到不法侵害时当然可以进行正当防卫，对于后者来说，由于侮辱和诽谤行为一般不涉及物理暴力，因此对它们一般不能进行正当防卫。

10. 原则上不能牺牲一个人的生命保全另一个人的生命。但是如果一方注定要牺牲，可否牺牲这一方人的生命去拯救其他人的生命？例如"9·11 事件"中，被劫持的飞机上的乘客无论是撞上大楼还是被导弹击落都是死亡，但是如果被导弹击落则可以挽救大楼中的人的生命。此时用导弹击落飞机算不算紧急避险？

对于生命权能否作为避险客体，学界存在较大争议，有否定说、肯定说与折中说三种不同观点。主流观点认为，生命是一个极为严肃的问题，是一个人法律权利的最高体现，每个人的生命权都是平等的。因此，在紧急避险中不能牺牲一个人的生命去保全另一个人的生命，即便一方注定要牺牲，也不应牺牲这一方人的生命去拯救其他人的生命。

11. 对于紧急避险中的"别无他法"，是主观认为还是客观评判？

紧急避险中的"别无他法"也就是法条中的"不得已"，其判断模式应以客观为主主观为辅。首先，紧急避险的危险必须客观真实存在，这是避险人实施避险行为的基本前提。如果事实上没有紧迫的危险而避险人误认为存在，或者存在危险但紧迫程度没有达到紧急避险所要求的标准，避险人实施了避险行为的，是假想避险。其次，不得已是避险行为在客观上不得已，或者说紧急避险行为是客观上达到避险目的之唯一必要手段。如果客观上还存在其他方法可以避免损害他人合法利益，那就不具有唯一性，违背了不得已的核心要素。最后，紧急避险是否达到不得已的程度要求，在很多时候都需要以法官为代表的一般社会民众对避险情境进行整体、客观和假定的判断。

但是，在坚持客观评价为主的基础上，对避险人的主观应该给予一定的考量，要结合避险人的智力、心理、教育背景、体质、职业等具体因素来推断避险人是否履行了注意义务。如果已经尽了最大努力，即使没有达到一般人的认知能力，也可以通过意外事件进行出罪；反之，则要承担过失之责。但主观判断模式只能处于辅助地位，其目的是服务于客观模式，以求最大限度地平衡损害方和被保护方之间的合法权益。

12. 防御性的紧急避险是针对侵害人实施，这为什么是紧急避险呢？又是怎么成立紧迫性的条件的呢？

防御性紧急避险，是指为避免正在发生的危险侵害他人的利益，但危险是来自该被侵害的人,即针对危险源本身进行避险的情形。而在大多数紧急避险情形中,避险人一般通过牺牲无辜第三者的合法权益来保全另一较大的合法权益。此种紧急避险即系将自己或他人的危难,转嫁给无辜第三者的攻击性的紧急避险。因此,防御性紧急避险与攻击性紧急避险相比,仅是针对的对象存在差异,即防御性紧急避险针对危险源本身进行避险,而攻击性紧急避险针对第三者进行避险,在其他构成要件上并不存在区别。

13. 紧急避险可以损害他人的健康权吗?例如,一个羸弱的女子被人追杀,倘若其被暴徒砍中则必死无疑,这时她身边有一个路人,是一个强壮且肌肉线条完美的男人,女子躲在男人的后面,暴徒的刀落下,砍在了男人的肩膀上,之后警察赶来,暴徒被制服了。女子保护的利益是自身的生命权,因为她的紧急避险损害了陌生男人的健康权,这样是合法的吗?

只要满足紧急避险的条件,行为人便可以紧急避险。损害他人的健康权是否成立紧急避险需要落实到具体案件中分析。在本案中,女子对第三人的行为是紧急避险。女子受到现实的不法侵害,为避免对自己生命的紧迫危险,不得已采取损害另一较小合法权益健康权的行为。本案属于生命权与健康权之间的权衡,两者都属于人身权益,而人身权益中生命权是最高权益。所以,在同类性质的权益发生冲突,选择较大权益而损害较小权益的做法是合法的。当异种权益发生冲突时,便需要根据案件的具体情况,全面分析之后才能得出结论。

14. 在正当防卫中有一种是财产性的正当防卫,在还可以挽救的情况下,可视为不法侵害尚未完成,在自救行为中也有这一类情况,那么到底如何区分正当防卫与自救行为?二者可能竞合吗?

自救行为是指不法侵害结束后对自身权利进行的私力救济,通常与不法侵害之间存在较大的时间间隔,这个区别使得两者无法出现竞合的情况。例如,抢劫出租车司机一案中,嫌疑人已经逃离了现场,被害人追踪了嫌疑人两天两夜,终于抢回自身财产。由于此时已经不能满足正当防卫的适时性要件,被害人无权对嫌疑人进行正当防卫,采取暴力手段伤及嫌疑人人身安全的将不能援引《刑法》第20条进行出罪。

15. 如果医生故意不救治濒死病人时,家属是否有通过暴力手段强制医生实施救助的权利?

虽然医生对患者的救助义务在《中华人民共和国医师执业法》第 24 条和《医疗机构管理条例》第 31 条已有明确规定，但《刑法》并未确认该义务（如并未设立见死不救罪），这种不作为并不能用刑法规定的防卫的方式予以制止。

16. 2012 年 4 月 5 日 9 时许，被告人陶某在某市场摆摊卖药，徐某到其药摊试药后，拿起一盒药未付钱就离开，陶某追上徐某欲讨回药品时，双方发生拉扯打斗，徐某将被告人陶某所戴耳麦打掉在地，陶某则一拳打在徐某面部致其倒地受伤。后周围群众报警，陶某在现场被抓获。经法医鉴定，徐某受轻伤。某法院认为，被告人陶某故意伤害他人身体，致人轻伤，其行为已构成故意伤害罪，犯罪事实清楚，证据确实充分，应当追究其刑事责任。在这起案件中，陶某的行为被认为是相互斗殴而非正当防卫。但一些学者认为陶某行为满足正当防卫的条件。那么正当防卫与相互斗殴的界限在哪里？

正当防卫与相互斗殴的最大区别在于二者的行为目的不同。正当防卫的目的是保护正当权益，而相互斗殴的目的是伤害对方。在本案中，认定陶某的行为属于正当防卫还是故意伤害就需要考察陶某在与徐某进行拉扯时的主观心态。若陶某是为了拿回药品而实施暴力行为，且其行为的限度适当，则属于防卫范围；若陶某是出于愤怒、报复的动机而实施暴力行为，则有相互斗殴之嫌。此外，双方谁先实施或者意图实施暴力行为也对正当防卫的认定有重大影响。

17. 关于违法性阻却事由，实践中，经权利人的承诺行为，行为人可以此作违法性阻却，那么权利人的承诺范围有限制吗？自残不构成犯罪，倘若一个人试图用菜刀砍自己的手时被人叫住，并被递上一把削铁如泥的军刀，他接过后手起刀落切下了自己的手。既然自残不是犯罪行为，那协助、教唆他人自残是不是也不构成犯罪呢？这样是否合理？

被害人承诺有承诺范围的限制。承诺人应当对被侵害的法益具有处分权，即被害人仅能承诺个人利益，对于个人利益以外的国家、公共、集体、他人的利益无承诺权。对于个人法益的承诺，原则上财产的承诺没有限制，但人身权利的承诺仅限于轻伤以下。

自残不构成犯罪，根据共犯从属性原理，教唆他人自残原则上也不构成犯罪，但如果教唆行为达到了支配被害人自由意志的程度，如欺骗他人自残、逼迫他人自残等,则成立故意伤害罪的间接正犯。至于帮助他人自残,则需要区分不同情形进行判断。如果仅为他人自残提供便利条件,伤害行为由他人本人实行,如提供自残工具等,则不构成故意伤害罪;如果帮助者对他人实施了具体的伤害行为,造成轻伤以上的危害结果,超出了被害人可以承诺的范围,则构成故意伤害罪。

18. 被害人承诺的误解在主观上应如何界定?如甲对乙承诺可以处分自己家里的财产,本意是指自己的屋子内的财产,但是乙理解为甲所拥有的所有财产,客观上超出了被害人承诺的范围,此时主观上如何界定?

被害人承诺是指经有权处分某种权益的人的请求或同意,损害其合法权益的行为。被害人承诺对象应当包括行为人、损害行为及其造成的损害后果。如果被害人对损害行为作出了承诺,并且对于自己法益的损害程度、对象、手段等提出了要求,行为人实施的行为应当按照被害人要求实施。若行为超出被害人要求或未按要求实施,则违反了承诺人的内心意思,可能造成对被害人权益的损害。如果行为人对被害人有权处分的财产法益范围存在误解,排除损害他人合法权益的主观故意,因财产犯罪中行为人主观方面均需存在故意,故排除财产犯罪。行为人或返还不当得利,或赔偿民事损失。

19. 如何区分他人帮忙的行为与自救行为?如受害者追赶三天前偷了自己钱包的小偷时,甲采用暴力帮受害者抢回来,这属于自救行为吗?

他人帮忙行为不属于自救行为。自救行为是法益受侵害者在通过法律程序或依靠国家机关不可能或者明显难以恢复权利的情况下,依靠自己的力量救济法益的行为。如果甲为帮助受害人取回钱包使用暴力,且暴力程度是取回钱包所必须,属于见义勇为行为。

20. 是否存在代理承诺,即法定监护人代理其被监护人作出承诺?

代理承诺指法定代理人代理被害人而作出的承诺,主要涉及的问题为法定代理人是否能够对不具有承诺能力的精神病人与儿童代理承诺。通常情况下,承诺不得代理,这既尊重被害人的自主决定权,也符合风险自负的原则。但是,在特殊情况下,可以成立代理承诺。其要求有二:一是代理承诺必须是为了被害人的利益。如甲、乙为孩子丙(4 岁)的父母,丙患有罕见疾病,需要将手臂截肢,若不截肢会有生命危险,此时,甲、乙作为其法定代理人代理丙作出同意将手臂截肢的承诺是有效的,因为该代理行为是为了保护被代理人的生命安全利益而作出的。二是代理人承诺内容是合法的,即不能以被代理人的名义作出违法的承诺。如甲、乙为丙(2 岁)的父母,因该家庭经济条件差,甲、乙考虑到丙的未来,决定将丙卖给生活富裕的丁家,丁同意,此时,由于甲、乙承诺的内容是违法的,该承诺无效。

21. 如果未成年人或者严重的精神病患者自伤的,监护人是否可能成立不作为犯罪?

根据我国有关法律的规定,监护人应当履行监护职责,保护被监护人的人身、财产及其他合法权益,除为被监护人的利益外,不得处理被监护人的财产。因此,监护人有义务保护未成年人或者严重精神病患者的身体健康。但是,这并不意味着如果未成年人或者严重的精神病患者自伤的,监护人就成立不作为犯罪。不作为犯罪在主观心态上有两种基本形式:故意和过失。此种情况下通常可以排除故意。如果监护人对于未成年人或者严重精神病患者实施的自伤行为在主观上存在过失,没有尽到照看义务,那么当自伤导致轻伤以下的危害结果时,根据罪刑法定原则的要求,监护人无罪,当自伤导致重伤或者死亡的危害结果时,监护人有可能成立不作为的过失致人重伤罪或者过失致人死亡罪。(对此类案件还应当考虑的是:是否存在追究该监护人刑事责任的必要性?)

■ 课后学生总结巩固的训练案例

◇ 于某刺死辱母者案
◇ 范某秀防卫过当案
◇ 昆山于某明“反杀”案
◇ 邓某娇防卫案
◇ 谢某强假想防卫过当案
◇ 王某兴破坏交通设施案

■ 课后环节及要求

本次课堂教学结束后,每位学生运用所学相关刑法知识尝试分析推荐案例,就本次课程学习情况撰写100—500字的个人学习总结,并提出仍然存在的疑惑;教学助理评阅每位学生的学习总结并就学生的疑惑作出解答,由所有主讲教师集体审改疑惑解答,反馈学生。

第十二讲　犯罪的停止形态

■ 本讲教学要求

犯罪的停止形态包括完成形态和未完成形态,教学中注意阐释故意犯罪停止形态和犯罪构成的关系问题。在既遂形态的讲解中,对既遂标准的各种理论学说进行适当介绍和分析比较,阐释“构成要件齐备说”的理论渊源和合理之处;通过对危险犯、行为犯等犯罪既遂形态的教学,展示我国刑法在特殊法益保护和重要秩序维护方面的重要作用。犯罪未完成形态包括犯罪预备、犯罪未遂、犯罪中止,在讲解的过程中,应当注意对域外相关理论的介绍,开拓学生学术视野,理性评价“印象说”“客观危险说”等理论的优缺点,结合典型案例的教学,展示我国刑法在打击预防犯罪中谦抑人道的基本精神和宽严相济的政策理念;通过对预备、未遂、中止等情节在量刑功能上的区分与比较,体现我国刑法对罪刑均衡原则和责任主义的贯彻与遵守,培养学生马克思辩证唯物主义思想。

■ 本次课教学安排

◇ **时间:**第 12 次课,教学时数为 3 学时左右。

◇ **教学内容的重点、难点:**犯罪未完成形态成立范围;三种犯罪未完成形态的成立条件及其认定;三种未完成形态的处罚原则。

◇ **教学方式:**

- 课前学生自主学习,班长收集各位同学在自主学习中的疑惑于课前转交该班教学助理和主讲教师。
- 课堂教学活动实行“三环节”制:自主学习疑惑交流;本次课重点难点引导性讲授;重点难点内容疑惑讨论。

课前学生自主学习内容

学习资料

◇ 指定在线课程的相应内容

◇ 应阅读的教材章节:贾宇主编《刑法学(总论)》第十章;石经海主编《刑法学总论》的相应内容;石经海等主编《刑法重点问题案例实务教程》的相应内容。

◇ 应重点研读的法条:《刑法》第22—24条。

学习中应思考的问题

1. 何为犯罪的未完成形态?为什么会有犯罪的未完成形态?这是否意味着有些犯罪的成立不需要符合犯罪构成?犯罪未完成形态的刑法意义在于定罪还是量刑?
2. 从罪过划分的角度看,犯罪未完成形态针对哪种犯罪?犯罪未完成形态包括哪几种类型?
3. 间接故意犯罪和过失犯罪同样可能存在"未完成形态",但刑法为何仅将直接故意犯罪的未完成形态作为犯罪予以评价?
4. 犯罪预备阶段和实行阶段的界限是什么?何为"着手"?是否直接故意犯罪都有预备阶段?预备阶段存在"着手"吗?
5. 如何理解犯罪预备的成立条件及罚则?这些条件与其他未完成形态的连结点分别是什么?犯罪预备与预备犯有何不同?犯罪预备的分类及其意义何在?
6. 如何理解犯罪未遂的成立条件及罚则?这些条件与其他未完成形态的连结点分别是什么?犯罪未遂与未遂犯有何不同?犯罪未遂的分类及其意义何在?
7. 如何理解犯罪中止的成立条件及罚则?这些条件与其他未完成形态的连结点分别是什么?犯罪中止与中止犯有何不同?犯罪中止的分类及其意义何在?
8. 如何区分意志以内的原因和意志以外的原因?在两种原因同时存在的情况下,犯罪人在既遂之前停止了犯罪,此时是犯罪中止还是犯罪未遂(或预备)?

9. 为何说“犯罪中止是用来鼓励犯罪人踏上悔罪的‘黄金桥’”? 放弃可重复实施的侵害行为是否成立犯罪中止? 为什么?

10. 在预备犯、未遂犯及中止犯的罚则中存在从宽处罚的多种选择,如从轻处罚、减轻处罚或者免除处罚,适用不同档次从宽处罚的根据是什么?

11. 预备犯和未遂犯可以从宽处罚,中止犯应当从宽处罚,刑法如此规定的根据是什么?

■ 课中师生交流的重难点问题及解析要点

1. (1)倘若犯罪人在实施犯罪之前已经独立谋划犯罪,未与他人交流,那么认定犯罪预备是以犯罪人的意思预备还是物质预备为准? 独自谋划属于思想犯还是犯罪预备? (2)犯罪预备阶段的意思预备是否以交流谋划为必要? (3)为何要与人合谋才算意思预备?

解题关键在于主客观相一致原则。根据性质和特征的差异,犯罪预备可以分为物质的预备与意思的预备,但我们不能将两者割裂看待。我国刑法中的犯罪预备是指为了犯罪,准备工具、制造条件。主观上的“为了犯罪”是指犯罪人心存通过实行犯罪行为而顺利实现犯罪结果的主观愿望,客观上犯罪人是实施了“准备工具、制造条件”的行为,根据主客观相一致原则,为了毒老鼠而买毒药(无主观)或者单纯在心里计划杀人而不付诸实践(无客观)均不是犯罪预备。

如果犯罪人仅在脑中谋划犯罪,并未付诸实施,那么就不是犯罪预备。正如前文所言,犯罪预备是以主客观相一致原则为基础的,犯罪人的预备行为必须是在其将犯罪意图付诸实施时才能认定,如此可以区分犯罪预备和犯意表示、犯意或思想犯等概念。

交流谋划一般是针对共同犯罪而言。在实施犯罪之前,共同犯罪人一般会就犯罪意图、目的和分工进行交流,我国刑法理论将其称为“犯罪意思联络”。但是,交流谋划并不是共同犯罪成立的必备条件。例如,保安甲偷看了乙在日记上写的某月某日夜晚要到甲值班的仓库盗窃的内容,在乙实施盗窃当晚甲没有关闭仓库门,乙因此非常顺利地完成盗窃。在该案中,甲为帮助乙实施盗窃创造了条件,但是两人对此并没有谋划。

根据主客观相一致原则,共同犯罪中各共犯人共同谋划犯罪并为此准备工具、制造条件的,是犯罪预备,此处的与人谋划是犯罪预备的意思预备。同理,在单独犯罪中,只有思想外化于行动,才是犯罪预备,个人内心的谋划才是意思预备。如果犯罪人只是自己在内心策划,并不付诸实践,则不成立犯罪预备,个人内心的谋划也就不是犯罪预备的意思预备。

2. 在犯罪预备分类中,实质犯罪预备以独立罪名规定,那么其行为到底是预备行为还是实行行为?

此种现象被称为"预备行为实行化",即刑法分则将本属于犯罪预备的行为规定为独立的犯罪,比如《刑法修正案(九)》中规定的"准备实施恐怖活动罪"和"非法利用信息网络罪",上述罪名是基于刑法的特殊规定,使得本来的预备行为转变为刑法上的实行行为。

3. 如何正确把握不能犯未遂的可罚性?如何认识可罚的不能犯与不可罚的不能犯(基于行为人的主观恶性)?

通说认为,不能犯分为绝对的不能犯和相对的不能犯,其中绝对的不能犯不成立犯罪(不可罚),而相对的不能犯可以成立未遂(可罚)。迷信犯是一种公认的绝对的不能犯,不以犯罪论处。相对的不能犯通常又可分为工具不能犯和对象不能犯。

区分可罚的不能犯和不可罚的不能犯的实质标准在于,被告人的行为是否对法益制造了现实的危险。在迷信犯中,"犯罪手段"显然不能造成任何危险,犯罪客观方面的缺失是导致犯罪不能成立的根本原因;而在可罚的不能犯中,被告人的行为已经对法益制造了现实的危险,只不过这种危险由于意志以外的原因最终没有实现。例如,甲闯入乙家中,看到乙长发及腰面容姣好,意欲强奸,却发现乙其实是男性。根据社会一般观念,甲的行为存在闯入女性家中的现实可能性,只是由于意志以外的原因未得逞,但其对法益已经造成了现实紧迫的危险,故应当认为甲成立强奸罪未遂。

4. 如何界定抽象危险犯的着手?抽象危险犯的着手认定是否与具体危险犯、结果犯有区别?

犯罪的着手是指行为人开始实施犯罪构成要件的实行行为。不论是抽象危险犯、具体危险犯还是结果犯,只要犯罪人开始实施刑法分则所规定的具体犯罪的构成要件行为时,即为着手。

5. 甲为杀乙,对乙下毒。甲见乙中毒后极为痛苦,顿生怜意,开车带乙前往医院。但因车速过快,车右侧撞上电线杆,坐在副驾驶的乙被撞死,甲是否成立故意杀人的中止?

甲是否成立故意杀人罪的中止,关键在于认定甲是否满足了中止犯的有效性条件,即甲是否有效阻止了构成要件中危害结果的出现。在本案中,若乙的死亡被理解为甲未能阻止乙的死亡结果出现,则甲的行为不成立故意杀人罪中止;若乙的死亡被理解为甲的交通肇事行为所致,那么甲因实施了两个犯罪行为而分别成立故意杀人罪中止和交通肇事罪。

6. 对于"着手"的判断:入户盗窃一个无人的房间,开门时是着手;入户盗窃一个有人的房间,进入房间物色、翻找财物是着手,但是如果进入有人的房间盗窃的犯罪人携带凶器,其"着手"的认定仍然是物色财物之时吗?换言之,"着手"的认定是否会因为犯罪情节的细微差异而有所不同?

"着手"是界分预备行为与实行行为的节点。在实践中,可以将"犯罪意图是否明显地显露出来"作为"着手"的判定标准,即在犯罪主观确意的驱使下,行为明确指向并开始构成对刑法所保护的社会关系的客观、直接破坏。据此,之所以将"行为人入户后开始物色财物""开门入户盗窃一个无人的房间"认定为"盗窃的着手",是因为此时犯罪人的盗窃意图明显地显露出来(其实,没有必要以房间是否有人区分犯罪人是否着手,基于盗窃意图是否明显地显露出来就可以直观地作出判定)。同样,"携带凶器盗窃"的着手,也需在盗窃意图明显显露出来时才能认定,单纯携带凶器的行为很难认定为盗窃的着手。

7. 不能犯可以分为手段不能犯、对象不能犯和主体不能犯。例如,男子本想拿砒霜毒害他人,但误拿成白糖最终应认定为犯罪未遂。若男子买砒霜时店家给的是白糖,此时则为不能犯。不能犯未遂和不能犯、未遂犯应该如何理解?它们之间的区别和界限在哪里?

我国刑法对不能犯并无规定,但我国刑法理论将不能犯未遂作为未遂犯的一种情形进行处罚。根据通说观点,以行为在客观上是否能够达到既遂为标准,可以将所有的未遂行为区分为能犯未遂和不能犯未遂。我国传统刑法理论一般认为不能犯都属于未遂犯,这种观点实际上是采取了抽象危险说,即只要行为人主观人格上有危险或犯罪计划有危险,就是未遂犯,是可罚的。

8. 在司法实践中对于中止和未遂的判断存在许多疑问。情形一:甲男基于强奸意图尾随乙女,在小巷里将乙女摁倒后却发现其为自己的妹妹,该行为未遂。但是甲男主观上是自动放弃强奸乙女,为什么不是犯罪中止?情形二:甲多次杀乙不成,认为乙有神仙保护,就放弃杀乙,将他送到医院救助,甲是不是属于犯罪中止?

根据弗兰克公式,能达目的而不欲,为犯罪中止;欲达目的而不能,为犯罪未遂。因此,判断的重点在于"能不能继续犯罪"而不是"想不想继续犯罪",而"能不能继续犯罪"的判断依据应当基于社会一般人的认识,由此判断在当时的情景下行为人能不能继续犯罪,而不能依据行为人个人的看法来判断能不能继续犯罪。从一般人的角度出发,认为无法继续犯罪的,行为人放弃犯罪是未遂。

在情形一中,当强奸的对象是自己的妹妹时,对一般人来说都是难以继续犯罪的,即不能继续犯罪,因此甲成立犯罪未遂。

在情形二中,行为人对客观障碍存在认识错误,对于此种认识错误应当按照行为人的主观认识来判断。同时,不能因为存在客观障碍就否认中止的自动性,虽然具有一定的障碍,但只要行为人主观上认为犯罪行为还可以继续实施,却没有实施的,成立犯罪中止。对于情形二,行为人甲在主观上认为乙有神仙保护,已经不能继续实施杀人行为因而放弃杀乙,但实际上客观仍可以继续,此时应当依据甲的主观认识来判断,认定为犯罪未遂。

9. 如果准备的工具既可以实施抢劫行为又可以实施强奸行为,并且行为人也有抢劫和强奸的计划,然而在蹲点的时候被抓,那罪名应当如何认定?如果认为行为人同时构成抢劫罪和强奸罪,是否构成对一个行为的重复评价?

行为人在蹲点时被抓获,此时尚未着手实施犯罪行为,还处于犯罪预备阶段,并且从行为人准备的工具来看还不能判断行为人打算实施何种犯罪。具体犯罪的犯罪行为判断需要客观与主观的结合,因此,需要结合行为人的供述来判断其行为究竟构成何种犯罪。如果行为人供述其欲实施抢劫,则将客观行为与主观犯意结合认定为抢劫罪的犯罪预备;如果行为人供述其欲实施强奸,则将客观行为与主观犯意结合认定为强奸罪的犯罪预备,因此不涉及重复评价的问题。所谓重复评价,表面上是在定罪量刑时对存在论上的同一犯罪行为进行了重复使用，但本质上是对其所反映出来的同一不法内涵和同一罪责内涵进行了重复考量，结果导致重复处罚。因此，禁止重复评价的本质相应表现为禁止对反映同一不法内涵和同一罪责内涵的同一犯罪行为进行重复使用。在该情形中，根据行为人不同的主观犯意，在不同的不法内涵和不同的罪责内涵内对同一犯罪行为进行评价，这并不属于重复评价。

10. **黄某与李某在某中学门口拦住放学回家的中学生甲，威胁其拿钱出来，否则就要挨打。甲因害怕，便任由黄某和李某搜身。黄、李二人在李某身上只搜出五角钱，二人见钱少，又将钱还给甲，并让其离去。黄某与李某犯了抢劫罪无疑，但这是犯罪中止、未遂还是犯罪既遂？**

宜认定为犯罪中止。犯罪中止作为“用来鼓励犯罪人踏上悔罪的‘黄金桥’”，其在具有争议的认定中具有倾向性，尽管这个认定并非完全或总是符合行为人行为时的客观心理状态。在司法实践中，其认定标准往往是基于当时的环境和条件来判断行为人是否能够完成犯罪而未去完成。与此相反，若基于当时的环境和条件，行为人想完成犯罪而未能完成，则是犯罪未遂。据此，以上情形认定为犯罪中止更合适。

同时需注意，抢劫罪侵犯的是双重客体，即财产权利和人身权利，只要具备劫取财物或者造成他人轻伤以上后果之一的，即属抢劫既遂。据此，在以上情形中，因未实际劫取财物也未造成对方轻伤以上后果，不能认定为抢劫罪的既遂。

11. **如果张三即将打死李四，但是张三忽然心生善念，及时将李四送到医院抢救，正常来说，及时抢救可以挽留李四的生命，但是因为医生的手术失误导致李四死亡，那么张三的行为是犯罪中止吗？**

属于犯罪既遂。按《刑法》第 24 条的规定，犯罪中止是“在犯罪过程中，自动放弃犯罪或者自动有效地防止犯罪结果发生”的情形。对于后一种情形的犯罪中止的成立，不仅要求“自动”，而且还要“有效地防止犯罪结果发生”。本案中，李四死亡虽然是医生手术失误所致，但在法律要件上仍是未“有效地防止犯罪结果发生”，张三的行为不可认定为犯罪中止。申言之，虽然张三在犯罪行为实施终了后有悔意并且实施了救助行为，但终究是没能有效地防止犯罪结果发生，从而在犯罪形态上属于犯罪既遂。当然，因其主观恶性和人身危险性有所减小，在量刑时也可酌情从宽处罚。

12. 行为人为防止结果的发生做了积极的努力,但其行为本身不能防止结果发生或者主要是由于他人行为防止了结果发生时,是否成立中止犯?

成立犯罪中止不要求行为人的努力挽回与结果避免之间存在因果关系。例如甲欲杀乙,刺中乙之后见其血流不止心有不忍,于是拨打急救电话送乙去医院。现查明送乙去医院的急救车其实是路人拨打电话叫来的,甲所叫的急救车因为堵车并没有接到乙。此时虽然甲的挽回行为与乙得救之间没有因果关系,但甲主观上真诚悔罪,客观上也为避免危害结果发生做出了努力,且乙的确最终免于死亡,此时甲成立故意杀人罪的中止,这也符合刑事政策的要求。

如果甲最终没有防止危害结果的发生,则不论出于什么原因,不论该原因是否能归因于甲,甲都不能成立犯罪中止,应以犯罪既遂论处。

13. 在共同犯罪中,如果只有甲一个人主动放弃并积极阻止危害结果发生,但最终因遭到其他人的强烈打击和阻止而失败,这种情况下虽然不构成共同犯罪的中止,但甲的行为应该怎么定性呢?

上述结论有待商榷。甲已决意放弃犯罪,中止了自身的犯罪行为,并且为阻止其他共犯行为人的行为或防止犯罪结果发生做出了真挚的努力,但因"遭到其他人强烈打击和阻止而失败",即导致犯罪结果的原因力并未消除且共同犯罪既遂,按照共同犯罪中止的条件,甲由于不符合中止有效性而不成立中止犯,故仍然要对共犯的既遂承担责任。

但如此认定显然有失公允。理由:(1)行为人承担刑事责任的前提和基础是罪过及其犯罪行为;(2)刑法之所以规定对中止犯应当免除或减轻处罚是因为中止犯对其犯罪行为的真诚悔悟及其人身危险性的消除;(3)设置中止犯的目的是"为犯罪者架设后退的金桥",鼓励犯罪人及时退出犯罪从而预防犯罪、分化共同犯罪人。如果成立中止条件过于严苛,一方面使犯罪人感到实现中止无望,放弃自我向善的念头,不利于鼓励犯罪人停止犯罪;另一方面有违立法精神。因此,如果甲不仅自己悔悟、自动停止实施犯罪,而且尽力消除了与其他共同犯罪人的共犯关系,便应当成立犯罪中止,如此亦契合法律不强人所难之理念。

14. 小偷偷窃后因后悔准备归还物品,途中无意砸伤了保安的行为属于中止行为造成的损害,构成过失致人重伤。对比小偷偷窃后发现这是家属的救命钱而归还属于犯罪既遂,这两者的区别在哪里?

“犯罪过程”是一个立体的时空概念。如果行为人在盗窃既遂之前心生悔意,并归还物品,应认定为犯罪中止。对于案例中行为人过失致保安重伤的结果,能否认定为中止所导致的“损害”,理论上存有争议。有观点认为,从损害结果产生的时空来看,可分为预备行为产生的损害、实行行为产生的损害和为防止犯罪结果发生的行为产生的损害。另有观点认为,中止犯中的“损害”仅指中止犯罪之前的实行行为造成的结果,我们认同此种观点。中止行为本身,是避免法益受侵害的、刑法所鼓励的行为,如果行为人所采取的中止行为构成了其他犯罪,此处必然包含着违法的实行行为与不违法的中止行为两个性质不同的行为,不宜将两种性质不同的行为进行一体评价,否则不利于发挥刑法规范的引导功能。对于案例中的行为人,如未给被害人造成财产损失,应成立盗窃罪的中止且免除处罚,针对小偷砸伤保安的行为,应单独认定为过失致人重伤罪。

“小偷偷窃后发现是家属的救命钱而归还”属于行为人犯罪既遂之后的悔罪表现,不影响定罪。但其返还行为表明了行为人对之前犯罪行为的悔悟,主观恶性减小,特殊预防必要性降低,从而影响对行为人的量刑。

15. 如果被教唆人放弃犯罪达成了犯罪中止,对教唆者是否仍以相同的罪名认定?

“被教唆人犯了被教唆的罪”,是指被教唆人已经实施了犯罪的预备行为,或者已经着手实施犯罪而未遂,或者已经中止,或者已经完成犯罪而既遂。本题中,如果被教唆人在犯罪过程中自动放弃犯罪或者自动有效地防止犯罪结果发生的,达成了犯罪中止,那么教唆人与被教唆人成立共同犯罪,教唆人应当定同样的罪名。这是因为,被教唆人接受教唆并开始实施为犯罪做准备的行为之后,表明双方主观上已有犯罪的共同故意,客观上已有共同的犯罪行为,已然成立共同犯罪,至于被教唆人是否已经完成犯罪而既遂并不影响共同犯罪的成立。

■ 课后学生总结巩固的训练案例

◇ 黄某等入户抢劫案

◇ 孙某财破坏交通设施案

◇ 李某容抢劫、杀人案

◇ 徐某盗窃案

课后环节及要求

本次课堂教学结束后，每位学生运用所学相关刑法知识尝试分析本书推荐的案例，就本次课程学习情况撰写100—500字的个人学习总结，提出仍然存在的疑惑；教学助理评阅每位学生的学习总结并就学生的疑惑作出解答，由所有主讲教师集体审改解答疑惑，反馈学生。

第十三讲　共同犯罪

■ 本讲教学要求

我国刑法中共同犯罪的内容主要包括共同犯罪的成立标准、共同犯罪的基本类型、共同犯罪人的刑事责任等内容。在本讲的教学中，可以适当介绍域外理论成果和司法实践，但切忌“生搬硬套”，应当结合中国立法及司法实际，理性评价和客观分析我国刑法中共同犯罪的相关内容，通过典型案例，贯穿犯罪主体、未完成形态、因果关系、刑罚功能等知识要点，培养学生理论联系实际、解决现实问题的能力。

■ 本次课教学安排

◇ **时间：**第 13 次课，教学时数为 3 学时左右。

◇ **教学内容的重点、难点：**共同犯罪的成立条件；共同犯罪的形式；共同犯罪人的种类及其刑事责任。

◇ **教学方式：**

- 学生课前自主学习，班长负责收集各位同学在自主学习中的疑惑点，并于课前交给该班的教学助理与主讲教师。
- 课堂教学活动实行“三环节”制：自主学习与疑惑交流；本次课堂重点难点的引导性讲授；关于重点难点内容疑惑的讨论。

■ 课前学生自主学习内容

□ 学习资料

◇ 指定在线课程的相应内容

◇ 应阅读的教材章节:贾宇主编《刑法学(总论)》第十一章;石经海主编《刑法学总论》的相应内容;石经海等主编《刑法重点问题案例实务教程》的相应内容。

◇ 应重点研读的法条:《刑法》第25—29条。

□ 学习中应思考的问题

1. 甲、乙二人分别与丙结仇,都想杀死丙。一日,甲、乙二人不约而同地各自持枪来到丙的住处,在互不知情的情况下,竟然同时朝丙开枪,丙中弹身亡。事后查明,只有一发子弹击中丙的头部并致其死亡。警方做了弹道检测,但以现有技术无法查清究竟是谁的子弹击中了丙。请问甲、乙二人在刑法上应当如何定性?
2. 甲、乙二人相约共同盗窃,甲入室行窃,而乙则在外望风。甲在屋内翻箱倒柜,窃得10000元现金。出门后,甲对乙说:"今天太不顺了,搞了一晚上才偷到100块。你看我在里面辛辛苦苦搞得灰头土脸,而你在外面抽烟轻松从容,给你30块,我70块。"乙无奈同意。请问甲、乙二人的盗窃数额分别是多少?
3. 15岁的甲欲入室盗窃,请求二叔家17岁的堂哥乙为自己望风,乙果断拒绝。甲冷笑道:"你若不答应,我就把你看毛片的事情告诉二叔。"乙无奈答应。后甲在乙望风行为的帮助下盗窃成功。请问甲、乙二人在刑法上应当如何定性?
4. 甲教唆乙第二天去杀死乙的仇人丙,乙当时已经下定决心,但在当晚遇佛祖"托梦",佛祖告诫乙,切勿因小仇而酿成一生之大错。乙在梦中惊醒,痛哭流涕,决定痛改前非,最终未付诸行动。请问甲、乙二人在刑法上应当如何定性?
5. 乙遭其仇人甲追杀,但因乙的腿长、速度快,甲始终追赶不上。乙的另一个仇人丙看在眼里、急在心里。此时,丙突然想起自己的书包里有一根绳子,于是快速地将绳子打结,制成绊马索,暗地里扔出并将乙绊倒。甲赶来后,对着倒在地上的乙说:"哈哈,天意啊天意。"顺利将乙杀死。请问甲、丙二人在刑法上应当如何定性?
6. 甲在月黑风高的夜里偷袭乙,意图抢劫其手机,乙毫不畏惧,持手机勇敢反抗。甲持砖头将乙砸晕在地(乙受重伤),但甲的眼镜也被乙打落,高度近视的甲只能一边寻找掉落在地上的眼镜，一边寻找乙的手机。一个小时后，甲的朋友丙路过，在甲告知事情的经过后，丙主动请缨，打开手电筒帮助甲找到了眼镜和手机。请问甲、丙二人在刑法上应当如何定性？

7. 甲男乙女是男女朋友，一个风和日丽的下午，两人牵着手在城外的小河边幽会。正在你侬我侬之时，变态男丙突然持刀出现，甲男魂飞魄散，乙女花容失色。丙未劫财也未劫色，却强行要求甲、乙当其面发生性关系。乙女性情刚烈，坚决不从，甲男猥琐懦弱，为保命强行和乙女发生了性关系。请问甲、丙二人的行为在刑法上应当如何定性？

8. 甲雇佣冷面杀手乙去教训仇人丙，并嘱咐乙道："卸掉一只胳膊就行，可别搞出人命。如果搞出人命，剩余的钱我可不给。"乙拍胸脯保证道："放心，绝对不会搞出人命，我带了云南白药，卸掉丙的胳膊之后我马上给他止血。"甲心想："不错，很专业，我没选错人。"乙来到丙的住处，拿出西瓜刀便要动手，丙毫不畏惧，并持家里的菜刀进行反击。乙毕竟是"专业杀手"，很快将丙击倒在地。谁知丙竟然在血泊中对乙破口大骂，乙怒火中烧，一时间忘记甲的嘱咐，用西瓜刀将丙砍死。请问甲、乙二人的行为在刑法上应当如何定性？

9. 过年了，平时在外打拼的本村小伙都回到了村庄。村里人惊奇地发现，出了名的"穷光蛋"甲今年竟然开了一辆宝马回来，还带着一个漂亮的媳妇，甲儿时的伙伴乙也发现了这一变化。一日，乙在家里准备好饭菜，请甲来吃饭，准备从甲的口中套出缘由。半斤白酒下肚后，甲开始借酒忘形，吹嘘道："这世道，真是马无夜草不肥，人无横财不富。想当年村里每个人都把我踩在脚底下，去年我在云南搞了一年，抵得上村长的十辈子。"乙问道："你在云南到底做什么生意？"甲在乙的耳边轻声道："白粉。"乙恍然大悟，连声称赞。甲走后，乙一夜未眠，第二天早上便买了一张火车票，雄心满满地开赴云南。一个月后，乙因贩卖毒品被昆明警方抓获。请问甲、乙二人在刑法上应当如何定性？

10. 在一个月黑风高的夜里，甲准备撬开某公司仓库的大门，盗窃其中的汽车配件。大门的铁锁十分牢固，甲虽是"老手"，撬锁过程也十分艰巨。三个小时后，锁有所松动，而甲已经汗流浃背，双手不停颤抖，终因体力不支累瘫在地。甲的朋友乙左手拿着一包士力架，右手拿着一瓶红牛，准备回家看球赛，正好路过此地，见状后赶紧上前询问甲发生了什么事，甲告知乙事情经过。乙说:“这样吧,士力架和红牛你拿去。”甲问:“那你怎么办?”乙说:“没关系,我家冰箱还有一瓶可乐。”甲满心感激,一边喝红牛、吃士力架,一边目送乙离去。吃饱喝足后,甲精力倍增,终于撬开铁锁,顺利窃得汽车配件。请问甲、乙二人的行为在刑法上应当如何定性?

11. 甲邀请伙伴乙共同入室盗窃,乙胆小怕事,对甲说:“我帮你望风可以,要偷你自己进去偷。”甲说:“瞧你那怂样,看我的。”于是甲进入丙所居住的房屋内,乙则在屋外望风。正当甲在里面翻箱倒柜,干得热火朝天之时,乙却在外面东张西望,越想越怕,甚至感到难以呼吸,几欲离去。乙想到,若此时向甲表明去意,甲一定不许,不如偷偷地一走了之。于是,乙心里默念着:“兄弟,你自己多保重。”之后便悄悄回家打游戏去了。甲窃得现金1万元,出来时发现乙早已离开,找到乙后,便劈头盖脸地将其臭骂一顿,到手的钱一分都没有给乙。请问甲、乙二人的行为在刑法上应当如何定性?

12. 甲是全国性扒窃组织“麻雀”的头领,年初,甲召集华东分舵、华南分舵、西南分舵的舵主乙、丙、丁开会,下达全年的任务指标,要求华东分舵全年至少完成创收1000万元,华南分舵完成900万元,西南分舵完成800万元。三位舵主都表示有信心完成任务。年终,乙、丙、丁向甲汇报任务。其中,华东分舵今年效益大增,共完成创收2000万元;华南分舵成绩平平,刚好达到900万元的任务指标;西南分舵今年效益不好,只完成了600万元。不过,丁向甲报告,虽然今年扒窃的任务没有完成,但是西南分舵的一线扒手李三偶然绑架了某地产商的儿子,勒索到1000万元,并且全部上交组织。甲听闻之后龙颜大悦,表示要拿出100万元重赏李三。请问甲、乙、丙、丁、李三等人的行为在刑法上应当如何定性?

课中师生交流的重难点问题及解析要点

1. 什么是间接正犯?

间接正犯,是“直接正犯”的对称,是指以他人为工具来达到自己的犯罪目的,实现自己犯罪意图的人,又称“间接实行犯”。“以他人为工具”表现为除了利用不具刑事责任能力的人的行为之外,还有利用不具有犯罪意思的人的无罪过行为等。例如,医生利用护士的业务行为杀人,就是利用其不知情所为的合法行为，医生与护士之间没有犯意联络，不能成立共同犯罪，应当认定医生成立故意杀人罪的间接正犯，而护士无罪。

2. 某日，咖啡店店主甲与其朋友乙闹翻，一怒之下将一杯有毒的冰咖啡交给店员丙保管，并对丙说："等乙下次来店，你就将这杯毒咖啡递给我，我拿给乙喝！"时隔多日，甲与乙重归于好，乙来店消费，甲热情接待。丙遵照之前甲的嘱咐将毒咖啡递给甲，但甲此时已完全忘记咖啡有毒的事实，仍很开心地将其交给乙饮用，导致乙中毒死亡。应当如何评价甲和丙的行为？

甲的行为构成故意杀人罪（预备）与过失致人死亡罪，丙的行为构成故意杀人罪的帮助犯。甲将毒咖啡交给丙时，二人已经进入故意杀人罪的预备阶段，构成故意杀人罪的共同犯罪，其中丙是帮助犯。在实行之前，甲已经打消了杀乙的念头，但并未主动采取措施防止犯罪结果发生，因此不属于犯罪中止，而属于犯罪预备。在实行阶段，甲已经不具备故意杀人的主观要件，其对乙的死亡结果具有疏忽大意的过失，构成过失致人死亡罪。而丙在此阶段则构成片面的帮助犯。

3. 甲教唆乙杀丙，但此前乙对丙早已怀恨在心，计划杀丙并付诸实施。从客观上看，甲并未对乙的计划起较大作用。甲是否与乙构成共同犯罪？甲是否属于教唆犯？

教唆犯在共同犯罪中的作用在于引起被教唆者的犯意。若被教唆者的犯意在被教唆之前便已具备，而并非来自教唆者，则不能认为教唆者成立教唆犯，但有可能成立心理的帮助犯。

4. 依照《刑法》规定，行为人实施抢夺、盗窃或诈骗后暴力抗拒抓捕的，会转化为抢劫罪。若行为人并未参与抢夺、盗窃等行为，但是帮助抢夺、盗窃者暴力抗拒警察抓捕，其行为究竟是属于抢劫罪的共同犯罪，还是属于事后的窝藏、包庇行为？

对此应当分两种情形讨论：

第一种情形：如果事前有通谋，双方约定一方在另一方抢夺、盗窃或诈骗后帮助逃匿、抗拒抓捕，构成转化型抢劫的共同犯罪。

第二种情形：如果事前无通谋，行为人仅仅帮助犯罪的人暴力抗拒警察抓捕，则构成妨害公务罪和窝藏罪的想象竞合，从一重罪论处。帮助犯罪的人暴力抗拒抓捕，属于以暴力方法阻碍国家机关工作人员依法执行职务，构成妨害公务罪；明知是犯罪的人而帮助其逃匿，符合窝藏罪的构成要件，构成窝藏罪。如果造成执行抓捕任务的警察重伤、死亡的，则构成故意伤害罪、故意杀人罪与窝藏罪的想象竞合。

5. 甲暗示乙对丙实施盗窃，而乙却以为甲要求其杀害丙，后果真杀死丙。试问甲应当如何承担刑事责任？

甲构成盗窃罪的独立的教唆犯。甲实施了教唆乙盗窃的行为，并有教唆乙犯罪的故意，但被教唆人乙因为认识错误并没有犯被教唆的罪，此时教唆者甲教唆乙盗窃的行为与被教唆人乙实施的故意杀人行为之间并不存在一般教唆犯意义上的因果关系。教唆者甲因其教唆他人盗窃的行为独立承担刑事责任，构成独立的教唆犯。

6. 甲教唆赵某入户抢劫，但赵某接受教唆后实施了拦路抢劫。甲究竟是普通抢劫罪的共犯，还是入户抢劫的共犯？

甲与赵某构成普通抢劫罪的共同犯罪。入户抢劫是抢劫罪法定刑升格的情形之一，是否具有此种情形并不影响普通抢劫罪的成立。本案中，"被教唆人赵某实施普通抢劫行为"的事实仍然在甲的教唆故意范围内，因此可以认为被教唆人实施了被教唆的罪，甲与赵某构成普通抢劫罪的共同犯罪。

7. 国家工作人员甲在得知公共资金的存放位置后，告知非国家工作人员乙，由乙将之偷出。甲与乙究竟是构成贪污罪还是盗窃罪？

应当分情况讨论。若取得资金主要是依靠甲利用职务便利的行为发挥作用，甲在共同犯罪中所起的作用较大，则甲与乙构成贪污罪的共犯；若取得资金主要是依靠乙的盗窃行为发挥作用，乙在共同犯罪中所起的作用较大，则甲与乙构成盗窃罪的共犯；若二人所发挥的作用相当，则甲与乙同时构成贪污罪和盗窃罪，一个行为触犯数个罪名，系想象竞合，应从一重罪论处。

8. 对于聚合型共同犯罪，有时只对首要分子或积极参加者予以处罚，而不对其他参加者进行刑法评价。此种做法是否合理？

首先，没有积极参加者和其他参加者的增势助威，就没有聚众犯罪的犯罪性体现。只不过由于其他参加者对聚众犯罪参与的程度相对较小，社会危害性相对较轻，因此刑法并未将其列为刑罚处罚对象。

其次，刑法的谦抑性要求，当适用其他法律足以抑制某种违法行为，足以保护合法权益时，便不应当将该种行为规定为犯罪。因此，将聚众犯罪中的其他参加者不规定为犯罪，也是出于刑法谦抑性的考虑。

再次，聚众犯罪常常有很多人参与其中，主客观原因比较复杂，法不责众是合情合理的现象。这就需要区分不同行为主体的罪过轻重及危害程度，对他们作出不同的评价，对其中情节显著轻微的犯罪者不以犯罪论处。

最后，不对其他参加者进行刑法评价，并不意味着不对其行为进行其他评价。对于符合《治安管理处罚法》的处罚条件的，依然可以予以行政处罚。

9. 甲被乙和丙绑架，乙、丙告知甲："若想活命，必须杀死丁。"二人不知甲早已对丁怀恨在心，欲除之而后快，并为此做了详密的计划，只是在前往购买杀人工具的路上意外遭遇了这起绑架，于是甲"被迫"将丁杀害。甲是否属于胁从犯？

胁从犯，即因受胁迫而在一定程度上违背自己的意志参加犯罪活动，并造成一定危害后果的人。胁迫包括胁迫者对被胁迫者或其亲属的人身或者财产施以暴力、威胁和其他方法。《刑法》第28条规定："对于被胁迫参加犯罪的，应当按照他的犯罪情节减轻处罚或者免除处罚。""被胁迫参加犯罪"说明犯罪人参加犯罪的原因是"被胁迫"，表明犯罪人实施犯罪的非主动性和非自愿性。在本案中，甲本身就有杀害丁的犯意，其实施杀害丁的行为并不违背其自身的意愿，因此，甲不属于胁从犯。

10. 卖淫幼女甲唆使成年男子对其实施性行为。甲是否构成强奸罪的教唆犯？

不构成。其一，幼女甲因不满足共同犯罪主体的要求（未达刑事责任年龄，不具有刑事责任能力）而不能构成共同犯罪，不能成立共犯中的教唆犯。其二，按照《刑法》第236条第2款的规定，幼女缺乏决定性行为的意思能力，因此，只要与幼女发生了性交行为，即使征得本人同意也构成强奸罪，且属于奸淫幼女的从重处罚情节。

11. 甲、乙相约盗窃，由甲实施盗窃，乙望风。甲实际盗窃10000元，对乙谎称只窃得1000元，乙只分得200元。本案乙对多少数额负责？

甲、乙构成共同犯罪，乙对盗窃10000元的事实提供了原因力，因此对10000元都要负责。

12. 甲身负命案，乙以揭发甲的犯罪事实相威胁，迫使甲帮助其实施犯罪。甲是否属于胁从犯？

胁从犯指违背其自由意志，被胁迫参加犯罪的人。这种胁迫包括揭发隐私、以暴力相威胁等手段。《刑法》第 28 条规定：“对于被胁迫参加犯罪的，应当按照他的犯罪的情节减轻处罚或者免除处罚。”以揭发其犯罪事实相威胁，是胁迫的一种，并不超出第 28 条文义解释的意涵，可以成立胁从犯。

13. 甲教唆乙入户抢劫，乙进入他人屋内后发现家中无人，于是便实施了盗窃。试问甲的刑事责任。

根据我国的共同犯罪立法与理论，对于教唆者的行为，按照教唆的内容定罪。本案中，甲教唆被教唆人乙抢劫，对教唆者应定抢劫罪。其中，若被教唆者实施了被教唆的罪，教唆者的行为成立抢劫罪既遂；反之，成立抢劫罪的未遂。据此，由于被教唆者乙没有实施抢劫罪，仅实施了盗窃罪，故教唆者甲成立抢劫罪的未遂。

14. 根据我国《刑法》，如何处理教唆他人自杀的行为？

教唆自杀，是指故意采用引诱、怂恿等方法，使他人产生自杀意图进而实行自杀的行为。至于其是否构成犯罪，通常需要考察被教唆人的行为能力。若被教唆人是正常的成年人，通常不构成犯罪；若被教唆人是限制行为能力人或者无行为能力人，则构成故意杀人罪。

15. 甲、乙二人相约盗窃，甲入室行窃，乙在外望风。其间，乙告诉甲：“我去上厕所，等下回来。”遂离去找寻厕所。在乙上厕所的这段时间，乙是否仍对甲的盗窃行为提供着心理上的原因力？

乙上厕所期间，仍对甲的行为提供了心理原因力。犯罪过程是一个立体的时空概念，心理原因力的作用也不仅限于实行行为之时，还包括实行之前的加油打气、提供建议，实行过程中的望风行为等。即便乙上厕所，亦不能否认其在整个犯罪过程中对甲施加的无形助力。

16. 成年人丙命令未成年人甲实施盗窃，甲又唆使另一未成年人乙与其共同盗窃。甲与乙是否构成共同犯罪？

共同犯罪的主体必须是二人以上，且均须具备相应的刑事责任能力。就盗窃罪而言，成立共同犯罪要求甲、乙两人均已满 16 周岁。所以，如果甲、乙其中一人不满 16 周岁，即不成立盗窃罪的共同犯罪。

课后学生总结巩固的训练案例

◇ 雷某奇等在旅游区开枪射击致人死亡案
◇ 张某鸿涉嫌抢劫案
◇ 吴某友雇凶故意伤害案
◇ 易某春、周某兵抢劫案
◇ 岳某群利用不满 14 周岁的女儿投毒杀人案
◇ 朱某华等三人绑架案
◇ 王某帅、邵某喜抢劫、故意杀人案

课后环节及要求

本次课堂教学结束后，每位学生运用所学相关刑法知识尝试分析推荐案例，就本次课程学习情况撰写 100—500 字的个人学习总结，并提出仍然存在的疑惑。教学助理评阅每位学生的学习总结，并就学生的疑惑作出解答，由所有主讲教师集体审改疑惑解答，反馈学生。

第十四讲　罪　数

■ 本讲教学要求

罪数亦称为罪数形态,其理论与实践是贯彻罪刑法定、罪刑均衡原则的重要体现。我国刑法学以马克思辩证唯物主义为指导思想,在全面剖析国外刑法学者关于罪数标准学说的优劣利弊,吸收借鉴某些学说的合理成分的基础上,公认以犯罪构成标准说(主客观一致说)作为区分一罪与数罪的标准。教学中,可以通过典型案例,分析不同罪数学说的优劣,展现犯罪构成说的理论优势和实践优势,帮助学生树立制度自信、文化自信。

■ 本次课教学安排

◇ **时间**:第 14 次课,教学时数为 3 学时左右。

◇ **教学内容的重点、难点**:罪数的判断标准;想象竞合犯的特征与处理原则;法条竞合犯与想象竞合犯的区别;法条竞合犯的处理原则;连续犯的认定;牵连犯的认定与处理原则。

◇ **教学方式**:

- 学生课前自主学习,班长负责收集各位同学在自主学习中的疑惑点,并于课前交给该班的教学助理与主讲教师。
- 课堂教学活动实行“三环节”制:自主学习与疑惑交流;本次课堂重点难点的引导性讲授;关于重点难点内容疑惑的讨论。

■ 课前学生自主学习内容

□ 学习资料

◇ 指定在线课程的相应内容

◇ 应阅读的教材章节：贾宇主编《刑法学（总论）》第十二章；石经海主编《刑法学总论》的相应内容；石经海等主编《刑法重点问题案例实务教程》的相应内容。

□ 学习中应思考的问题

1. 区分一罪与数罪的标准的主要学说有哪些？各学说的区别何在？你认为哪种学说最有说服力？
2. 罪数的类型主要有哪些？一罪的类型与数罪的类型主要有哪些？重点理解什么是法条竞合、想象竞合、牵连犯、吸收犯。
3. 如何区分法条竞合与想象竞合？试分别设想具体案例进行区别。
4. 连续犯与继续犯的区别是什么？试分别设想具体案例进行区别。
5. 如何区分吸收犯与想象竞合犯？试分别设想具体案例进行区别。
6. 如何处理判决宣告以前的数罪与刑罚执行期间的数罪？

■ 课中师生交流的重难点问题及解析要点

1. "罪过标准说"认为，行为所包含的罪过总数就是行为的个数，这一观点是否合理？

　　"罪过标准说"具有合理性，其是指包含一个罪过的行为就是一个犯罪，包含数个罪过的行为就是构成数罪，即主观罪过的个数决定危害行为的个数。因为犯罪是行为，行为的成立要求主观要素，故犯罪的成立也必然要求主观要素，如果成立数个犯罪，就应当有数个行为，进而有数个主观要素。我国通说认为，一罪与数罪的标准应当采取"犯罪构成标准说"，但这与"罪过标准说"并不矛盾，"行为是否构成犯罪"与"行为人是否具有罪过"拥有相同的含义，"罪过标准说"在一定程度上避免了"犯罪构成标准说"的空洞。

2. 甲在一天之内先造成乙轻伤，接着造成丙轻微伤，而后又造成丁重伤。虽然甲实施的三个连续伤害行为并不构成连续犯，但是，若忽略伤害丙的事实，仅考虑伤害乙和丁的事实，本案能否成立连续犯？

连续犯，是指出于数个同一的犯罪故意，连续多次实施数个性质相同的犯罪行为，触犯同一罪名的犯罪形态。本案中，首先，甲实施的两个故意伤害行为均受到连续的同一伤害故意的支配；其次，甲实施的两个故意伤害行为分别造成乙轻伤、丁重伤的危害结果，均构成故意伤害罪；最后，甲在一天之内连续实施了性质相同的两个足以单独构成犯罪的危害行为，两个故意伤害罪之间存在连续性。因此，本案能够成立连续犯。

3. 某行为人实施了多次强奸行为（既遂），最后一次因被抓获而未遂。对此应当如何定罪量刑？

题目所设情形属于同种数罪。同种数罪是指行为人出于数个相同的犯罪故意或者过失，实施了数个性质相同的犯罪行为，触犯了《刑法》规定的相同的一个罪名的情形。

同种数罪属于数罪范畴，根据刑法的相关规定，数罪原则上应当按照数罪并罚原则进行处置，但是理论界对同种数罪之处断存在三种不同的观点。第一种也是长期占据理论界与实务界通说的观点是"一罚说"，即将同种数罪按照一罪进行处罚；第二种观点是"折中说"，即按照不同的情形将同种数罪分为不并罚的同种数罪和并罚的同种数罪；第三种观点是"并罚说"，即将同种数罪与异种数罪一样予以数罪并罚。具体可以自行查阅相关书籍和论文。

4. 甲为了杀乙，多次投放慢性毒药，致乙中毒身亡。甲是否属于徐行犯，为什么？如何区分徐行犯和连续犯？

根据题目所设情形，甲每次所投放的毒药均未达到致死量，其多次投放毒药致乙死亡，属于徐行犯，应构成故意杀人罪（既遂）。

徐行犯是指行为人基于一个犯罪故意，连续实施数个在刑法上无独立意义的举动（动作）或危害行为，这些举动或危害行为的总和构成在刑法上具有独立意义的一个犯罪行为，因而触犯一个罪名的犯罪形态。

要注意区分连续犯和徐行犯的区别。在连续犯中，若将数次实施的犯罪行为分开来看，每一次行为都可以单独构成犯罪。如果行为人有意识地以数个举动完成犯罪，而数个举动仅形成一个行为，此时便不是连续犯，而是徐行犯。

一般来说,构成徐行犯的原因主要有二:一是行为人主观上有意将本可以一次性完成的犯罪行为分解为数个在刑法上无独立意义的举动或危害行为,其数个举动或危害行为的总和构成一个犯罪行为;二是由于客观因素或行为人意志以外的因素的影响,行为人只能以数个举动或危害行为构成一个完整的在刑法上具有独立意义的犯罪行为。徐行犯由数个行为或举动完成一个犯罪,不是数罪,故不适用数罪并罚原则,我国《刑法》中的虐待罪属于典型的徐行犯。

5. 我国刑法理论上对于牵连犯不采取数罪并罚而采取从一重处断原则,这种做法的理由何在?

按照我国刑法学的通说,对牵连犯适用从一重处断的原则的理由如下:

第一,犯罪人基于一个最终的犯意而实施行为。虽然犯罪人实际实行了数个行为,并分别触犯了法律中规定的不同罪名,但其所有前期行为都是为了最后所要达到的目的而服务的。

第二,牵连犯的数个犯罪行为相互依存而构成一个统一的整体,故其社会危害性较之数个完全独立的犯罪为轻。牵连犯的数个犯罪故意之间贯穿着一个最终的犯罪目的,故行为人的主观恶性程度较之分别起意实施数罪者略轻。

第三,以行为人所触犯的最重的罪名予以处罚,足以达到惩戒犯罪人的目的,符合罪、责、刑相适应原则的要求。

6. 在司法实践中应当如何判断牵连犯中的牵连关系?

牵连犯中的牵连关系要求行为人实施的犯罪方法须是实现犯罪最终目的的通常手段。在判断是否存在这种通常关系时,首先根据二者的发生概率进行评价。应结合二者发生的概率、目的行为的性质等因素进行综合判断,如果二者发生概率较高,则说明存在通常关系的可能性较大。其次根据目的行为的性质进行反向推导。如果通过推导,发现此种手段行为只是导致目的行为的特殊手段甚至罕用手段,那么二者不具有通常关系;反之,如果该目的行为通常甚至一定由此手段行为实现,则二者存在通常关系。

7. 根据《刑法》第347条第2款的规定,走私毒品暴力抗拒检查属于走私毒品

罪的加重情节;又根据《刑法》第 157 条第 2 款的规定,走私枪支、弹药暴力抗拒缉私的应当与妨害公务罪数罪并罚。同样是走私行为,为何二者的处断规则并不相同?

第一,走私毒品暴力抗拒检查和走私枪支、弹药暴力抗拒缉私都是牵连犯。牵连犯在理论上有四种处罚原则:从一重罪论处(在牵连的数罪中选择一个最重的罪定罪处罚,如《刑法》第 333 条第 2 款);从一重罪从重处罚(按数罪中最重的一个罪定罪,并在该罪的法定刑幅度内从重处罚,如《刑法》第 253 条第 2 款);从一重罪加重处罚(在数罪中择一重罪再加重处罚,如《刑法》第 347 条第 2 款);数罪并罚(如《刑法》第 157 条第 2 款、第 241 条第 4 款)。基于牵连犯的特殊性,原则上适用的是从一重罪处断,但具体情况要根据法律的规定来处理。从立法层面来讲,走私毒品暴力抗拒检查、走私枪支、弹药暴力抗拒缉私适用不同的处断原则,这符合法律规定,并无不妥。

第二,出于罪刑相适应原则的要求,二者的处断原则有所区别。走私毒品和走私武器、弹药在法定刑的设置上有区别,《刑法修正案(九)》废除了走私武器、弹药罪的死刑规定,而走私毒品犯罪仍保留了死刑。在走私武器、弹药暴力抗拒缉私无法判处死刑的情况下,适用数罪并罚更易加重徒刑,更有利于实现罪刑相适应。对于走私毒品行为从一重罪加重处罚,即将暴力抗拒检查作为加重情节的法定刑升格,最高可判处死刑,这同样有利于实现罪刑相适应。适用不同的原则,都是为了做到罪刑相适应,以打击犯罪。

第三,出于刑事政策上的考虑,二者的处断原则有所区别。为凸显某类犯罪的社会危害性,刑事立法将伴随行为特别规定为该类犯罪的加重处罚情节,不实行数罪并罚,以此体现从严打击该类犯罪的立法目的。比如,走私毒品并暴力抗拒检查相对于走私、妨碍公务两个单独犯罪而言,其社会危害性更大,对这类行为实行数罪并罚,往往不能体现罪刑均衡的原则,且不利于实现从严打击此类犯罪的目的。将其作为法定刑升格条件,严重者可判至死刑,更有利于打击犯罪。

8. 某国家工作人员甲盗窃国有档案后,将其转卖给非国家工作人员乙。甲的行为属于想象竞合犯还是牵连犯?

盗窃国有档案后转卖是两个行为,而非一个行为,所以不属于想象竞合犯。对于盗窃国有档案后又擅自转卖该档案的行为应如何处理，理论上有三种观点：一是以抢夺、窃取国有档案罪和擅自出卖、转让国有档案罪两罪并罚；二是按照事后不可罚理论，不宜定两罪，以一罪从重处罚；三是用牵连犯的理论解决，盗窃行为是原因行为，转让行为是结果行为，两行为构成牵连关系，应当择一重从重处罚。但是需要明确的是，如果行为人的盗窃行为和转让行为针对的不是同一档案，则应当数罪并罚。其中第三种观点是通说。

9. 如何区分吸收犯中的"依附与被依附关系"和牵连犯中的牵连关系？

吸收犯中依附与被依附的关系即附随犯，指行为人虽然侵犯了多个法益，但对次法益的侵害是附随在主法益侵害之上的。比如开枪射击他人，同时造成被害人的名贵西服损毁，此时毁坏财物是伴随杀人行为而产生的结果，故意毁坏财物罪被故意杀人罪所吸收。

牵连犯是指犯罪结果行为与目的行为分别触犯不同罪名的情况，且应当是基于同一个犯罪目的实施的。牵连犯的认定应当是类型化的，只有在某种手段行为与结果行为高度相关的时候，才能认定为牵连犯。比如非法侵入住宅后杀人的，一般作为牵连的一罪处理，但盗窃枪支杀人的，则不能认定为牵连犯。显然，犯罪事实能否被认定为牵连犯不仅仅是基于逻辑推理的考虑，往往还包含刑事政策的考量。

10. 甲制作并出售假冒他人署名的美术作品，诈骗乙 80 万元。为什么甲不构成侵犯著作权罪与诈骗罪的牵连犯？

关于牵连犯的通说是类型说，即只有某种手段通常用于实施某种犯罪，或者某种原因行为通常导致某种结果行为的时候，才能认定成立牵连犯。假冒他人署名和诈骗之间并不具有这种高度牵连的关系，假冒署名后不用于诈骗而向朋友吹嘘炫耀或自己欣赏的情况也是存在的。因此本案不宜认定为牵连犯，以想象竞合犯处理更为合理。

如果感觉难以判断两行为是否"高度牵连"，不妨在学习中留意总结，记住几个典型牵连犯的情形，相比于单纯地从概念出发进行逻辑推理，这种做法可能更具实用性。

11. 如何协调法条竞合中"特殊法条优于普通法条"原则与"重法优于轻法"原则之间的矛盾关系？

对法条竞合的处理，原则上采用特殊法条优于普通法条的规则，重法优于轻法的规则只在部分法条竞合中采用。例如，我国《刑法》第149条第2款规定："生产、销售本节第一百四十一条至第一百四十八条所列产品，构成各该条规定的犯罪，同时又构成本节第一百四十条规定之罪的，依照处罚较重的规定定罪处罚。"该条规定就属于《刑法》明文规定的重法优于轻法的规则适用。

12. 关于数罪判断的充分评价原则与禁止重复评价原则之间是否存在矛盾？如何理解"充分评价的界限是禁止重复评价，而禁止重复评价不能成为充分评价的障碍"？

二者不存在矛盾。所谓"充分评价"，是指在确定罪数的过程中需要对所有符合犯罪构成要件的行为进行评价，不能有遗漏；而"禁止重复评价"则是指禁止对同一行为在同一定罪量刑过程中作两次处理。"充分评价的界限是禁止重复评价，而禁止重复评价不能成为充分评价的障碍"可理解为，在全面评价行为人的行为时，不应对同一行为进行重复评价，但同时也不应因担心重复评价而遗漏对符合犯罪构成要件的行为的评价。例如，将被害人杀害然后取财，根据充分评价原则，该行为同时符合故意杀人罪和抢劫罪的犯罪构成要件，又根据禁止重复评价原则，最终仅能以抢劫罪（致人死亡）一罪论处。

课后学生总结巩固的训练案例

◇ 彭某安破坏电力设备案

◇ 梁某珍招摇撞骗案

课后环节及要求

本次课堂教学结束后，每位学生运用所学相关刑法知识尝试分析推荐案例，就本次课程学习情况撰写100—500字的个人学习总结，并提出仍然存在的疑惑。教学助理评阅每位学生的学习总结，并就学生的疑惑作出解答，由所有主讲教师集体审改疑惑解答，反馈学生。

第十五讲　刑事责任及其实现方式、刑罚制度(一)

■ 本讲教学要求

刑事责任是现代刑事法中的重要概念,在我国刑法中应用广泛。基于体系上的原因,中外刑法理论对“刑事责任”的理解并不相同,这是各个国家文化传统、政治体制、社会环境、经济水平等多种因素影响的结果,实际上并无优劣之分。在我国刑事责任概念的教学中,注意其作为特殊法律责任的内涵,同时具有回顾性、前瞻性、指引性和评价性的多重特征,并不等同于三阶层中“犯罪成立条件之一”的“有责性”,对此应当引导学生树立正确的认识。此外,教学中应以习近平法治思想为指导,立足我国实际,对刑事责任的根据、阶段、实现方式等问题进行深入阐释,树立学生的制度自信和文化自信;在刑罚种类的讲解过程中,可以通过死刑限制措施、罚金刑执行方式、没收限制条件等问题的教学,体现我国刑法谦抑人道的基本精神和社会主义价值理念,增强学生对我国刑法规定的认同感。

■ 本次课教学安排

◇ **时间:**第 15 次课,教学时数为 3 学时左右。

◇ **教学内容的重点、难点:**量刑的概念、原则、方法;刑事责任的本质、根据;刑事责任的承担方式;刑罚的目的;我国各种主刑的基本内涵;我国立法关于死刑的限制规范;我国各种附加刑的基本内涵。

◇ **教学方式:**

- 课前学生自主学习,由班长收集各位同学在自主学习中的疑惑点,于课前交该班教学助理与主讲教师。
- 课堂教学活动实行“三环节”制:自主学习疑惑内容交流;本次课程重难

点引导性讲授;重难点疑惑内容讨论。

■ 课前学生自主学习内容

□ 学习资料

◇ 指定在线课程的相应内容

◇ 应阅读的教材章节:贾宇主编《刑法学(总论)》第十三章、第十四章;石经海主编《刑法学总论》相应内容;石经海等主编《刑法重点问题案例实务教程》的相应内容。

◇ 应重点研读的法条:《刑法》第32—64条,《刑法修正案(八)》第1条、第3条、第11条。

□ 学习中应思考的问题

1. 何为刑事责任?它的刑法地位是什么?它与犯罪、刑罚以及定罪、量刑是什么关系?它与民事责任、行政责任有何关键性差异?
2. 单位犯罪的刑事责任根据是什么?单位犯罪的刑事责任与自然人犯罪的刑事责任有何关键性差异?
3. 刑事责任的实现方式通常有哪些?这些实现方式是否在古代和近代刑法中就已予以规定?刑事责任实现方式的时代演进是否意味着刑法的发展进化?
4. 何为刑罚?它在本质上到底是对犯罪的报应还是预防或其他?它的刑法地位是什么?什么样的规范有资格规制刑罚?请查资料了解它与犯罪、刑事责任、保安处分、法定刑、量刑的关系。刑法的严苛与否是取决于刑罚配置与适用的轻重?它与民事制裁方法、行政制裁方法、经济制裁方法有何关键性差异?
5. 何为刑罚权?它在运行中有哪些具体表现?这些表现形式与运行方式体现或贯彻了宪法、刑法和刑事诉讼法的哪些方面规定?
6. 何为刑罚的目的?它与刑罚的功能有何关键性差异?刑罚在功能上是否只是针对犯罪人的?如何处理刑罚的特殊功能与一般功能的关系?
7. 我国刑法规定的刑罚种类有哪些?各种刑罚方式的概念、特点、性质(如是自由刑还是资格刑等)、适用对象、刑期及相应判决机关、执行机关分别是什么？各有何种理解和适用的关键点（如应如何理解“剥夺政治权利终身”“剥夺政治权利的效力当然适用于主刑执行期间”等）？它们可以做哪些分类？这些刑罚方法是否意味着我国具有完整的刑罚体系？

8. 我国的死刑政策是什么？我国刑法规定的死刑适用的实质标准是什么？试结合我国刑法规定论述如何减少和控制死刑？

9. 何为非刑罚处理方法？它与刑事责任是什么关系？它与民事制裁方法、行政制裁方法、经济制裁方法有何关键性差异？

10. 何为量刑？它与刑罚、刑事责任、定罪是什么关系？它的根据和方法分别是什么？

11. 量刑规范化是否是一种量刑方法？公平公正的量刑应当采用什么样的量刑方法？

课中师生交流的重难点问题及解析要点

1. 既然无论是被害人因犯罪行为遭受精神损失而提起的附带民事诉讼还是在刑事案件审结以后另行提起精神损害赔偿民事诉讼的，人民法院都不予受理，那么是否表明，被害人因犯罪行为遭受的精神损失无论通过哪种渠道都无法得到弥补？这样的做法对于被害人及其家属是否公平？

主要理由在于：第一，附带民事诉讼与一般民事诉讼不同。附带民事诉讼以犯罪行为为前提，涉及到国家公权力与私权之间的对抗，不应当用一般的民事债权请求权解决刑事附带民事问题。而且，附带民事诉讼的赔偿范围仅限于“物质损失”。第二，精神损害赔偿的主要作用是对受害人精神上予以安抚，使行为人丧失自由乃至生命的刑罚无疑是对受害人最大的安抚手段。因此刑事犯罪造成的精神损害，应以刑罚加以惩处，而非使用民事赔偿手段。第三，刑事犯罪的行为人往往难以支付相应的民事赔偿，即使赋予当事人精神损害赔偿请求权，也难以执行到位，极易形成“法律白条”。

其实，这种规定也有值得商榷之处。刑事制裁和民事制裁是两种不同法律责任实现方式，前者旨在预防犯罪，后者旨在补救被害人损失；前者以剥夺、限制自由为重要内容，后者则是对被害人的经济补偿；前者由公诉机关以国家名义提起，后者则由被害人向法院提出。对被告人刑事责任的追究，不能等同于对被害人精神损害的抚慰。被告人在承担刑事责任的同时还应承担相应的民事赔偿责任。两种责任相对独立，不能互相抵消。被告人承担刑事责任是来自于国家法律的强制性，而这种国家强制性既不能替代被告人本人对被害人精神上的抚慰，也不能抵消对被害人精神损害的赔偿，因此被告人对被害人承担精神抚慰的方式只能以精神损害赔偿的方式解决。

2. 在司法实践上，剥夺政治权利的期限和管制的期限相同吗？如果相同，那么对于"剥夺政治权利的期限与管制的刑期同时起算，管制期届满时，剥夺政治权利期届满"这一表述，是否未能包含管制的刑期被判决执行前的羁押天数所全部折抵这种特殊情况？

根据刑法规定，判处管制附加剥夺政治权利的，剥夺政治权利的期限与管制的期限相等，同时起算，同时执行。管制期满解除管制，政治权利也同时恢复。

问题所设情形也应包括在内，管制刑期被先行羁押的天数全部折抵，视为刑罚执行完毕，因此管制和附加剥夺政治权利都不再继续执行。

3. 若一名犯罪人对于被害者实行了持续的严重伤害而被判处有期徒刑入狱，其宣称出狱后就会杀死之前被他伤害的被害者，如在判处保安处分不可能发生预期的效果的情况下，刑法应该如何应对？（著名的韩国素媛案）

韩国素媛案中，被告人被判处了12年的有期徒刑，因为那时韩国法律的最高刑期只有15年，且法院采纳了被告人称其处于醉酒状态的辩解。

罪刑相适应原则要求犯多大的罪，就应承担多大的刑事责任。法院对被告人应判处其相应轻重的刑罚，做到重罪重罚，轻罪轻罚，罚当其罪，罪刑相称；在分析罪重罪轻和刑事责任大小时，不仅要看犯罪的客观社会危害性，而且要结合考虑行为人的主观恶性和人身危险性。

但是要注意，刑罚既要满足报应的要求，由报应刑决定刑罚的上限，又要有某种合理的必要性，因此在报应刑的范围内应考虑预防犯罪的目的。报应刑决定了刑罚上限，任何犯罪人都不应该承受高于与其责任相匹配的刑罚处罚。在报应刑以下法定最低刑以上，根据一般预防和特殊预防的程度，确定行为人最终的刑罚。

此外，在素媛案中，让人无奈的是犯罪人的再犯危险性并未消除。但法律也有回应，根据韩国现行法律，赵斗淳出狱后须配戴电子脚镣至少7

年，并限制他的居住自由，使其无法接近被害人，或是无法接近学校等特定场所。同时，赵斗淳的个人情报将被公开至少 5 年。2019 年 4 月 16 日，全称为《针对特定犯罪人员的保护观察暨佩戴电子脚链相关的法律》（俗称“赵斗淳法”）正式在韩国实施。该法规定，特定刑满释放人员除必须佩戴电子脚链外，还将接受专员的 24 小时严加监管，以防止他们出狱后再犯新罪。因此，保护观察官将在赵斗淳出狱后对其实施 24 小时的一对一监控。其监控内容包括：24 小时的移动路径跟踪与被监视人的行动观察以及生活实况监督；是否持有淫秽物品；禁止出入儿童设施；实行心理治疗等。

4. 关于剥夺政治权利刑期的起算。在主刑为拘役和有期徒刑的情况下，是从拘役和有期徒刑执行完毕之日起算。而如果判处管制，则与管制的期限同时起算。这样一种设置的合理性在哪里？

被判处管制附加剥夺政治权利的刑期，与管制的期限同时起算、同时执行；而被判处有期徒刑、拘役附加剥夺政治权利的刑期，从徒刑、拘役执行完毕之日起或者从假释之日起开始计算，剥夺政治权利的效力当然适用于主刑执行期间。即被判处有期徒刑、拘役的犯罪人，在有期徒刑、拘役执行期间，当然剥夺政治权利。出现这种区别的主要原因在于，对于被判处管制的犯罪人不予关押，而对于判处有期徒刑、拘役的犯罪人需要关押。以附加剥夺政治权利中的游行示威权为例，被关押的犯罪人当然无法行使此项权利，而对于被判处管制的犯罪人则不然。此外，被判处管制的犯罪人的社会危害性要低于被判处有期徒刑、拘役的犯罪人。因此，被判处管制附加剥夺政治权利的刑期，与管制的期限同时起算、同时执行。

5. 关于《刑法》第 64 条犯罪物品的处理。根据该条规定，供犯罪所用的本人财物，应当予以没收。在行为人醉酒驾车撞击行人的案件中，汽车作为犯罪工具按《刑法》第 64 条似乎应当要予以没收的，但这却显然与现实生活不符。实际上，此类情形在司法实践中一般是不会没收的，这究竟是为什么呢？另外前面举到的例子是过失犯罪，如果并非过失犯罪而是故意犯罪，又应该如何处理呢？过失犯罪的意志因素是不希望结果发生的，是排斥结果发生的，而犯罪工具这个词蕴含着一种故意利用外部的力量实施危害行为的内涵。至此，令人不由得进一步追问，主观上的罪过不同是否会影响《刑法》第 64 条的运用呢？

“供犯罪所用的本人财物，应当予以没收。”何为“供犯罪所用的本人财物”,没有明确规定,但可以从以下三个方面判断。

第一,“供犯罪所用财物”应是与犯罪有经常性或密切性联系,对犯罪实施具有重要作用的财物。不能简单的根据文义解释认为只要与犯罪相关的都要没收,如用脚踢某人致轻伤,没收脚上穿的皮鞋是有违常理的。我们应从立法本意去把握条文。刑法规定将“供犯罪所用的财物”予以没收,主要是基于特殊预防目的的考量而剥夺被告人再犯能力。当然,这实际上也会产生一定的惩罚效果。总之,我们应从财物与犯罪的关联性方面去把握和考量财物对于犯罪的作用大小、联系紧密程度等因素。

第二,供犯罪使用的财物,仅包括在故意犯罪中使用的财物,而不包括在过失犯罪中起作用的财物。因为即使过失犯罪人也会有再犯罪的可能性,但难以认为行为人的下次过失犯罪也会使用该财物,没收该财物不能起到特殊预防的作用。

第三,拟没收财物的价值与犯罪的危害性质和危害程度是否具有相当性。如果拟没收的财物价值明显超过犯罪危害性质和危害程度所对应的应受惩罚程度,则没收会与社会基本认知和价值判断产生冲突,反向证明了没收的不合理。比如,容留他人在家里吸毒,没收用来容留的房子便不具有相当性,予以没收实际上变相加重了对被告人的惩罚。应当指出的是,这里的没收并不等同于附加刑中的没收财产,也即并非一种刑罚。

具体到前述案例:汽车不能没收。

首先,醉酒驾车后撞了人(重伤)构成交通肇事罪,属于过失犯罪,而非故意犯罪。从文义解释看,“供犯罪所用”是被告人在主观上对财物用于犯罪有明确的认识,继而积极主动地在犯罪中使用该财物。由于过失犯罪中的被告人对犯罪实施缺乏主动性,对犯罪目的实现没有积极追求,且对于财物在犯罪中的使用也缺乏主动性和明确认识,故不属于应当没收的情形。所以,从这个层面来讲,行为人醉酒驾驶后撞人的车是不能没收的。

其次,交通事故后,交警暂扣车辆是一种行政强制措施,是为便利调查、勘验、鉴定的暂扣,而不是刑罚制裁方法中的没收财产或者《刑法》第64条所规定的没收。

最后,汽车一般是用于生活,而非犯罪。但是,如果犯罪人经常将汽车用于犯罪活动的,则应该没收。需要注意的是,这一处理方式主要针对具体行为人,不是一般人。比如,甲频繁利用汽车追逐竞驶,频繁醉酒驾驶,连续性或者长期性实施其他危险驾驶行为的,可以没收该车。

6. 法院判决区分“判处”与“责令”的原因是什么?

在刑罚论的角度上,对于向被告人科以《刑法》规定的主刑或附加刑的情况,应当在主文中使用“判决”。而对于依据《刑法》第 37 条处以非刑罚措施的,则应当使用“责令”,如责令具结悔过,赔偿损失等。

在关于赃物赃款这一问题上,根据最高人民法院会议纪要精神,如赃物赃款尚在的,应当在裁判文书主文中“判决”追缴赃物;如果赃物赃款已经被犯罪人挥霍毁灭,无法依法追缴的,人民法院应当在裁判文书主文中“责令”犯罪人赔偿损失。

7. 关于“附加刑”可以独立适用的一个疑惑是,既然附加刑可以独立于主刑独立适用,为何冠以如此名称?在司法实务中是否有不判处主刑,独立适用附加刑的案例?

附加刑是主刑的相对概念。无论从法定刑还是宣告刑的角度来说,主刑都是主要的刑罚手段。一个罪只能适用一种主刑,而不能同时适用两个以上主刑。附加刑则无此限制,既可以对一个犯罪适用多个附加刑,也可在没有判处主刑的情况下单独适用附加刑。司法实务中也有大量此类判例,如对于罪行较轻的被告人只处罚金等。

8. 在附加刑中,关于剥夺政治权利,剥夺其全部言论、出版、集会、结社、游行、示威自由权利是否有意义?如被剥夺政治权利的罪犯在狱内发明专利,是否可以发表论文?

出版与发表并非同一概念,二者是著作权的不同内容。被剥夺政治权利的犯罪人虽然不享有出版自由,但仍然享有发表自己论文的权利。

■ 课后环节及要求

本次课堂教学结束后,每位学生就本次课程学习情况撰写 100—500 字的个人学习总结,并提出仍然存在的疑惑;教学助理评阅每位学生的学习总结并就学生的疑惑作出解答,待主讲教师集体审改疑惑解答后反馈给学生。

第十六讲　刑罚制度(二)

■ 本讲教学要求

在刑罚裁量及其制度规定的教学中,应当引导学生重点关注习近平法治思想关于刑事治理的相关论述,深刻体会运用刑罚惩治和预防犯罪的指导思想和基本立场。通过对刑罚功能、刑罚目的相关内容的教学,使学生充分理解我国刑罚制度在惩治犯罪、维护秩序、伸张正义、恢复社会关系方面的重要作用;通过刑罚裁量概念、基本原则、主要方法等问题的教学,帮助学生树立"三效果统一"的思维理念和基本立场,帮助学生理解"让人民群众在每一个案件中都能感受到公平正义"的现实意义;通过自首、立功、坦白、认罪认罚等典型案例的教学,凸显我国刑罚制度的独特性和优越性,激发学生对社会主义核心价值观、中国特色社会主义法治建设的思想认同、情感认同;通过时效制度特别是其设置意义的教学,凸显本制度在实现预防犯罪的刑罚目的、节省司法资源、社会和谐稳定等方面的价值,引导学生正确看待和深入理解时效制度、刑罚措施等设置的目的与功能,充分发挥本制度在国家治理体系和治理能力现代化上的作用;通过赦免制度的教学,凸显本制度对于发展爱国统一战线,化消极因素为积极因素,团结一切可以团结的人,推动国家社会主义建设的发展所发挥的重要作用以及所体现的依法治国理念和人道主义精神。

■ 本次课教学安排

◇ **时间**:第 16 次课,教学时数为 3 学时左右。

◇ **教学内容的重点、难点**:各种量刑情节的内涵与适用;累犯、自首的认定;数罪并罚的内涵与适用;缓刑的适用;减刑的性质与适用;假释的性质与使用;社区矫正的适用;追诉时效。

◇ **教学方式:**

- 课前学生自主学习,由班长收集各位同学在自主学习中的疑惑点,于课前交该班教学助理与主讲教师。
- 课堂教学活动实行“三环节”制:自主学习疑惑内容交流;本次课程重难点引导性讲授;重难点疑惑内容讨论。

课前学生自主学习内容

学习资料

◇ 指定在线课程的相应内容

◇ 应阅读的教材章节:贾宇主编《刑法学(总论)》第十五章;石经海主编《刑法学总论》的相应内容;石经海等主编《刑法重点问题案例实务教程》的相应内容。

◇ 应重点研读的法条:《刑法》第65—89条、第449条;《刑事诉讼法》第264—265条、第269—276条;《监狱法》第3条、第4条、第7条、第17条、第25—34条、第39—40条。

学习中应思考的问题

1. 何为量刑情节?它与犯罪情节是什么关系?如何界分量刑情节与定罪情节?它们各自的功用是什么?我国刑法分则在交通肇事罪中规定的“逃逸”、在故意伤害罪中规定的“重伤”、在强奸罪中规定的“轮奸”和“奸淫幼女”,分别是定罪情节还是量刑情节?
2. 法定量刑情节与酌情量刑情节的关键不同是否在于有无法律的规定?法定量刑情节的作用力是否一定大于酌定量刑情节的作用力?
3. 累犯从重处罚的根据是什么?
4. 如何理解特殊累犯中的“特殊”?
5. 如何理解累犯与再犯的竞合关系?
6. 自首与坦白的关键区别点是什么?余罪自首的认定应当注意哪些问题?
7. 数罪并罚的原则有哪些?“先减后并”与“先并后减”何者处罚更重?
8. 普通缓刑与战时缓刑的区别是什么?

9. 社区矫正的法律性质是什么？
10. 禁止令的适用范围有哪些？
11. 刑罚执行的诸多原则中是否存在等级位阶关系？背后体现了哪些刑法基本原理？
12. 减刑的实质标准是什么？如何把握？减刑是否为一种对已决犯的刑罚裁量？
13. 假释撤销后的法律后果有哪些？
14. 刑罚消灭事由有哪些？
15. 为何要设置追诉时效制度？
16. 追诉时效的起始时间如何计算？如何理解追诉时效的延长和中断？

课中师生交流的重难点问题及解析要点

1. 量刑情节、加重的犯罪构成、加重情节这三者有什么区别和联系？以《刑法》第236条规定为例，我们如何判断其规定的情形是量刑情节还是加重犯罪构成？

基于罪刑法定原则的精神和要求，我国现行刑法中没有加重处罚的量刑情节。因此，通常所说的"加重情节"不能是量刑情节，而只可能是定罪情节。定罪情节是定罪的要件要素，在刑法分则中是罪状规定的对案件事实所评价的结果。定罪情节与量刑情节相区别的重要标志是：前者是用来定罪的，在刑法分则中是罪状的重要组成部分，刑法条文中对其描述的后面跟着"具体法定刑"（如处3年以上10年以下有期徒刑）；后者是用来量刑的，在刑法中的标志性体现是对其描述的后面跟着量刑功能的要求（如从轻处罚、从重处罚、减轻处罚等）。据此，我国刑法分则在交通肇事罪中规定的"逃逸"，在故意伤害罪中规定的"重伤"，在强奸罪中规定的"轮奸"，因在刑法条文对其描述的后面都跟着法定刑而是定罪情节，是情节加重犯的组成部分，可以简称"加重情节"。而强奸罪中规定的"奸淫幼女"，因在刑法条文对其描述的后面跟着量刑功能要求（从重处罚），因此是从重处罚的法定量刑情节。值得注意的是，所谓加重的犯罪构成，是加重犯成立的立法模型，用以评价这个犯罪构成的要件要素就是定罪情节。

2. 在量刑中，如果一个案件的社会危害性很大但人身危害性很小应该如何考虑量刑？人身危害性与社会危害性之间是否有一个轻重之分？

现代量刑，摒弃了古典极端的报应刑（仅考虑社会危害性）或者近代极端的预防刑（仅考虑人身危险性），兼以社会危害性和人身危险性为依据。社会危害性和人身危险性没有孰轻孰重之分，在具体案件中，两者相互作用、相互协调以恪守罪刑相适应原则。一般来说，社会危害性和人身危险性是呈正相关的，但是人身危险性大而社会危害性小或者人身危险性小而社会危害性大的情形也并不少见。

举例分析两者在量刑中的作用。“丈夫长期虐待妻子，某日妻子持菜刀连捅丈夫数刀致死（手段特别残忍）后自首。”其中，妻子故意杀害丈夫的事实，是故意杀人罪的定罪情节；使用菜刀此等凶器并连捅数刀，手段残忍是反映社会危害性大的量刑情节；被害人过错、被告人自首是反映犯罪人人身危险性小的量刑情节。在定罪确定故意杀人罪第一档法定刑之后，量刑就是法官根据社会危害性和人身危险性等量刑情节的全面审度、综合平衡并最终决定刑罚的过程。至于法官在量刑时，优先考虑谁，着重考虑谁，便是法官的一种能动的经验判断和智慧考量。

3. 如果在死缓考验期间过失犯罪，会如何影响对犯罪人的刑罚？

《刑法》第 50 条第 1 款的规定：“判处死刑缓期执行的，在死刑缓期执行期间，如果没有故意犯罪，二年期满以后，减为无期徒刑；如果确有重大立功表现，二年期满以后，减为二十五年有期徒刑；如果故意犯罪，情节恶劣的，报请最高人民法院核准后执行死刑；对于故意犯罪未执行死刑的，死刑缓期执行的期间重新计算，并报最高人民法院备案。”

因此，对于被判处死缓的犯罪人，有四种处理结果：第一，在死刑缓期执行期间，如果没有故意犯罪，二年期满以后，减为无期徒刑。第二，在死刑缓期执行期间，如果确有重大立功表现，二年期满以后，减为二十五年有期徒刑。其中的重大立功表现，应根据《刑法》第 78 条予以确定。第三，在死刑缓期执行期间，如果故意犯罪，情节恶劣的，由最高人民法院核准，执行死刑。第四，在死刑缓期执行期间故意犯罪，但情节不恶劣的，死刑缓期执行的期间重新计算，并报最高人民法院备案。

在死刑缓期执行期间过失犯罪的应当如何处理？虽然死刑缓期执行期间并不是刑罚执行期间，但肯定在“刑罚执行完毕之前”。所以，对此应根据《刑法》第71条的规定，将对过失犯罪所判处的刑罚与原来的死缓进行并罚，并罚的结局也只能是重新计算死刑缓期执行期间。

4. 在数罪并罚中，规定了最终执行的刑期的上限，这是一种“多犯罪、有优惠”的处罚原则吗？这是否会鼓励已经犯过多次不至判处死刑或无期徒刑之罪的人继续犯罪？

我国刑法对于判处数个有期徒刑、拘役、管制的，采用限制加重的原则。该原则采用较灵活的计算方法，在一定幅度内，由审判人员根据实际情况确定应执行的刑罚。这一处理方式综合考虑数罪中客观危害的独立性与人格危险的连续性，克服了吸收原则与并科原则的缺点，对犯有数罪的罪犯，既不失之过严，又不失之过宽。

但是，该原则仍具有一定的局限性。学界有观点认为限制加重原则在一定程度上会鼓励已经犯过很多不至判处死刑或无期徒刑之罪的人继续犯罪，有违公平公正原则。

5. 甲构成三个犯罪，需要适用数罪并罚。三罪分别定罪量刑后的总和刑期为36年有期徒刑，法院决定执行24年有期徒刑。一年后，甲又因故意伤害致人重伤而被判处9年有期徒刑，此时应适用23年与9年数罪并罚。因总和刑期为32年，未达到35年，故应执行20年以下的有期徒刑。问题是，23年以上20年以下根本无法实现。对此应如何处理？

在判决宣告以后，刑罚执行完毕以前，犯罪分子又犯新罪，根据《刑法》第71条的规定，应当对新犯的罪作出判决，把前罪没有执行的刑罚和后罪所判处的刑罚，依照本法第69条的规定，决定执行的刑罚。也即按照“先减后并”的方式处理。本案中，应当将23（24－1＝23）年有期徒刑与9年有期徒刑进行数罪并罚。而根据《刑法》第69条的规定，有期徒刑总和刑期不满35年的，最高不能超过20年，总和刑期在35年以上的，最高不能超过25年。本案中有期徒刑的总和刑期为32年，不满35年，故对甲判处的最高刑期不能超过20年。此案例反映出限制加重原则的弊端，可能会出现前述“犯罪有奖”的情形。

6. 构成普通累犯需要前罪已判处有期徒刑以上刑罚，且后罪应当判处有期徒刑以上刑罚。那么，在判定“后罪是否应当判处有期徒刑以上刑罚”时，累犯是否为其量刑情节？

在判定后罪是否“应当判处有期徒刑以上刑罚”时，累犯并非其量刑情节。否则就会出现刑法对累犯的评价,纳入累犯成立条件的认定中再次评价的现象。所谓“后罪应判有期徒刑以上刑罚”是指根据后罪的社会危害性大小,实际上应当判处有期徒刑以上刑罚。认定是否“应当判处有期徒刑以上刑罚”固然需要以事实和法律为根据,但也应当限缩解释为后罪的犯罪事实和与其适用直接相关的法律规定。既然犯罪人基于自己的自由意志选择了再次犯罪,那么就应以后罪刑罚作为对其责任的清算,如此才具有刑罚上的正当性。需要考虑的量刑情节,也应该是体现责任程度的,作为后罪的犯罪事实的相关情节(主要为案中情节)。显然不能将与责任无关的情节(如预防刑情节)考虑在内,乃至于将本不至于判处有期徒刑以上刑罚的情形,认定为“应当判处有期徒刑以上刑罚”。

7. 量刑、量刑情节的对象是犯罪人还是单个罪行?余罪自首(异种罪行)中,自首情节是在整个量刑过程中都要考虑还是只对自首的罪行有效?不同的量刑情节,有的比如“平时表现良好”似乎对数罪都有参考作用,犯罪手段、危害结果则只针对有关的罪行而不是犯罪人。

量刑建立在定罪基础上,以行为已构成犯罪为前提。因此,量刑是以犯罪人为对象,而犯罪人是其行为经审判确认为有罪的人。余罪自首(异种罪行)中,自首情节是在整个量刑过程中都要考虑的。因为该量刑情节可以预示改造犯罪人较为容易,再犯罪的可能性比较小,即人身危险性小。量刑过程中考虑此种因素,有利于实现量刑的特殊预防与一般预防目标,同时也是贯彻罪责刑相适应原则的现实要求。而“平时表现良好”也属于反映犯罪人人身危险性大小的事实,因此在整个量刑过程中也要考虑。

社会危害性是针对行为的。同一人犯不同的罪,犯罪手段不同,那么各罪的社会危害性也会存在差异。在行为人实施犯罪行为时,犯罪手段是否残忍是存在于该犯罪实施过程中的表明行为社会危害程度的客观事实。人身危险性是针对行为人的。虽然行为人的人身危险性的大小有部分是由行为的社会危害性反映的,但人身危险性并不完全由社会危害性所决定,如犯罪人的一贯品行等其他因素也能反映行为人的人身危险性。因此,行为人的人身危险性大小要综合各种因素考量。由此可见,犯罪手段是否残忍在反映社会危害程度之时,也表明行为人的人身危险性大小,并非题中所述的“只针对有关的罪行”。此外,在结果犯中,应注意危害结果是定罪情节而非量刑情节。

8. 自首和立功的交叉情节中“自首又立功”究竟算几个量刑情节呢?《刑法》第68条第2款的删除究竟体现了什么?

从我国理论界的通说看,如果行为人的一个量刑情节发生自首与立功竞合的情形,那么一般主张成立自首而否定成立立功。但理论界对此也存在不同观点。

有学者认为,量刑事实的评价必须遵循“一行为一情节”原则。在自首与立功竞合时,犯罪人的行为已经符合自首与立功的构成要件,此时无论认定犯罪人的行为是成立自首还是成立立功原则上都不违背罪刑法定原则。但是,对其还是应当按照有利于被告人的原则进行,即认定为哪一种量刑情节对被告人的量刑更为有利,就应该认定为哪一种量刑情节。

另有学者认为,行为人的行为既符合自首的法律规定,也符合立功的法律规定,对行为人的行为作“自首并有立功”的认定有利于案件的查处。

由《刑法修正案(八)》所删去的犯罪后自首又有重大立功表现的从宽处罚制度,虽然体现了我国刑法惩办与宽大相结合的基本刑事政策。但是该条款概念规定模糊,司法实践中易造成歧义,对之采取绝对从宽处罚,确实有其不足之处。删去之后,有利于实现罪责刑相适应,防止重罪轻判。

9. 如果在警方已在犯罪嫌疑人家附近部署好抓捕措施、准备抓捕的时候,犯罪嫌疑人从家里出来自首,但他对警方的部署并不知情,是否成立自首?

题目所涉问题可以总结为一般自首中的自动投案如何认定。自动投案,应是在犯罪人尚未归案之前投案。如在犯罪事实未被发觉时投案;在犯罪事实虽被发觉,但没查清犯罪嫌疑人的时候投案;犯罪事实和犯罪嫌疑人都被发觉但犯罪嫌疑人未受到讯问、未被采取强制措施、未被群众扭送时投案;犯罪后逃跑,在通缉、追捕的过程中投案;经查实犯罪人确已准备投案,或者正在投案途中,被司法机关捕获的,也应视为自动投案。本案是犯罪事实和犯罪嫌疑人都被发觉但尚未被采取强制措施,此时投案仍属于自动投案,仍应认定为自首。

10. 余罪自首中的“同种罪行”该如何理解?

余罪自首中,如实供述的罪行与司法机关已掌握的罪行属同种罪行还是不同种罪行,一般应以罪名区分。虽然如实供述的其他罪行的罪名与司法机关已掌握犯罪的罪名不同,但如实供述的其他犯罪与司法机关已掌握的犯罪属选择性罪名或者在法律上、事实上密切关联,应认定为同种罪行,不能适用自首的规定。

如上,同种罪行便包括三种。

其一,同一罪名下的同种罪行,如多次犯。多次犯在立法上可以分为同种数罪、连续犯等。比如一个行为人在甲地盗窃后,又在乙地实行了盗窃活动,最后在丙地实施盗窃被采取强制措施,其主动向司法机关交代在甲地和乙地实施的盗窃活动,不能认定为准自首。

其二,与掌握的犯罪属于选择性罪名。如果行为人所犯数罪分别触犯选择性罪名中的不同罪名,如行为人因出售假币罪被司法机关采取强制措施后,主动向司法机关交代了运输假币的犯罪事实,尽管司法机关对其运输假币罪不掌握,但对行为人运输假币罪仍不能认定为准自首。

其三,在法律上、事实上有密切关联。在法律上有密切关联的犯罪,是指不同犯罪的构成要件有交叉或者不同犯罪之间存在对合关系、牵连关系等。如某人用炸药报复杀人,其因故意杀人被捕后,主动供述自己购买了较大数量原材料制造炸药的行为。该行为构成非法制造爆炸物罪,与司法机关此前掌握的故意杀人罪属于不同罪名,但在其供述故意杀人犯罪事实时,需要如实供述作为犯罪工具的爆炸物的来源。因此,其所触犯的两个罪名在法律上有紧密关联,其主动供述制造炸药的行为不能认定为自首。在事实上有密切关联的犯罪,是指不同犯罪之间在犯罪的时间、地点、方法、对象、结果等客观事实特征方面有密切联系。

对于是否属于同一罪名,有两种情况需要注意:

其一,如果行为人为了获得自首以另一罪名供述,检察院按照行为人供述确定犯罪性质且认为其自首,但法院将"自首"的犯罪认定为与司法机关掌握的犯罪为同一罪名的。如行为人因为涉嫌贪污被逮捕,行为人以受贿罪的罪名供述了司法机关未掌握的犯罪事实,检察机关以贪污罪、受贿罪起诉且认定行为人受贿罪有自首情节,后法院将该"受贿事实"认定为贪污的,不能以自首论。因为是否属于同一种罪名,应当以法院的判决来确定。

其二,行为人以同一罪名供述司法机关未掌握的犯罪事实,检察院按照行为人供述确定犯罪性质未认为其成立自首,但法院认定其后来供述的事实成立另外的罪名的。如行为人因涉嫌贪污被逮捕,行为人以另一贪污罪的罪名供述了司法机关未掌握的其他犯罪事实,检察院以贪污罪对全案起诉,后法院将其后供述的"贪污事实"认定为私分国有资产罪的,应当认定为自首。

11. 甲、乙共同犯罪,在追诉期限内甲又犯新罪,乙的追诉时效是否中断? 结合立功来说,如果他揭发了一个超过诉讼时效的他人犯罪行为,是否可以减刑?

共同犯罪中,违法是连带的,责任是个别的。追诉时效、自首、立功等均属于与刑事责任相关的要素,应当个别地考虑。因此,甲的时效中断并不影响乙。

成立立功要求提供犯罪线索的"有效性",揭发超过诉讼时效的犯罪行为并不能够使嫌疑人受到刑事追诉,不满足立功有效性的要求,因此不能成立立功。

12. 缓刑考验期是否可以看作一种服刑状态? 如果是,那么缓刑期间是否存在"重大立功表现"的情况?

所谓的服刑状态应当是执行我国刑法规定的主刑或者附加刑的过程,而缓刑是附条件的不执行原判刑罚,既不执行原判主刑也不执行原判附加刑,因此不应当视其为一种服刑状态。

至于缓刑期间存在重大立功表现的情况,根据2016年发布的《最高人民法院关于办理减刑、假释案件具体应用法律的规定》第18条的规定,被判处拘役或者3年以下有期徒刑,并宣告缓刑的罪犯,一般不适用减刑。但其若在缓刑考验期内有重大立功表现的,可以参照《刑法》第78条的规定予以减刑,同时应当依法缩减其缓刑考验期。

13. 我国减刑是否有次数限制,即是否可以通过多次减刑以大大降低刑罚处罚? 在司法实践中我们又该如何规避?

我国减刑并无次数的限制,但存在减刑总量限制、每次减刑量的限制、减刑的起始时间限制和间隔时间限制,由此可以规避通过多次减刑以大大降低刑罚处罚的风险。具体规定如下:

第一,减刑应当遵循总量限制。《刑法》第78条第2款规定,减刑以后实际执行的刑期不能少于下列期限:(1)判处管制、拘役、有期徒刑的,不能少于原判刑期的二分之一;(2)判处无期徒刑的,不能少于13年;(3)人民法院依照本法第50条第2款规定限制减刑的死刑缓期执行的犯罪分子,缓期执行期满后依法减为无期徒刑的,不能少于25年,缓期执行期满后依法减为25年有期徒刑的,不能少于20年。

第二，每次减刑应当控制在合理的幅度内。《关于办理减刑、假释案件具体应用法律若干问题的规定》第5条规定，有期徒刑犯在执行期间，如果确有悔改或者立功表现的，一般一次可以减1年以下有期徒刑；如果确有悔改并有立功表现的，一般一次可以减2年以下有期徒刑；被判处10年以上有期徒刑的罪犯，如果悔改表现突出或者有立功表现的，一次最长可以减2年有期徒刑；如果悔改表现突出并有立功表现的，一次最长可以减3年有期徒刑。有重大立功表现的，可以不受上述减刑期限的限制。

第三，减刑必须经过一定的服刑期限加以考察。《关于办理减刑、假释案件具体应用法律若干问题的规定》第6条规定，被判处5年以上有期徒刑的罪犯，一般在执行1年6个月以上方可减刑。被判处不满5年有期徒刑的罪犯，可以比照上述规定，适当缩短起始时间。确有重大立功表现的，可以不受上述减刑起始时间的限制。

第四，同一受刑人前后两次减刑之间应当有一定的间隔。被判处5年以上有期徒刑的罪犯，两次减刑之间一般应当间隔1年以上。被判处不满5年有期徒刑的罪犯，可以比照上述规定，适当缩短间隔时间。确有重大立功表现的，可以不受上述减刑间隔时间的限制。

■ 课后学生总结巩固的训练案例

◇ 张某扣为母复仇案

◇ 丁某军强奸、抢劫、盗窃案

◇ 陈某策故意伤害案

◇ 深圳王某出售鹦鹉案

◇ 李某奎强奸、杀人案

■ 课后环节及要求

本次课堂教学结束后，每位学生运用所学相关刑法知识尝试分析推荐案例，就本次课程学习情况撰写100—500字的个人学习总结，并提出仍然存在的疑惑；教学助理评阅每位学生的学习总结并就学生的疑惑作出解答，待主讲教师集体审改疑惑解答后反馈给学生。

第三部分

课程配套学习案例

第一章　刑法的基本原则

1 CASE 赵某华非法持有枪支案

天津市第一中级人民法院(2017)津01刑终第41号判决书

【基本案情】 2016年8月至10月,被告人赵某华在天津市河北区李公祠大街亲水平台附近摆设射击摊位进行营利活动。2016年10月12日,公安机关在巡查过程中发现赵某华的上述行为,将其抓获归案,当场查获涉案枪形物9支及相关枪支配件、塑料弹。经天津市公安局物证鉴定中心鉴定,涉案9支枪形物中的6支为能正常发射、以压缩气体为动力的枪支。天津市河北区人民法院以非法持有枪支罪判处赵某华有期徒刑3年6个月。之后,赵某华提出上诉。天津市第一中级人民法院认为,上诉人赵某华违反国家枪支管理制度,非法持有枪支,情节严重,其行为构成非法持有枪支罪。但综合考虑赵某华非法持有的枪支均刚刚达到枪支认定标准,犯罪行为的社会危害相对较小,其非法持有枪支的目的是从事经营,主观恶性、人身危险性相对较低,认罪态度较好,有悔罪表现等情节,酌情予以从宽处罚并适用缓刑,最终判处有期徒刑3年,缓刑3年。

【争议问题】 刑法上"枪支"的认定是否必须与行政法规范保持一致?

【关联法条】 1.《刑法》第128条

2.《最高人民法院关于审理非法制造、买卖、运输枪支、弹药、爆炸物等刑事案件具体应用法律若干问题的解释》(2009年)

【分析思路】 要判断赵某华的行为是否构成非法持有枪支罪,关键在于如何认定其摆设摊位时所使用的枪型物的性质。换言之,本案中赵某华用来打气球的气枪是否属于刑法中规定的枪支呢?当前,我国《刑法》第128条及相关司法解释均未对枪支规定具体的认定标准,只有《中华人民共和国枪支管理法》(以下简称《枪支管理法》)对其进行规定。根据《枪支管理法》第46条的规定，“本法所称枪支，是指以火药或者压缩气体等为动力，利用管状器具发射金属弹丸或者其他物质，足以致人伤亡或者丧失知觉的各种枪支”。虽然本条规定了枪支的定义，但在实务中却缺乏可供操作的具体标准，因此，本案法官最终以公安部制定的《枪支致伤力的法庭科学鉴定判据》与《公安机关涉案枪支弹药性能鉴定工作规定》作为认定枪支的依据。以上两份文件均规定，若枪口比动能达到 1.8 焦耳/平方厘米，即认定具有枪支的致伤力。本案中，赵某华持有的 6 只枪形物的枪口比动能达到了 2.17—3.14 焦耳/平方厘米，因此，法院最终认定赵某华的行为构成非法持有枪支罪。然而，将摊位上用于玩乐的枪型物认定为刑法中的枪支，似乎不符合社会公众的一般理念，这样的裁判结果也未必能为社会接受。事实上，法官以公安部制定的规范性文件作为认定刑法中枪支的依据是有待考究的：在刑法对枪支没有规定的情况下，法官是否必须依照公安部的规范性文件去认定赵某华有罪或无罪呢？要回答该问题，前提是正确认识刑法与行政法等其他部门法之间的关系。对此，理论上的法秩序统一性原则认为，刑法与民法、行政法等其他部门法在整个法律体系中须协调、统一。刑法所规定的犯罪行为，在其他部门法中也应是违法行为，因此，刑法具有从属于其他法律部门的属性。尽管刑法必须恪守对其他部门法的从属性以及自身的谦抑性，但是，这并不意味着刑法在确定概念时必须从属于行政或民事法律规范，刑法没有对枪支作出界定，不等于必须以行政规范作为认定被告是否构成犯罪的依据，即法秩序统一性不要求概念的统一性，立法技术矛盾不违反法秩序统一性原则。

目前，刑法学界的主流观点认为，对刑法中“枪支”的认定，不必然以行政规范为依据。非法持有枪支罪所保护的法益是公共安全，只有当行为人“非法持有枪支”的行为在个案中具有造成对不特定或多数人的生命、健康或财产的抽象危险，或者至少在类型上一般具有危及不特定或多数人的生命、健康或财产的可能性时，才能肯定行为人构成本罪。本案中，赵某华持有气枪的行为在客观上并不存在危及公众安全的杀伤力，其行为不具有危害公共安全的性质，因此，不宜将其认定为非法持有枪支罪。

【延伸阅读】 1. 王钢：《非法持有枪支罪的司法认定》，载《中国法学》2017 年第 4 期。

2. 车浩：《非法持有枪支罪的构成要件》，载《华东政法大学学报》2017 年第 6 期。

2 CASE 方某某裸聊案

浙江省龙游县人民法院(2007)龙刑初字第249号判决书

【基本案情】 被告人方某某于2006年下半年在网上注册了287557234和448562245两个QQ号,其中287557234的网名为“水水”,448562245的网名为“晴一儿”。注册后,方某某即将这两个QQ号挂于QQ聊天室大厅“E网情深”聊天室下的“E夜激情”室内,聊天中以发信息的形式告知“好友”进行色情聊天,以招揽网友进行裸聊,从中牟利。之后,方某某又在这两个QQ号的“个人资料”“介绍说明”栏内加入了“加我请注明网银支付宝,试看人民币(以下币种均为人民币)5元(我裸体2分钟,同时证明我是真人),满意后50元服务30分钟,特殊的加钱。绝对真人,有良好的信誉,欢迎付费男士”的个人说明。在裸聊时,方某某根据对方的实际情况先将以其丈夫王华佗名义开户的银行账号或自己在支付宝网站申请的支付宝账号告知对方,待核实对方已将钱汇入后,即根据对方的要求以及汇入资金的数额通过视频提供不同的裸聊内容。自2006年11月1日到2007年5月14日,方某某裸聊范围达二十余个省份,裸聊的对象有三百余人,其用于裸聊收费的银行账号以及支付宝账号共汇入裸聊资金1054次,计24973.03元。龙游县人民法院认为,方某某以牟利为目的,利用互联网传播淫秽电子信息,其行为构成传播淫秽物品牟利罪。

【争议问题】 方某某是否构成传播淫秽物品牟利罪?

【关联法条】 1.《刑法》第363条、第367条

2.《最高人民法院、最高人民检察院关于办理利用互联网、移动通讯终端、声讯台制作、复制、出版、贩卖、传播淫秽电子信息刑事案件具体应用法律若干问题的解释》(2004年)

【分析思路】 方某某的行为毫无疑问是具有社会危害性的,问题是,不能单纯因为某一行为具有社会危害性就将其认定为犯罪,还必须要求该行为符合刑法规定的某个犯罪构成,这是罪刑法定原则的基本要求。那么,方某某的行为是否符合传播淫秽物品牟利罪的犯罪构成呢?根据《刑法》第363条的

规定，传播淫秽物品牟利罪是指“以牟利为目的，制作、复制、出版、贩卖、传播淫秽物品的”行为，显然，方某某具有牟利的目的，也有传播的行为，问题是，方某某传播了什么“淫秽物品”？

根据《刑法》第 367 条的规定，“本法所称淫秽物品，是指具体描绘性行为或者露骨宣扬色情的诲淫性的书刊、影片、录像带、录音带、图片及其他淫秽物品”。通常来说，淫秽物品体现为书刊、影片、录像带、录音带、图片等，而方某某的行为是在网络上裸聊，并未传播上述物品，要认定其构成传播淫秽物品牟利罪，只能判断其是否存在传播“其他淫秽物品”的行为。根据《最高人民法院、最高人民检察院关于办理利用互联网、移动通讯终端、声讯台制作、复制、出版、贩卖、传播淫秽电子信息刑事案件具体应用法律若干问题的解释》第 9 条的规定，“其他淫秽物品”包括“具体描绘性行为或者露骨宣扬色情的诲淫性的视频文件、音频文件、电子刊物、图片、文章、短信息等互联网、移动通讯终端电子信息和声讯台语音信息”。也就是说，“淫秽物品”包含了淫秽的“电子信息”。

方某某通过网络进行裸聊的行为，显然属于传播淫秽的电子信息。只是，与较为常见的通过网络传播淫秽视频的方式相比，该案的淫秽电子信息是通过网络即时传输的，而不是存储在网络终端的。然而，是否存储在网络终端，与“传播淫秽电子信息”的认定并无关联。

随着网络时代的发展，淫秽物品也逐渐电子化，司法解释将淫秽的电子信息解释为淫秽物品，属于应对时代变化的扩大解释，这一解释没有超出公众的预测可能性，因而是合理的。据此，司法机关将方某某的行为认定为传播淫秽物品牟利罪是符合罪刑法定原则的。

【延伸阅读】 1. 王明辉、唐煜枫：《“裸聊行为”入罪之法理分析》，载《法学》2007 年第 8 期。

2. 高巍：《网络裸聊不宜认定为犯罪——与〈“裸聊行为”入罪之法理分析〉一文商榷》，载《法学》2007 年第 9 期。

3 CASE 李某组织男性卖淫案

江苏省南京市中级人民法院(2004)宁刑终第122号裁定书。

【基本案情】 2003年1月至8月,被告人李某出于营利目的,先后与刘某、冷某宝等人预谋,采取张贴广告、登报的方式招聘男青年做“公关人员”,并制定了《公关人员管理制度》。该管理制度对“公关人员”的上岗培训、工作时间、服务费用等事宜都作出了具体的规定。其间,李某某指使刘某、冷某宝对“公关先生”进行管理,并在其经营的“金麒麟”、“廊桥”及“正麒”酒吧内将多名“公关先生”多次介绍给男性顾客,由男性顾客将“公关人员”带至南京市“新富城”大酒店等处从事同性卖淫活动。江苏省南京市中级人民法院认定李某构成组织卖淫罪。

【争议问题】 李某是否构成组织卖淫罪?

【关联法条】《刑法》第358条

【分析思路】 本案中李某某组织男性提供有偿性服务,从社会基本伦理道德规范来看是有伤风化的,但这种行为能否评价为刑法上的组织卖淫罪呢?这取决于如何理解刑法中的“卖淫”含义。根据《刑法》第358条第1款的规定,“组织、强迫他人卖淫的,处五年以上十年以下有期徒刑,并处罚金;情节严重的,处十年以上有期徒刑或者无期徒刑,并处罚金或者没收财产”。但刑法并未对“卖淫”一词作出解释,导致理论及实务界均对本罪的行为认定存有争议,因此,本案需要先解释本罪“卖淫”行为的确切内涵,才能确定李某是否构成本罪。

传统理念一般认为,“卖淫”是指女性通过出卖肉体获取报偿的行为。但是,随着社会的飞速发展,男性提供有偿性服务的社会现象也越发常见,且这种行为同样是不可取的。那么,刑法中的“卖淫”是否包含男性卖淫的情形呢?这需要通过刑法的解释方法予以说明。在文义解释中,“卖淫”是指行为人通过性交易获得报偿的行为,究其本意,其并非限于女性向男性卖淫的情形。此外,通过了解我国刑法规定组织卖淫罪的立法原意,也可以明晰刑法所规制的“卖淫”行为的具体内涵。

1991年，全国人民代表大会常务委员会在《关于严惩卖淫嫖娼的决定》中将“强迫妇女卖淫”改为“强迫他人卖淫”，并将其纳入97刑法。此外，根据1992年《最高人民法院、最高人民检察院关于执行〈全国人民代表大会常务委员会关于严禁卖淫嫖娼的决定〉的若干问题的解答》第9条的规定，“组织、协助组织、强迫、引诱、容留、介绍他人卖淫中的‘他人’，主要是指女人，也包括男人”。从上述文件的内容来看，“卖淫”的行为主体可以包含男性。由此可以确定，刑法惩罚组织卖淫行为的目的，是禁止任何人通过出卖肉体等违反社会基本伦理道德的方式获取报偿的行为，因此，组织卖淫罪所规制的对象当然包含组织男性为他人提供有偿性服务的情形。本案中，被告人李某某采取张贴广告的方式雇用男性“公关人员”，并通过制定《公关人员管理制度》对上述被雇佣者进行管理和控制，由此进行盈利性质的卖淫活动，其行为已经符合组织他人卖淫罪的全部犯罪构成要件要素，故认定被告人李某某构成本罪是符合罪刑法定原则要求的。

【延伸阅读】 1. 苏彩霞：《刑法解释方法的位阶与运用》，载《中国法学》2008年第5期。

2. 陈兴良：《组织男性从事同性性交易行为之定性研究——对李宁案的分析》，载《国家检察官学院学报》2005年第1期。

4 CASE 范某冰逃税案*

【基本案情】 2018年6月初，有群众举报范某冰“阴阳合同”涉税问题后，国家税务总局即责成江苏等地税务机关依法开展调查核实：范某冰在电影《大轰炸》剧组拍摄过程中实际取得片酬3000万元，其中1000万元已经申报纳税，但其余2000万元以拆分合同方式偷逃个人所得税618万元，少缴营业税及附加112万元，合计730万元。此外，还查出范某冰及其担任法定代表人的企业少缴税款2.48亿元，其中偷逃税款1.34亿元。江苏省税务局于同年

---

* 国家税务总局：《税务部门依法查处范冰冰“阴阳合同”等偷逃税问题》，2018年10月3日，http://www.chinatax.gov.cn/chinatax/n810219/n810724/c3789033/content.html，最后访问日期：2021年6月6日。

9月30日依法向范某冰正式下达《税务处理决定书》和《税务行政处罚决定书》，要求其将追缴的税款、滞纳金、罚款在收到上述处理处罚决定后的规定期限内缴清。范某冰因在法定期限内缴清上述款项，最终没有受到刑事追究。

【争议问题】范某冰为何不构成逃税罪？和“空姐代购案”相比是否违反平等原则？如果说违反了平等原则，是在什么意义上违反了平等原则？如果说没有违反，理由是什么？

【关联法条】《刑法》第201条

【分析思路】本案中，范某冰逃税高达上亿元，其行为已经侵害了刑法所保护的国家税收管理秩序。根据《刑法》第201条第4款的规定，“有第一款行为，经税务机关依法下达追缴通知后，补缴应纳税款，缴纳滞纳金，已受行政处罚的，不予追究刑事责任；但是，五年内因逃避缴纳税款受过刑事处罚或者被税务机关给予二次以上行政处罚的除外”。因此，以下两种情形构成逃税罪：一是对于未曾受过行政或者刑事处罚的逃税行为，在税务机关追缴后仍不履行纳税义务，且未受行政处罚的，构成本罪，这就是所谓的“行政处罚前置程序”；二是行为人曾经受过刑事处罚或两次以上行政处罚后再犯的。本案中，范某冰属于第一种情形，基于罪刑法定原则，范某冰在税务机关追缴后积极履行相应的义务，且已经受到相应的行政处罚，故最终认定其不构成逃税罪。

面对行政机关的处罚结果，舆论一度哗然，纷纷表示不解，这让公众不禁想起曾经的“空姐代购案”——空姐李某航因逃避海关监管，走私化妆品进境，偷逃应缴税款113万余元，最终被认定构成走私普通货物、物品罪，判处有期徒刑3年，并处罚金人民币4万元。那么，范某冰逃税上亿元最终无罪，空姐代购逃税百万元却有罪，对比两个案子的处理结果，这是否违反了刑法中的平等原则？

所谓平等原则，是法律面前人人平等的宪法原则在刑法中的具体化，即任何人只要满足刑法中规定的某个罪名下全部犯罪构成要件要素，就应当依法受到刑罚。范某冰与空姐李某航的逃税行为均导致国家应收税款减少，但最终范某冰不构成犯罪，从结果上看，上述处理结果似乎违反了平等原则，但是，平等原则是建立在罪刑法定的基础之上的，若行为人实施的行为本身不符合刑法规定的某一罪名下的全部构成要件要素，该行为人就不构成犯罪。本案中，由于范某冰的逃税行为尚不满足刑法规定的逃税罪之“行政处罚前置程序”条件，因此不构成犯罪。而空姐李某航由于走私普通货物逃税，其行为已经满足了走私普通货物罪的全部构成要件要素，已经构成犯罪，依法应受刑罚。因此，两个案子的处理结果均符合罪刑法定要求。

单纯从数额上看，刑法对逃税行为的定性看似不平等，但毕竟两个案件的案情不同，无法直接等同比较，在以平等原则审视两个案件时，不能仅看数额这一要素，还需考察其他要素，在遵循罪刑法定原则的基础上，作出正确判断。

【延伸阅读】 1. 万国海：《逃税罪“不予追究刑事责任”条款的理解与适用》，载《政治与法律》2019 年第 12 期。

2. 景语涵：《“逃税行为”的出入罪分析——以范冰冰逃税案为例》，载《上海法学研究》（集刊）2020 年第 2 卷。

第二章　刑法的效力范围

1 CASE 张某强管辖权争议案

广东省高级人民法院(1998)粤高法刑终字第1139号判决书

【基本案情】张某强为香港居民,1995年年底至1996年年初,张某强等人多次在深圳市密谋绑架被害人李某某。张某强出资140万港元用于购买枪支弹药、车辆等作案工具及租赁关押人质的房屋;陈某浩等人负责具体准备枪支弹药、车辆等作案工具、租赁房屋和观察李某某的行踪。在张某强等人的安排和接应下,1996年5月12日,叶某欢、梁某将上述枪支弹药偷运至香港。同年5月23日,张某强等人携带枪支、铁锤等作案工具,在香港深水湾道附近绑架了李某某及其司机林某某。

1997年年初,张某强图谋绑架被害人郭某某,指使张某烽观察郭的行踪。张某烽又将绑架图谋转告胡某舒、陈某汉等人。此后,张某强等人先后在广州市、东莞市、深圳市等地密谋并作具体分工。其间,张某强、胡某舒分别出资200余万港元、20万港元为实施犯罪作准备。同年9月29日18时许,张某强等人在香港海滩道桥底附近绑架郭某某。

1997年10月,张某强指派刘某勋与钱某寿联系购买炸药具体事宜。同年11月,钱某寿回广东省汕尾市非法购买炸药818.483公斤,雷管2000支,导火索750米,并于1998年1月7日指使他人运到香港交给刘某勋。次日,张某强、刘某勋同他人一起将爆炸物藏好。

后张某强于1998年1月25日在江门外海大桥检查站被抓获,于7月22日被批捕。广州市人民检察院指控被告人张某强犯非法买卖爆炸物罪、绑架罪、走私武器、弹药罪,向广州市中级人民法院提起公诉。广州市中级人民法院判决张某强犯非法买卖爆炸物罪,判处死刑,剥夺政治权利终身;犯绑架罪,判处无期徒刑,剥夺政治权利终身,并处没收财产人民币6.62亿元;犯走私武器、弹药罪,判处无期徒刑,剥夺政治权利终身,并处没收财产人民币10万元,决定执行死刑,剥夺政治权利终身,并处没收财产人民币6.621亿元。一审宣判后,张某强不服,提出上诉。张某强及其辩护人辩称:本案犯罪实施地在香港,侵犯的客体是香港居民的人身权和财产权,应由香港法院管辖,一审法院管辖不当。广东省高级人民法院审理后认为原判适用法律正确、程序合法,张某强及其辩护人的主张不能成立,维持一审对于张某强的各项判决。

【争议问题】 内地法院对本案是否有管辖权?

【关联法条】《刑法》第6条

【分析思路】 内地法院对此案是否享有管辖权,关键在于犯罪地的认定,而这涉及对《刑法》第6条的理解。根据《刑法》第6条的规定,“犯罪的行为或者结果有一项发生在中华人民共和国领域内的,就认为是在中华人民共和国领域内犯罪”。可见,我国刑法就犯罪地的认定采取了遍在说,即行为实施地和结果发生地都是犯罪地。一方面,这里的犯罪必然包括共同犯罪,因此,只要各共同犯罪人的行为或者结果有一部分发生在我国领域内,就可以认为是在我国领域内犯罪。另一方面,这里的犯罪行为并不仅指实行行为,还包括预备行为,并且不要求预备行为或者实行行为的全过程都发生在我国领域内,只要犯罪预备行为或者实行行为的一部分发生在我国领域内,我国就享有管辖权。

就走私武器、弹药的犯罪事实而言,张某强等走私武器、弹药的行为同时是绑架被害人李某某的预备行为,张某强、陈某浩、叶某欢等人成立走私武器、弹药的共同犯罪。共犯人将准备的枪支弹药由内地偷运至香港的犯罪事实表明,走私武器弹药的一部分实行行为发生在内地,内地为犯罪行为实施地。因此,可以认为张某强等在我国领域内犯走私武器、弹药罪,内地法院基于属地原则享有管辖权。

就张某强等绑架他人的犯罪事实而言,尽管绑架罪的实行行为发生在香港,但张某强等人先后在广州市、东莞市、深圳市等地密谋并作具体分工的事实表明,犯罪的预备行为发生在我国领域内,广州、东莞、深圳等地均为其犯罪预备行为实施地。因此,可以认为张某强是在内地犯罪。

就张某强非法购买爆炸物的犯罪事实而言,其与刘某勋、钱某寿构成非法买卖爆炸物的共同犯罪。而钱某寿的爆炸物是在广东非法购买,即非法买卖爆炸物共同犯罪的实行行为发生在广东，因此，广东是其犯罪行为地，内地法院基于属地管辖获得本案的管辖权。

由此可见，由于内地是张某强等人的犯罪行为地，根据我国《刑法》第6条的规定，可以认为张某强是在我国领域内犯罪，应当适用《刑法》。但香港同为绑架罪和走私武器、弹药罪的实行行为地，香港对此案件也享有管辖权，这就存在管辖权的冲突问题。对此，宜根据“实际控制”和“先理为优”的原则确定管辖权，即对于双方共有管辖权的刑事案件，一方已经行使刑事管辖权对犯罪行为人进行逮捕或者审判的情况下，赋予该方优先管辖权，这也是世界各国通行的做法。[1] 由于张某强在内地被抓获，内地已经行使刑事管辖权对张某强进行了逮捕，大量赃款赃物以及证据也在内地被查获，宜由内地法院优先进行管辖，如此也便于及时收集证据，符合诉讼经济的要求。

【延伸阅读】 1. 赵秉志、田宏杰：《中国内地与香港行使管辖权冲突研究——由张子强案件引发的思考》，载《法学家》1999年第6期。

2. 郭自力：《论张子强李育辉两案的司法管辖权》，载《中外法学》1999年第3期。

2 CASE 糯康等贩毒、杀人案

云南省高级人民法院（2012）云高刑终字第1765号刑事附带民事裁定书

【基本案情】 糯康犯罪集团长期盘踞在湄公河流域散布岛一带实施犯罪活动。2011年9月27日，糯康得到消息，有两艘中国籍船只称自己没有运输毒品，拒绝支付保护费，并曾同意与缅甸军方合作，协助清剿糯康集团的部分据点。糯康甚为气愤，决心教训这两艘中国船只上的船员。随后，他召集了其集团的二号人物桑康与三号人物依莱到缅甸散布岛的糯康集团基地内，密谋把一些毒品放在这两只中国船上进行栽赃，并杀害全部船员，之后再买通一些泰国军人来查处毒品。

2011年10月5日，根据之前的情报，糯康得知这两艘中国船只将会于当

[1] 赵秉志、田宏杰：《中国内地与香港行使管辖权冲突研究——由张子强案件引发的思考》，载《法学家》1999年第6期。

日驶经湄公河上糯康集团所掌握的区域，遂指示手下实施之前的杀人栽赃计划并安排桑康监督。糯康手下的犯罪分子于是就截停了“华平号”与“玉兴8号”两艘中国船只，将船只上的13名中国船员全部绑好并集中于一船，并将两船驶往泰国清莱府清盛县的湄公河水域。随后，犯罪分子就残忍地杀害了13名中国船员。杀害中国船员后，这些犯罪分子又依照糯康的犯罪计划将从附近运来的大量毒品藏于中国船只上，并通知埋伏在附近且已被收买的泰国军人上船查毒。泰国军人再次用枪械对船只进行了扫射，并将大部分中国船员的尸体抛入水中，将现场伪造成两艘船只运毒并抗拒抓捕，遂与泰国军方发生交火冲突的情况。

案件发生后，糯康集团的犯罪分子流窜多国。经过数月的严密布局，涉案嫌犯被一一抓获。随后，包括糯康在内的几名嫌疑人被引渡至中国接受刑事追诉和审判。2012年11月6日下午，昆明市中级人民法院对该案作出一审宣判，法院判决认定被告人糯康、桑康、依莱三人成立故意杀人罪、运输毒品罪、绑架罪、劫持船只罪，依照数罪并罚的原则判处死刑立即执行。被告人上诉后，云南省高级人民法院二审裁定维持原判。最高人民法院依法核准了对糯康等4名被告人的死刑判决。至此，震惊中外的“10·5湄公河惨案”的审判尘埃落定。

【争议问题】我国法院基于何种管辖原则享有对本案的管辖权？

【关联法条】《刑法》第6条、第7条、第8条、第9条

【分析思路】根据我国《刑法》第6条的规定，凡在中华人民共和国的船舶内犯罪的，适用我国刑法。由于糯康等人的劫持行为和故意杀人行为发生在中国船只内，该船只既是犯罪行为发生地，也是犯罪结果发生地，而一国的船舶属于该国领土的延伸领域，其内部的犯罪应受该国的刑事管辖，因此我国基于属地管辖原则享有对本案的管辖权。同时，由于被害人均为中国公民，其行为严重侵害了我国公民的利益，根据我国《刑法》第8条的规定，外国人在中华人民共和国领域外对中华人民共和国公民犯罪，按照我国刑法规定最低刑为3年以上有期徒刑，并且犯罪地法律也认为是犯罪的，可以适用我国刑法。据此，我国基于保护原则也享有对本案的管辖权。

由于杀人沉尸的地点位于泰国领域，泰国依据属地原则主张对本案的管辖权。此外，不法泰国军人与糯康犯罪集团事前进行了通谋，客观上实施了

共同犯罪行为，主观上具有共同犯罪故意，这些泰国军人与糯康等人构成共同犯罪。且犯罪集团的二号人物桑康为泰国籍，因此，泰国同时基于属人原则享有对本案的管辖权。

而糯康犯罪集团在缅甸散布岛进行了犯罪的谋划，缅甸是其犯罪预备行为地，因此，缅甸基于属地原则享有对本案的管辖权。犯罪集团首要分子糯康为缅甸籍，缅甸还可依据属人原则主张对案件的管辖。

同时，老挝作为《联合国打击跨国有组织犯罪公约》的缔约国，负有打击跨国有组织犯罪的义务。糯康最终在老挝被抓获，因此，老挝基于普遍原则享有对本案的管辖权。

综上所述，本案涉及多个国家之间刑事管辖权的竞合，中国、缅甸、泰国都向老挝提出了引渡申请。基于中国是主要受害国，且案件的主要受害人为中国国籍，被劫持的船只为中国籍船只，第一案发现场位于中国船只内以及其他因素的考虑，依据《中华人民共和国和老挝人民民主共和国引渡条约》，老挝方面最终将糯康移交中国管辖。[1]

【延伸阅读】 1. 赵远：《糯康案件所涉刑事管辖权暨国际刑事司法合作问题研究》，载《法学杂志》2014年第6期。

2. 谭堃：《犯罪地的确定》，载《国家检察官学院学报》2014年第3期。

3 CASE 特大跨国电信诈骗案*

【基本案情】 2014年9月至11月，被告人张某等40人先后出境至肯尼亚，参加我国台湾居民吴某等人组织的针对我国大陆居民进行电信诈骗的犯罪集团。该犯罪集团租用肯尼亚内罗毕市一别墅作为窝点，利用电信网络技术

---

[1] 赵远：《糯康案件所涉刑事管辖权暨国际刑事司法合作问题研究》，载《法学杂志》2014年第6期。

* 《2018年十大刑事案件：北京特大跨国电信诈骗案》，载中国法院网2019年1月11日，https://www.chinacourt.org/article/detail/2019/01/id/3653326.shtml，最后访问日期：2021年6月6日。

手段，冒充医保局、公安局、检察院等单位工作人员身份，编造虚假事由，骗取相关被害人钱款。窝点内人员互有分工配合，对于诈骗所得有相应比例的提成或奖励。被告人张某全面管理窝点内人员及事务。被告人李某作为电脑操作手，负责向大陆不同地区不特定居民发送含有“医保信息泄露”“转拨电话报警”等内容的电话“语音包”。从事一线接打电话工作的被告人雷某超等人冒充“医保局”等单位工作人员，谎称被害人医保卡存在消费异常或身份信息泄露被冒用等情形，建议被害人向公安机关报警。从事二线接打电话工作的被告人罗某旭等人冒充公安民警，虚构被害人因个人信息泄露而被用于犯罪活动等事实，谎称检察机关已介入调查，要求被害人提供详细的身份及银行账户信息。从事三线接打电话工作的被告人杨某等人冒充检察官，以要对被害人资金流向进行调查为由，谎称审查完毕之后会将钱款退回给被害人，骗使被害人向其指定的银行账户转账汇款，或者要求被害人登录网页下载安装载有木马病毒的程序，后由同伙通过远程操作获取被害人转账验证码，对被害人的电子银行账户进行转账操作，从而骗取钱款。

【争议问题】 我国基于何种管辖原则享有对本案的管辖权？对于电信、网络犯罪案件，如何认定“在中华人民共和国领域内犯罪”？

【关联法条】 1.《刑法》第 6 条、第 7 条

2.《最高人民法院、最高人民检察院、公安部关于办理电信网络诈骗等刑事案件适用法律若干问题的意见》（2016 年）

【分析思路】《刑法》第 6 条规定，“犯罪的行为或者结果有一项发生在中华人民共和国领域内的，就认为是在中华人民共和国领域内犯罪”。据此，我国刑法就犯罪地的认定采取了遍在说，即行为实施地和结果发生地都是犯罪地。在本案中，该犯罪集团专门针对中国大陆居民实施电信诈骗，财产损失的危害后果发生在中华人民共和国领域内，即中国大陆是犯罪结果发生地。因此，可以认为该犯罪集团是在我国领域内犯罪，我国基于属地原则享有对本案的管辖权。

2016 年发布实施的《最高人民法院、最高人民检察院、公安部关于办理电信网络诈骗等刑事案件适用法律若干问题的意见》专门针对电信网络诈骗案件中犯罪地的认定进行了详细的规定。根据该意见，“犯罪行为发生地”包括用于电信网络诈骗犯罪的网站服务器所在地，网站建立者、管理者所在

地，被侵害的计算机信息系统或其管理者所在地，犯罪嫌疑人、被害人使用的计算机信息系统所在地，诈骗电话、短信息、电子邮件等的拨打地、发送地、到达地、接受地，以及诈骗行为持续发生的实施地、预备地、开始地、途经地、结束地。“犯罪结果发生地”包括被害人被骗时所在地，以及诈骗所得财物的实际取得地、藏匿地、转移地、使用地、销售地等。按照该意见，中国大陆作为诈骗电话、信息的到达地、接受地和被害人被骗时所在地，既是犯罪行为发生地，也是犯罪结果发生地。因此，我国基于属地原则享有对本案的管辖权。该认定规则结合了电信网络犯罪的特性，使管辖权的行使边界更加明确。

此外，本案 40 名被告人除张某等 5 人系我国台湾居民以外，均为我国大陆居民。根据我国《刑法》第 7 条的规定：“中华人民共和国公民在中华人民共和国领域外犯罪的，适用我国刑法。”因此，我国同时基于属人原则享有对本案的管辖权。

【延伸阅读】 1. 杨彩霞：《网络背景下属地管辖原则的诠释与适用》，载《武汉理工大学学报（社会科学版）》2009 年第 1 期。

2. 李晓明、李文吉：《跨国网络犯罪刑事管辖权解析》，载《苏州大学学报（哲学社会科学版）》2018 年第 1 期。

第三章　犯罪概念与犯罪构成

1 CASE 王某军非法经营案

内蒙古自治区巴彦淖尔盟中级人民法院(2017)内08刑再1号判决书

【基本案情】 2014年11月至2015年1月,被告人王某军未办理粮食收购许可证,未经工商行政管理机关核准登记并颁发营业执照,擅自在临河区白脑包镇附近村组无证照违法收购玉米,将所收购的玉米卖给巴彦淖尔市粮油公司杭锦后旗蛮会分库,非法经营数额218288.6元,非法获利6000元。内蒙古自治区巴彦淖尔市临河区人民法院认为,被告人王某军违反国家法律和行政法规规定,未经粮食主管部门许可及工商行政管理机关核准登记并颁发营业执照,非法收购玉米,非法经营数额218288.6元,数额较大,依据《刑法》第225条第4项的规定,以非法经营罪判处王某军有期徒刑1年,缓刑2年,并处罚金人民币2万元。

判决生效后,社会争议很大。王某军的行为在当时虽具有行政违法性,但其严重程度是否足以受到刑法追责,各方意见不一。最高人民法院认为,王某军从粮农处收购玉米卖予粮库,在粮农与粮库之间起了桥梁纽带作用,没有破坏粮食流通的主渠道,没有严重扰乱市场秩序,且不具有与《刑法》第225条规定的非法经营罪前三项行为相当的社会危害性,不具有刑事处罚的必要性,遂指令内蒙古自治区巴彦淖尔市中级人民法院对本案进行再审。

内蒙古自治区巴彦淖尔市中级人民法院再审认为,原判决认定的原审被告人王某军于2014年11月至2015年1月,没有办理粮食收购许可证及工商营业执照买卖玉米的事实清楚,其行为违反了当时的国家粮食流通管理有关规定,但尚未达到严重扰乱市场秩序的危害程度,不具备与《刑法》第225条规定的非法经营罪相当的社会危害性、刑事违法性和刑事处罚必要性,不构成非法经营罪,判决被告人王某军无罪。

【争议问题】王某军不构成犯罪是因为其行为欠缺社会危害性，还是欠缺刑事违法性？法定犯中刑事违法性的判断是依附于行政违法性的判断，还是具有独立性？

【关联法条】1.《刑法》第96条、第225条

2.《最高人民法院关于准确理解和适用刑法中"国家规定"的有关问题的通知》(2011年)

【分析思路】本案的争议问题是，王某军的行为不构成犯罪是因为欠缺社会危害性还是欠缺刑事违法性？

第一，王某军的行为是否具有社会危害性？王某军先从农民手中买入尚未脱粒的玉米，然后其用自己购置的玉米脱粒机将收购来的半成品玉米脱粒为成品玉米，最后用自己购置的运输车将成品玉米运送并卖给国有粮库。分析上述行为可知，王某军只是国有粮库和农民之间的中间商，其加价卖给国有粮库的行为仍然受到国家粮食收购价格的规制。就向农民收购和向国有粮库出售两个行为而言，都属于典型的市场交易行为，不存在强买强卖和高价牟利的问题。从这个层面来讲，农民和国有粮库都不是受害人。

那么，王某军的行为是否对市场经济秩序造成了破坏？如果王某军在自然灾害时期大规模地收购粮食，坐地起价，导致粮价波动，粮食市场出现混乱，那么其行为破坏市场经济秩序是毋庸置疑的，其社会危害性也不会存在争议。但是本案中王某军并不属于这种囤积居奇行为，其出售价格没有高于国家粮食收购价格，不可能导致粮价波动、粮食市场混乱。有学者就认为，王某军的行为非但谈不上侵害粮食收购管理秩序，而且疏通了粮食流通体制障碍，减少国家的粮食收购成本，客观上激发了市场活力，是帮助国家收购粮食的有益行为。[1] 最高人民法院也认为，王某军在粮农与粮库之间起了桥梁纽带作用，没有破坏粮食流通的主渠道，没有严重扰乱市场秩序，不具有刑事处罚的必要性。综上所述，王某军的行为不具有社会危害性。

第二，王某军的行为是否具有刑事违法性？在解决这个问题之前，我们需要解决法定犯中行政违法性与刑事违法性的判断关系问题，即刑事违法性的判断是完全依附于行政违法性的判断，还是具有独立性？目前学界存在以

---

〔1〕 宁利昂、邱兴隆：《"无证收购玉米"案被改判无罪的系统解读》，载《现代法学》2017年第4期。

下几种学说：严格的违法一元论、缓和的违法一元论、违法相对论以及违法多元论。[1] 作为主流学说的“缓和的违法一元论”认为，刑事违法的成立必须以行政违法的成立为前提，但是具有行政违法性的行为不一定具有刑事违法性，刑法必须基于保护的客体和立法目的进行可罚的违法性即刑事违法性的独立判断。

回到本案，就行政违法性而言，再审法院认为王某军的行为违反了国家粮食管理流通的相关规定而具有行政违法性。具体而言，根据我国《刑法》第225条的规定，若要构成非法经营罪，前提是“违反国家规定”。关于“违反国家规定”，《刑法》第96条表述为：“本法所称违反国家规定，是指违反全国人民代表大会及其常务委员会制定的法律和决定，国务院制定的行政法规、规定的行政措施、发布的决定和命令。”王某军无证收购玉米的行为违反了《粮食流通管理条例》第9条第1款[2]、第41条第1款[3]以及2011年修订的《无照经营查处取缔办法》第4条第1项[4]、第14条[5]的规定，而上述两个规范性文件的制定主体是国务院，属于行政法规，符合成立非法经营罪的前提条件。就刑事违法性而言，《粮食流通管理条例》第41条以及《无照经营查处取缔办法》第14条规定没有明确说明行政违法行为和刑事违法

[1] 参见孙国祥：《行政犯违法性判断的从属性和独立性研究》，载《法学家》2017年第1期；简爱：《从“分野”到“融合”：刑事违法判断的相对独立性》，载《中外法学》2019年第2期；高铭暄、曹波：《保险刑法规范解释立场新探——基于缓和违法一元论的展开》，载《中国应用法学》2019年第3期。

[2] 2013年修订的《粮食流通管理条例》第9条第1款规定：“取得粮食收购资格，并依照《中华人民共和国公司登记管理条例》等规定办理登记的经营者，方可从事粮食收购活动。”

[3] 2013年修订的《粮食流通管理条例》第41条第1款规定：“未经粮食行政管理部门许可或者未在工商行政管理部门登记擅自从事粮食收购活动的，由工商行政管理部门没收非法收购的粮食；情节严重的，并处非法收购粮食价值1倍以上5倍以下的罚款；构成犯罪的，依法追究刑事责任。”

[4] 2011年修订的《无照经营查处取缔办法》第4条规定：“下列违法行为，由工商行政管理部门依照本办法的规定予以查处：（一）应当取得而未依法取得许可证或者其他批准文件和营业执照，擅自从事经营活动的无照经营行为……”

[5] 2011年修订的《无照经营查处取缔办法》第14条第1款规定：“对于无照经营行为，由工商行政管理部门依法予以取缔，没收违法所得；触犯刑律的，依照刑法关于非法经营罪、重大责任事故罪、重大劳动安全事故罪、危险物品肇事罪或者其他罪的规定，依法追究刑事责任；尚不够刑事处罚的，并处2万元以下的罚款；无照经营行为规模较大、社会危害严重的，并处2万元以上20万元以下的罚款；无照经营行为危害人体健康、存在重大安全隐患、威胁公共安全、破坏环境资源的，没收专门用于从事无照经营的工具、设备、原材料、产品（商品）等财物，并处5万元以上50万元以下的罚款。”

行为的边界何在,刑事违法性的实质判断又回到了刑法典本身。根据罪刑法定原则的要求,“其他严重扰乱市场秩序的非法经营行为”作为非法经营罪的兜底性条款,其适用需有相关法律、司法解释的明确规定,若没有相关规定,司法者就不能进行不利于被告的类推而作入罪认定。现行有效的司法解释没有明确规定无证收购粮食属于“其他严重扰乱市场秩序的非法经营行为”,原审法院却以非法经营罪追究王某军的刑事责任,这明显于法无据,违反了罪刑法定原则。因此,王某军的行为也不具有刑事违法性。

综上所述,王某军的行为既不具备社会危害性也不具备刑事违法性,再审判决认定其无罪是合理的。

【延伸阅读】 1. 宁利昂、邱兴隆:《“无证收购玉米”案被改判无罪的系统解读》,载《现代法学》2017 年第 4 期。

2. 郑伟、葛立刚:《刑行交叉视野下非法经营法律责任厘定》,载《法律适用》2017 年第 3 期。

2 CASE “非遗”传承人制造爆炸物案

河北省石家庄市中级人民法院(2017)冀 01 刑终字第 557 号裁定书

【基本案情】“五道古火会”是河北省赵县赵州镇南杨家庄村的传统民俗文化活动,于 2011 年被正式列入河北省非物质文化遗产项目。被告杨某申是这一非物质文化遗产项目的传承人,负责制作活动所用的烟花。2016 年 2 月 19 日,杨某申因组织部分村民在杨家庄村居民区制作“五道古火会”所用的烟花,被举报非法制造烟花火药。公安干警当场查获用于制造“梨花瓶”的烟火药 15 千克、“梨花瓶”成品 200 个(每个瓶内药量约为 1.46 千克)以及其他原料和工具。经鉴定,该烟火药具有爆燃性。赵县人民法院认为,被告人杨某申违反国家爆炸物管理法律法规,未经有关部门批准,在杨家庄村杨广伟旧家居民区非法制作烟火药 15 千克以上,其行为已构成非法制造爆炸物罪,情节严重,判处被告人杨某申有期徒刑 4 年 6 个月。

杨某申不服,上诉至石家庄市中级人民法院。石家庄市中级人民法院审理认为,一审法院认定事实清楚,证据确实、充分,定性准确,程序合法,但是,考虑到杨某申作为非遗传承人,其制造烟火药的目的是供庙会进行烟火表演，履行法定传承义务，行为未造成实际危害后果，以及犯罪时上诉人已年满75周岁等特殊情况，依据《刑法》第125条、第17条之一、第67条第3款及第37条，判决杨某申犯非法制造爆炸物罪，免予刑事处罚，同时撤销一审判决。

【争议问题】 杨某申的行为是否构成犯罪？

【关联法条】 1.《刑法》第13条、第37条、第125条

2.《最高人民法院关于审理非法制造、买卖、运输枪支、弹药、爆炸物等刑事案件具体应用法律若干问题的解释》(2009年)

【分析思路】 杨某申的行为是否构成犯罪，关键在于其是否具有严重的社会危害性、刑事违法性与应受刑罚处罚性。本案中二审法院的判决思路是，杨某申的行为符合犯罪构成，但考虑到其主观目的以及行为未造成危害后果等因素，其行为属于“犯罪情节轻微不需要判处刑罚”，故依据《刑法》第37条[1]的规定，判决杨某申构成犯罪但免除刑罚。问题是，杨某申循例制造烟火药的行为究竟是属于“犯罪情节轻微”，因而应当适用《刑法》第37条规定，还是属于“情节显著轻微危害不大”因而应当适用《刑法》第13条“但书”规定？若为前者，杨某申的行为仍构成犯罪；若为后者，杨某申的行为不应认定为犯罪。

解决前述问题的关键在于，本案的行为是否具备严重的社会危害性？社会危害性作为刑事责任的评价根据，必须齐备主、客观两方面的事实特征。从客观方面来看，非法制造爆炸物罪作为抽象的危险犯，意味着司法者在本案中不需要进行具体危险的判断，但其仍然需要从法益保护的角度对本案进行一般的判断，即杨某申的行为是否侵犯了非法制造爆炸物罪的法益——公共安全？

本案的案卷材料多次提到，“五道古火会”作为极具地方特色的民俗表演，“文化部门每年两次审查、公安局每次都到火会现场维持秩序，多部门都曾见证过古火烟花”，“古火会已经延续了千年，并无重大安全事故发生的记录”，“整个活动在确保安全方面有一定的自控和防范措施”。基于此，站在一般人的角度，结合经验法则，杨某申制造烟火药的行为是可控、可管的，没

---

〔1〕《刑法》第37条规定：“对于犯罪情节轻微不需要判处刑罚的，可以免予刑事处罚，但是可以根据案件的不同情况，予以训诫或者责令具结悔过、赔礼道歉、赔偿损失，或者由主管部门予以行政处罚或者行政处分。”

有危害公共安全。尽管杨某申未取得相关许可制造烟火药的行为在事实上违反了国家爆炸物管理法律法规,但其行为具有一定的公益性,是对古老技艺的传承,是对民族记忆以及民族文化的延续。从主观方面来看,杨某申制造烟花的目的是传承文化遗产,并非用于不当营利或其他违法犯罪,案件材料也提到"古火烟花20年来没有用于违法犯罪活动,也没有进行买卖",行为人的主观可责难性很低。

综合主、客观方面,我们认为,杨某申的行为不具备严重的社会危害性,情节显著轻微,完全可以适用《刑法》第13条"但书"规定出罪,而非适用《刑法》第37条"情节轻微不需要判处刑罚"之规定入罪免刑。

【延伸阅读】 1. 吉波涛:《社会转型下司法情感与法律适用的碰撞——非遗传承人获刑案引发的思考》,载《中国检察官》2018年第6期。

2. 崔志伟:《"但书"出罪的学理争议、实证分析与教义学解构》,载《中国刑事法杂志》2018年第2期。

3 CASE 蒲某升帮助他人安乐死案*

【基本案情】 王某成之母夏某文长期患病,1984年10月被医院诊断为"肝硬变腹水"。1987年初,夏病情加重,同年6月23日,王某成将其母送汉中市传染病医院住院治疗,被告人蒲某升为主管医生。6月28日,夏某文病情加重,昏迷不醒。王某成要求主管医生蒲某升给其母施用某种药物,让其母无痛苦死亡,遭到蒲的拒绝。在王某成再三要求并表示愿意签字承担责任后,蒲某升给夏某文开了100毫克复方冬眠灵,并在处方上注明是家属要求,强令实习护士注射,又指示值班李医生,若夏某文还未死,再开一针复方冬眠灵。当日下午1时至3时,王某成见其母未死,便两次去找值班李医生,李医生又给夏某文开了100毫克复方冬眠灵,由值班护士赵某注射,后夏某文死亡。

---

* 《我国首例"安乐死"案——王明成、蒲连升故意杀人宣告无罪案》,载搜狐网2020年3月2日,https://www.sohu.com/a/377203741_120178631,最后访问日期:2021年6月6日。

经陕西省高级人民法院法医鉴定:夏某文的主要死因为肝性脑病。夏某文两次接受复方冬眠灵的总量为175毫克,用量在正常范围,并且患者在第二次用药后14小时死亡,临终表现又无血压骤降或呼吸中枢抑制。所以,复方冬眠灵仅加深了患者的昏迷程度,促进了死亡,并非其死亡的直接原因。

汉中市人民检察院于同年9月以故意杀人罪批准逮捕蒲某升,并于1988年2月8日向汉中市人民法院提起公诉。陕西省汉中市人民法院经过公开审理认为,被告人蒲某升在王某成的再三请求下,亲自开处方并指使他人给垂危病人夏某文注射促进死亡的药物,其行为属故意剥夺公民的生命权利,但其用药量属正常范围,不是造成夏某文死亡的直接原因,情节显著轻微,危害不大,不构成犯罪。

宣判后,被告人蒲某升对判决书中认定其行为属于故意剥夺他人的生命权利表示不服,提出上诉。汉中市人民检察院认为,蒲某升在主观上有非法剥夺他人生命权利的故意,在客观上又实施了非法剥夺他人生命权利的行为,社会危害性较大,符合我国刑法规定的故意杀人罪的基本特征,已构成故意杀人罪,原判定性错误、适用法律不当,遂向陕西省汉中地区中级人民法院提出抗诉。陕西省汉中地区中级人民法院二审审理后认为,原判事实清楚,证据确实、充分,定性准确,审判程序合法,适用法律和判决结果是适当的,抗诉和上诉的理由不能成立,应予维持。

【争议问题】蒲某升的行为不构成犯罪,是因为欠缺犯罪的哪一个要素?蒲某升不构成犯罪,是否意味着安乐死在我国是合法的?

【关联法条】《刑法》第13条、第232条

【分析思路】从客观方面来看,蒲某升作为夏某文的主治医生,违反规定开出复方冬眠灵的处方,并指使他人给夏某文注射的行为,与夏某文的死亡结果之间存在刑法上的因果关系,原因是其行为事实上加速了夏某文的死亡。夏某文的主要死因是肝性脑病的鉴定结论并不能切断这种因果关系,所以蒲某升客观上实施了非法剥夺他人生命的行为。从主观方面来看,蒲某升明知给夏某文注射复方冬眠灵会加速其死亡,仍然开出这样的处方,并且指示值班李医生,若夏某文还未死,再开一针复方冬眠灵,显然具有杀人的故意。综合主客观方面,被告蒲某升在形式上符合故意杀人罪的构成要件。

但是,形式上具备犯罪构成的行为并不必然成立犯罪,原因在于,我国犯

罪圈的划定是由犯罪概念和“但书”规定共同完成的，只有那些符合具体犯罪构成且不符合“但书”规定的行为，才能认定为犯罪。由此，罪与非罪的认定，不仅受犯罪构成的形式制约，而且受社会危害性的实质限定。本案中，蒲某升之所以被判无罪，就是因为法院认为其行为不具备应受刑罚处罚的社会危害性。主观上，蒲某升所追求的不单纯是夏某文的死亡，更重要的是通过人工调节的措施改变夏某文濒死前的痛苦状况，尽可能减少她的死亡痛苦。这一点可以从蒲某升否定“打一针氯化钾”“给静脉推点空气”的“残忍”建议，最终选择镇静类药物对夏某文进行注射，使其在昏睡中无痛死亡的事实看出来。由此，蒲某升的主观恶性相较于一般的故意杀人行为是很低的。客观上，蒲某升为病人注射复方冬眠灵使其无痛死亡的方法，相较于刀砍、绳勒等方式要轻微得多。而且，对于饱受疾病煎熬的夏某文来说，在死亡结果既定的前提下，与其痛苦地等待死亡，不如选择无痛苦地早日解脱，蒲某升的行为实际上符合她本人的意愿。若对蒲某升定罪判刑，显然无法做到法理与情理的统一。综上，蒲某升的行为虽具有一定的社会危害性，但并未达到应受刑罚处罚的程度，将其认定为“情节显著轻微危害不大”而适用“但书”出罪是妥当的，故一审、二审的判决是合理的。

蒲某升不构成犯罪，并不意味着安乐死在我国是合法的。1991 年 2 月 28 日最高人民法院给陕西省高院的批复明确指出：“你院请示的王明成、蒲连升故意杀人一案，经高法讨论认为：‘安乐死’的定性问题有待立法解决，就本案的具体情节，不提‘安乐死’问题，可以依照《刑法》（此处指 79 刑法——笔者注）第 10 条的规定，对王、蒲的行为不作犯罪处理。”由此，虽然法院判决蒲某升无罪，但我们不能认为本案确认了安乐死的违法阻却事由。目前，我国并未将安乐死合法化，这也就意味着，行为人基于对方明确的请求，故意剥夺其生命的行为，仍然可能触犯故意杀人罪而受到刑罚处罚。

【延伸阅读】 1. 王永成、高斌：《蒲连升、王明成的行为不应认为是犯罪》，载《人民司法》1991 年第 5 期。

2. 储槐植、张永红：《刑法第 13 条但书的价值蕴涵》，载《江苏警官学院学报》2003 年第 2 期。

4 CASE 陆某代购抗癌药案*

【基本案情】2002年，陆某被查出患有慢粒性白血病，需要长期服用抗癌药品。我国国内对症治疗白血病的正规抗癌药品“格列卫”系列系瑞士进口，每盒需人民币23500元，陆某曾服用该药品。2004年9月，陆某通过他人从日本购买由印度生产的仿制药（未经我国批准进口），价格每盒约为人民币4000元，服用效果与瑞士进口的“格列卫”相同，经对比检测结果显示，两者药性相似度99.9%。之后，陆某开始直接从印度购买抗癌药物，并通过QQ群等途径向病友推荐。经过病友间的传播，该药品价格逐渐降低，直至每盒为人民币200余元。因为汇款程序复杂，许多人都请陆某帮助购买印度抗癌药品。2013年3月，经印度赛诺公司与最早在该公司购药的陆某商谈，由陆某在中国国内设立银行账户，接收患者的购药款，并定期将购药款转账到印度赛诺公司指定的户名为张金霞的中国国内银行账户，在陆某统计好各病友具体购药数量、告知印度赛诺公司后，再由印度赛诺公司直接将药品邮寄给患者。一开始，陆某通过网银U盾管理、使用病友罗某某提供的账号，将病友购药款转账到印度赛诺公司指定的账户，后罗某某不愿再提供使用。于是，陆某从网上购买了3张用他人身份信息开设的银行借记卡，在准备使用中发现有2张因密码无法激活而不能用，仅使用了1张户名为夏某某的借记卡。

2013年11月下旬，陆某因涉嫌妨害信用卡管理罪被沅江市公安局刑事拘留，后被取保候审。2014年7月22日，沅江市人民检察院以妨害信用卡管理罪和销售假药罪对陆某提起公诉。此后300多名白血病病友联名写信，请求司法机关对陆某免予刑事处罚。2015年1月27日，沅江市人民检察院向沅江市人民法院撤回起诉，后于同年2月26日对陆某作出不起诉决定。

【争议问题】检察院起初认定陆某构成销售假药罪的依据是什么？后来检

---

* 最高人民检察院：《2015年度检察机关十大法律监督案例》，2016年2月1日，https://www.spp.gov.cn/zdgz/201602/t20160201_111983.shtml，最后访问日期：2021年6月6日。

察院决定不起诉的依据又是什么？

【关联法条】《刑法》第 141 条

【分析思路】 本案中，沅江市人民检察院前后对陆某行为的定性发生了巨大转变。起初，沅江市人民检察院以涉嫌销售假药罪对陆某提起公诉。理由是，《刑法修正案（十一）》修改前的《刑法》第 141 条第 2 款规定："本条所称假药，是指依照《中华人民共和国药品管理法》的规定属于假药和按假药处理的药品、非药品。"根据当时的《药品管理法》第 48 条第 3 款的规定，依照本法必须批准而未批准进口的药品，按假药论处。本案中，陆某帮助病友购买的印度抗癌药是未经我国批准进口的药品，属于刑法所指的假药。加之，销售假药罪是行为犯，即行为人只要实施了销售假药的行为，就构成犯罪，故陆某代购印度抗癌药的行为符合销售假药罪的犯罪构成。前述的逻辑推理不存在疑问，但若以销售假药罪对陆某定罪判刑，将严重违背国民情感，违背一般人的伦理直觉。因为，对于许多买不起正版药的病友来说，陆某就是"英雄"，他代购的印度抗癌药就是"真药""救命药"。由此可知，《药品管理法》第 48 条的合理性引发了争议，即该法将未取得进口许可的药品定性为假药是否妥当？

关于这个问题，各方分歧明显。持肯定立场的观点认为："《药品管理法》对假药的拟制，并非单纯考虑药品是否具有针对具体疾病的疗效和安全性，还必须考虑医疗卫生领域的整体安全……在没有经过专业的临床试验的基础上，片面认定盗版格列卫没有安全性隐忧并不具有说服力。"〔1〕持否定立场的观点认为："药品真假应以其治疗功效为实质的判断标准，以行政监管为目的进行形式认定，而不以药品本身的治疗功效进行实质的真假判断，这样的认定标准其合理性本身即存在疑问。"〔2〕

紧接而来的问题是，既然《药品管理法》第 48 条本身的合理性存在争议，生产、销售假药罪的司法认定是否需要完全参照和依附《药品管理法》的标准？主流观点认为，法定犯的司法认定对行政法制定标准的参考是相对的，即法定犯的司法认定原则上参考行政标准，同时对二者的联系予以适当的隔

---

〔1〕 程龙：《再评陆勇案：在法定不起诉与酌定不起诉之间——兼与劳东燕教授商榷》，载《河北法学》2019 年第 1 期。

〔2〕 时方：《生产、销售假药罪法益侵害的规范解释——主次法益价值冲突时的实质判断》，载《政治与法律》2016 年第 5 期。

离，行政法制定的具体标准不宜直接转化为个案中刑法规范的认定依据，应保持刑法独立性的判断。[1] 但本案的难处就在于，修改前的《刑法》第 141 条第 2 款已经明确规定假药的认定必须援引《药品管理法》的相关规定，难以绕过本条款对何为假药进行实质性解释。因此，涉案药品被定性为假药是法律解释的当然结论。

陆某被起诉后，300 多名白血病病友联名写信，请求司法机关对陆某免予刑事处罚。后来，沅江市人民检察院向沅江市人民法院撤回起诉，推翻了先前的有罪认定，继而对陆某作出了无罪不起诉的决定。其理由如下：第一，陆某的行为不是销售行为。一方面，陆某作为买方代表始终在为买方提供服务。他对病友提供的帮助是无偿的，既没有加价行为，也没有收取代理费、中介费等任何费用，帮助购买的对象均是白血病患者，没有任何为营利而从事销售或者中介等经营药品的人员。即使陆某在交易过程中从卖方处获得了一定的利益（陆某本人的药费被免除），但仍不能否定其买方的身份，因为这种经济利益本质上还是通过其买方代表的身份获取，并不是卖方给予他的利润分成。另一方面，陆某提供账号的行为不构成与赛诺公司销售假药的共犯。设置账号的目的是为病友提供购药服务，因而仍是作为买方购买药品行为整体的组成行为。第二，销售假药罪的立法宗旨应当包括保护人的生命权、健康权，而陆某的行为没有侵犯他人的生命权、健康权，不具有社会危害性。《刑法修正案（八）》之所以删除销售假药罪中“足以严重危害人体健康”的要求，并非表示销售假药罪的法益不包括人的生命权、健康权，而是因为“足以严重危害人体健康”这一要求在司法实践中取证困难，很可能影响对销售假药行为的惩治，将其删除的目的恰是强化对民生的保障。司法解释的规定也佐证了此点。《关于办理危害药品安全刑事案件若干问题的解释》第 11 条第 2 款规定：“销售少量未经批准进口的国外、境外药品，没有造成他人伤害后果或者延误诊治，情节显著轻微危害不大的，不认为是犯罪。”本案中，陆某代购的抗癌药发挥了与正版药相似的抗癌作用，其行为不仅没有侵犯病友的生命权、健康权，还在客观上延续了没有经济条件购买正版抗癌药的广大病友的生命。

陆某案引发了社会的广泛关注，受本案影响，2019 年修订通过的新《药

---

[1] 参见杜小丽：《抽象危险犯形态法定犯的出罪机制——以生产销售假药罪和生产销售有毒有害食品罪为切入》，载《政治与法律》2016 年第 12 期。

品管理法》将未经批准进口的药品剔除出假药的范畴。为了衔接新《药品管理法》,2020 年出台的《刑法修正案(十一)》也作了相对应的修订:(1)删除了假药需要参照《药品管理法》的条款;(2)增加妨害药品管理罪,规定未取得药品相关批准证明文件生产、进口药品或者明知是上述药品而销售的情形,必须以“足以严重危害人体健康”作为入罪门槛。

【延伸阅读】 1. 劳东燕:《价值判断与刑法解释:对陆勇案的刑法困境与出路的思考》,载《清华法律评论》2016 年第 1 期。

2. 时方:《生产、销售假药罪法益侵害的规范解释——主次法益价值冲突时的实质判断》,载《政治与法律》2016 年第 5 期。

5 CASE 福建赵某见义勇为案*

【基本案情】 2018 年 12 月 26 日晚,李某(男)和邹某(女)在酒后一同前往邹某在福州市晋安区某公寓 4 楼住处,李某想随邹某一同上楼遭到拒绝,二人便开始争吵。随后李某被关在门外,其用脚踹门,强行进入了邹某住处,见屋内还有其他女子,便提出与邹某出去过夜,再次遭到拒绝后便开始打骂邹某,即刻引来了邻居围观。此时,住在 5 楼的赵某听到了邹某的呼喊,便下楼探探究竟,见到邹某正在被李某掐脖,便立刻上前制止,赵某与李某一同倒地。二人起身后发生肢体冲突,李某打了赵某两拳,于是赵某将李某推倒,还了两拳。随后,赵某尝试与邹某一同逃脱,不幸被李某紧紧地抓住了三根手指,情急之下向李某的腹部踹了一脚,并拿起屋内的凳子欲砸向李某,被邹某拦下,最后在其妻子的劝说下离开了现场。不久后,警察赶到现场,李某的腹部剧烈疼痛,警察将其送往医院,最后被法医鉴定为重伤二级。邹某的伤情属于轻微伤。

2018 年 12 月 29 日,赵某因涉嫌故意伤害罪被警方刑事拘留。2019 年 1 月 4 日,福州市公安局晋安分局以赵某涉嫌故意伤害罪向晋安区人民检察院

* 最高人民检察院:《2019 年度十大法律监督案例》,2020 年 1 月 17 日,https://www.spp.gov.cn/zdgz/202001/t20200117_453141.shtml,最后访问日期:2021 年 6 月 6 日。

提请批准逮捕。1月10日，晋安区人民检察院以事实不清、证据不足为由，作出不批准逮捕决定，同日公安机关对赵某取保候审。2019年2月20日，福州市公安局晋安分局以过失致人重伤罪向晋安区人民检察院移送起诉。次日，检察院认定赵某的行为构成防卫过当，并作出了相对不起诉的决定。在此之前的2月17日，赵某在社交媒体微博上以“被冤枉的赵宇”为用户名发布了一则求助信息，在说明事情经过后，请求大家转发微博，将此事宣传出去。此案因此受到了网友们关注和热议。大部分人认为赵某行为系见义勇为，不应该受到处罚。3月1日，在最高人民检察院的指导下，福建省人民检察院指令福州市人民检察院对该案进行审查。福州市人民检察院经审查认为，原不起诉决定适用法律错误，遂指令晋安区人民检察院纠正。同日，晋安区人民检察院撤销原不起诉决定，以正当防卫对赵某作出绝对不起诉决定。3月19日，赵某获得“见义勇为确认证书”。

【争议问题】晋安区检察院第一次作出的不起诉决定依据是什么？为什么后来改变了案件的定性？防卫过当和正当防卫的区别是什么？

【关联法条】《刑法》第13条、第20条、第37条

【分析思路】赵某案共出现两次不起诉决定。

晋安区人民检察院第一次对赵某作出的是相对不起诉决定，其处理逻辑是，赵某之所以与李某发生缠斗，是为了制止李某对邹某实施的不法侵害，且赵某的行为客观上也解救了邹某。因此，赵某的行为具有防卫性质。但是，在缠斗的过程中，赵某踹了李某腹部一脚，导致李某腹部横结肠破裂。经法医鉴定，李某的伤情属二级重伤，而赵某所保护的邹某仅受轻微伤。两相对比，赵某的防卫行为明显超过必要限度，造成了重大损害，故赵某构成防卫过当，依据《刑法》第20条第2款[1]的规定，其应负刑事责任，但应当减轻或者免除处罚。赵某对李某腹部的踢踹，侵害了李某的生理机能，属于刑法意义上的伤害行为，且其主观上有伤害的故意，只是对李某重伤二级的后果持过失态度，依据《刑法》第234条第2款的规定，赵某构成故意伤害罪（致人重伤）。鉴于赵某有自首和防卫过当的情节，为弘扬社会正气，鼓励见义勇为，依据《刑法》第67条第1款、第20条第2款、第37条的规定，检察院认定赵某犯

---

〔1〕《刑法》第20条第2款规定：“正当防卫明显超过必要限度造成重大损害的，应当负刑事责任，但是应当减轻或者免除处罚。”

罪情节轻微，不需要判处刑罚，并根据《刑事诉讼法》第177条第2款[1]规定，对其作出不起诉决定。

此处需要注意作为上述不起诉决定的法律根据之一的《刑法》第37条与第13条的区别。从表面上看，《刑法》第37条的“情节轻微”与《刑法》第13条的“情节显著轻微”似乎只是程度上、量的区别，但实际上两者存在质的不同。《刑法》第37条的“情节轻微”以行为已经构成犯罪为前提，指犯罪行为侵犯法益的程度较轻，犯罪人的主观恶性较小；而《刑法》第13条的“情节显著轻微”是非罪的情节，指行为本身微不足道，即便其形式上符合构成要件，但实质上根本不具有犯罪所要求的社会危害性。

后来，经过最高人民检察院的指导，晋安区人民检察院撤销了第一个不起诉决定，认为赵某的行为属于正当防卫而非防卫过当，故依据《刑事诉讼法》第177条第1款[2]的规定，重新对赵某作出绝对不起诉决定。虽然两个决定都是对赵某不予起诉，但两者对赵某行为的定性是截然不同的，因为防卫过当与正当防卫具有质的差异。第一，从犯罪概念出发，两者存在罪与非罪的区别。防卫过当虽然具备防卫性质，但事实上侵犯了公民的人身权利、民主权利和其他权利，属于危害社会的行为，且行为人主观上对危害结果存在罪过，所以成立犯罪；而正当防卫不是“以暴制暴”，而是“以正对不正”，属于对国家、公共利益、本人或者他人有利的行为，不具有社会危害性，所以不是犯罪。第二，从刑法规范来看，我国《刑法》第20条分别规定了正当防卫和防卫过当，两者的区别就在于防卫限度。根据该条第2款规定，成立防卫过当必需同时齐备“明显超过必要限度”和“造成重大损害”两个条件。“明显超过必要限度”指显著的超过而不是一般的超过，这种超过是一目了然、没有争议的；“造成重大损害”指损害结果显然不是制止不法侵害所必需的，而不是一般的损害。刑法理论将这两个方面归纳为行为过当和结果过当，只有在两者同时具备的情况下，才能认定行为是防卫过当。

本案中赵某的行为分为两个阶段。第一个阶段是赵某制止了李某对邹某实施的不法侵害，第二个阶段是赵某制止了李某对自身实施的不法侵害。

---

〔1〕《刑事诉讼法》第177条第2款规定：“对于犯罪情节轻微，依照刑法规定不需要判处刑罚或者免除刑罚的，人民检察院可以作出不起诉决定。”

〔2〕《刑事诉讼法》第177条第1款规定：“犯罪嫌疑人没有犯罪事实，或者有本法第十六条规定的情形之一的，人民检察院应当作出不起诉决定。”

第一个阶段的行为属于见义勇为、正当防卫,对此不存在争议。而赵某在第二个阶段的行为是否属于正当防卫,需要比照正当防卫的构成要件。通说认为,正当防卫的成立,必须同时具备以下五个要件:(1)存在现实的不法侵害;(2)不法侵害正在进行;(3)防卫人必须对不法侵害人本人实行防卫行为;(4)防卫人必须出于防卫的意图;(5)防卫行为没有明显超过必要限度造成重大损害。在第二个阶段中,李某对邹某的不法侵害已经结束,而李某又要对赵某进行殴打,故存在现实的李某对赵某的不法侵害,且该不法侵害正在进行。此时,赵某为保护自己,针对李某本人实行了防卫行为。故赵某已满足成立正当防卫的前四个条件。需要讨论的是,他在第二个阶段的行为是否符合正当防卫的限度条件?案情显示,赵某为防卫自身,将李某推倒,还了李某两拳,情急之下向李某的腹部踹了一脚,从防卫手段、打击部位、因被李某紧抓住三根手指以及李某躺在地上威胁赵某等情节来看,立足于当时的情境,一般人都会认为赵某的行为仍然是为了制止不法侵害所必需的防卫行为,不存在行为过当。而就重伤结果而言,在李某没有明显要重伤赵某的情况下,赵某的防卫行为致其重伤二级,确实超过必要限度。然而前述防卫行为本身并不过当,唯结果过当不能成立防卫过当。晋安区检察院起初将赵某的行为认定为防卫过当,显然是受了在正当防卫认定问题上长期盛行的"唯结果论"的影响。综上,赵某的行为符合正当防卫的成立要件,因此晋安区检察院以正当防卫为由,对其作出的第二个不起诉决定是合理的。

【延伸阅读】 1. 陈兴良:《正当防卫的司法偏差及其纠正》,载《政治与法律》2019 年第 8 期。

2. 高铭暄:《正当防卫与防卫过当的界限》,载《华南师范大学学报》2020 年第 1 期。

第四章　犯罪客体

1 CASE 南京换偶案

南京市秦淮区人民法院(2010)秦刑初字第66号刑事判决书

【基本案情】2009年8月17日,南京市秦淮区公安分局在一家连锁酒店的房间里将5名参与"换偶"的网民抓获,随后又牵出17人。这些人中,年龄最小者为1983年出生,年龄最大的则是53岁的南京某大学副教授马某海。2010年3月10日,秦淮区人民检察院对涉案的22人以聚众淫乱罪提起公诉。据指控,从2007年夏至2009年夏的两年时间里,22名被告以网络为平台,在南京多个地方组织参与了35起聚众淫乱活动。其中,马某海组织、参与的达18起。马某海所居住的学校公寓,是14次聚众淫乱的事发地,这些犯罪嫌疑人(夫妻或单身男女)主要通过"夫妻交换""走错房间""南京派对"等方式,公开交流性体验,进而"聚众淫乱"。马某海对公诉机关指控其聚众淫乱的基本事实不持异议,但其辩护人辩称,马某海主观上没有扰乱社会公共秩序的故意,客观上其所参加的"换妻"或性聚会具有封闭性、隐蔽性、自愿性,不涉及公共生活和公共秩序,不构成聚众淫乱罪,故不应当以刑法处罚。2010年4月7日至8日,南京市秦淮区人民法院对马某海等人"聚众淫乱"案进行了不公开审理。22人的被告阵容,创造了1997年修订《刑法》以来,以"聚众淫乱"罪名起诉的最高纪录。在两天的庭审中,除马某海之外,其余21名被告均表示认罪,其辩护人也都作了有罪辩护。2010年5月20日上午,秦淮区人民法院进行公开宣判,22名被告人均被判处聚众淫乱罪,马某海被判处3年6个月的有期徒刑,18名被告人分别被判处1年到2年6个月不等的有期徒刑(其中14人适用缓刑),其余3名被告人因犯罪情节较轻且有自首情节免予刑事处罚。

【争议问题】如何理解聚众淫乱罪的法益?存在多种理解的情况下,如何确定本罪的法益？本案是否侵犯了聚众淫乱罪的法益？

【关联法条】《刑法》第301条

【分析思路】 通常认为聚众淫乱罪是典型的无被害人犯罪，这导致本罪的保护法益具有相当的模糊性。理论界关于聚众淫乱罪的法益问题主要存在以下三种观点：第一种观点认为，本罪的法益是良好的社会道德风尚和社会风化。这种看法体现出刑法道德化的色彩，不仅将刑法作为维护社会秩序的工具，而且将刑法作为伦理道德的捍卫者。因此，只要行为人进行了多人性行为，破坏了善良风俗和伦理道德，就应认定其行为符合本罪的犯罪构成。第二种观点认为，从刑法分则的编排体系来看，聚众淫乱罪处于第六章第一节扰乱公共秩序罪当中，因此本罪的法益是社会公共秩序。同时，该观点对"公共秩序"作了扩大解释，认为公共秩序不仅包括公共场所的秩序，还包括人们在公共、私人场合的日常交往中均应共同遵守的生活规则，故任何违反公共生活规则的行为也是对公共秩序的破坏。基于此，即便是私密的聚众换偶行为，也违反了公共生活规则，侵犯了聚众淫乱罪的保护法益。本案的审理法院也赞成这种观点，认为"刑法所保护的公共秩序不仅仅指公共场所秩序，公共生活也不仅仅指公共场所生活，《中华人民共和国刑法》将聚众淫乱罪归类在扰乱公共秩序罪这一大类中，说明聚众淫乱即侵害了公共秩序，此种行为的故意已经包含在行为之中；无论聚众淫乱行为发生在私密空间还是在公共场所，不影响对此类行为性质的认定，当达到刑法所规定的程度时，即构成犯罪"。第三种观点认为，聚众淫乱罪的保护法益是狭义的公共秩序，不包括公共生活规则或公共交往规则。在私密空间发生的聚众淫乱行为不可能为外界所知，不具有公开性，因而没有破坏公共秩序。

我们认为，第三种观点是可取的，理由如下：

第一，法益是一种值得保护、能够受到侵害的客观、现实利益，而伦理、道德不满足这一要求。另外，我国《刑法》第13条对犯罪所下的定义并不包含对伦理、道德的破坏。因此，第一种观点提到的道德风尚、社会风化不能作为本罪的法益。而第二种观点中"人们在任何场合均应共同遵守的生活规则"，一方面语义模糊、标准不明，另一方面超越了公共秩序的语义射程，有类推解释之嫌。实际上，第二种观点是道德风尚、社会风化的语义转换，同理也不能成为本罪的保护法益。

第二，按照文义解释，公共秩序与公共生活息息相关，具有鲜明的开放性和透明性,对他人和社会的影响具有直接性和广泛性。而且我国刑法规定的其他聚众型犯罪,例如聚众扰乱公共秩序罪、聚众冲击国家秩序罪、聚众斗殴罪等,都具有公开性的特点。根据体系解释,聚众淫乱罪也应具有公开性。三个以上的成年人基于同意实施隐蔽的性行为,显然并不满足这种公开性。

第三,公然的聚众淫乱与私密的聚众淫乱,在社会危害性层面存在质的差别:前者的社会危害性达到了应受刑罚处罚的程度,后者的社会危害性则明显降低。随着性观念的逐渐开放,各个国家普遍认识到性权利的重要性。1999 年,第 14 次世界性学会议通过了《性权宣言》,这是世界范围内性权与性自由运动的重大成果。该宣言以性自由权为核心,列举了十一项性权利,强调当事人之间的"合意"或"同意"是性的唯一评价标准。但是,这种性自由并不是不受约束的,必须以不能侵害他人的权利为边界。李银河教授也提出"性"的三个原则:自愿、成人之间以及私密。据此,马某海等人的行为既没有侵犯他人的权利,也没有违反"性"的三大原则,故可以看成是性自由的体现,是隐私权的延伸。而公然的聚众淫乱行为,虽存在当事人的合意,但是它打破了性自由的边界,强制了"不想看、不想听的人"的视觉和听觉,侵犯了公众对性的情感,同时也会腐蚀未成年人。换言之,聚众淫乱只有突破性的私密性,进入到公共领域,才具有严重的社会危害性,从而上升至犯罪。

综上所述,以公共秩序作为聚众淫乱罪的保护法益是妥当的,但是公共秩序应当理解为狭义上的满足社会公共生活所必需的秩序,不包括公共生活规则或公共交往规则。本案中马某海等人在私密、封闭的场合自愿进行"换偶游戏",并不会影响到一般民众的性情感,不构成对公共秩序的破坏。因此,其行为没有侵犯聚众淫乱罪的法益,秦淮区人民法院的判决并不合理。

【延伸阅读】 1. 姜涛:《刑法中的聚众淫乱罪该向何处去》,载《法学》2010 年第 6 期。

2. 蔡曦蕾:《论聚众淫乱罪的法理缺陷与完善》,载《时代法学》2010 年第 4 期。

2 CASE 徐某盗取自己被扣押的机动车案*

【基本案情】2007年3月26日10时许，被告人徐某驾驶其所有的松花江牌面包车(车牌号为京HB5×××)在海淀区苏州桥下发生追尾事故，执法民警认定其负事故全部责任，并将其面包车扣留于苏州桥违章事故停车场，同时通知其持该车的保险单到相关部门得到确认并开具放车单后，方可持放车单将车取回。当日14时许，在未取得放车单的情况下，被告人徐某持备用钥匙赶至苏州桥违章事故停车场，趁停车厂管理人员不备，将价值人民币17608元的该车开走。2007年3月28日，公安机关将徐某抓获。检察机关以徐某涉嫌盗窃罪向法院提起公诉。法院审理后，以非法处置被扣押的财产罪判处徐某有期徒刑10个月。

【争议问题】盗窃罪的客体是什么？本案是否侵犯了盗窃罪的客体？

【关联法条】《刑法》第264条

【分析思路】在我国刑法理论中，关于盗窃罪的保护客体，主要有以下三种学说：

一是所有权说。这是我国刑法学界的传统学说。该说认为，盗窃罪的客体是财产的所有权整体。支持所有权说的学者认为，所有权说符合我国的刑法及相关司法解释的规定，并且司法实践也坚持了这一学说，这一点可以从最高人民法院公布的相关财产犯罪的指导性案例中得到印证。而批评所有权说的学者认为，该说过度限缩刑法的保护范围，导致债权、质权等他物权以及财产利用人的权益无法受到刑法保护。

二是混合说。该说认为："财产罪的客体首先是财产所有权以及其他本权，其次是需要通过法定程序恢复应有状态的占有；但在相对于本权者的情况下，如果这种占有没有与本权者相对抗的合理理由，相对于本权者恢复权

---

* 《司机偷偷开走自己被扣押车辆获刑10个月》，载中国法院网2007年12月21日，https://www.chinacourt.org/article/detail/2007/12/id/280359.shtml，最后访问日期：2021年6月6日。

利的行为而言,则不是财产犯的客体。"[1]支持混合说的学者认为,该说将所有权之外的他物权以及财产利用人的权益也作为盗窃罪的客体,弥补了所有权说的不足,同时将占有本身纳入客体,解决了司法实践上的一些难题。例如,盗窃他人占有的违禁品的行为,若根据所有权说,因违禁品的所有权问题存在争议,故难以认定为盗窃罪。若根据混合说,他人对违禁品的占有也是盗窃罪的客体,此时盗窃他人占有的违禁品的行为,就应认定为盗窃罪。而反对混合说的学者认为,本权是权利主体享有的利益,占有是一种事实状态,二者明显是不同层次的概念,是否能将其共同作为盗窃罪的保护客体需要讨论。而且,依据混合说,行为人盗窃他人非法持有的毒品后加以销毁的行为,除了构成盗窃罪之外,还可能构成毁坏公私财物罪。"因为,毁坏财物犯罪的保护法益是他人财物的所有权,不是他人的占有。如果说上述场合下的盗窃罪的保护法益是一定条件的'占有'的话,则事后的毁坏行为只能评价为毁坏财物的犯罪……但是,从刑法的谦抑性的角度来讲,将仅仅处于盗窃罪的延长线上的行为逐一认定为新的犯罪行为,显然不妥当,也违背了混合说限制财产犯罪的成立范围的初衷。"[2]

三是占有说。该说认为,为了保护财产所有权,首先必须保护对财产的占有本身,无论是基于善意的无本权占有,还是基于恶意的无本权占有,都应毫无例外地予以保护。支持占有说的学者认为,现代社会的经济条件显著变化,财产关系日益复杂,故我国由本权说转向占有说是现实的需要。而且,坚持占有说,禁止私力救济,对维护法制权威,建立良好的财产秩序具有重要意义。反对占有说的学者认为,该说过分扩大了财产犯罪的法益,使以保护财产为目的的财产犯罪成为维护财产秩序的手段,脱离了该类犯罪的立法宗旨。根据该说,本权人的私力救济被绝对禁止,这会导致刑法处罚不当罚的行为。

对盗窃罪的客体理解不同,对构成要件的理解就会产生差异,从而导致对同一行为的处理得出不同的结论。例如,对于盗窃罪的被害人甲秘密取回自己所有的、被乙盗取的摩托车的行为,若根据所有权说,被害人不构成盗窃罪,因为没有侵犯公私财物的所有权;若根据混合说,由于乙对摩托车的占有没有与所有权人甲相对抗的合理理由,相对于甲行使权利的行为而言,乙对

---

〔1〕 张明楷:《侵犯财产罪的疑难问题》,载《华东刑事司法评论》2004 年第 1 期。

〔2〕 黎宏:《论财产犯罪的保护法益》,载《人民检察》2008 年第 23 期。

摩托车的占有不是盗窃罪的客体,所以甲不成立盗窃罪;若根据占有说,甲秘密取回自己被盗的摩托车,因为侵害了乙对摩托车的占有,应成立盗窃罪。又如,分期付款购买商品的情况下,双方约定,买方付清全部货款之前,商品由买方占有,但所有权属于卖方,卖方在买方交付一部分货款后,将商品偷回来。若根据所有权说,卖方拿回的是自己所有的财物,因此不构成盗窃罪;若根据混合说,买方的占有具有与本权者相对抗的合理理由,卖方私自取回商品的行为侵犯了买方的占有,因此卖方成立盗窃罪;若根据占有说,卖方的行为侵犯了买方的占有,因此卖方成立盗窃罪。

回到本案,倘若采取所有权说,徐某取回的面包车是自己所有的财物,并没有侵犯公私财物的所有权,因此不构成盗窃罪;倘若采取混合说,国家机关对面包车的扣押具有与徐某相对抗的合理理由,徐某的行为侵犯了这种占有,因此构成盗窃罪;倘若采取占有说,徐某秘密取回自己被合法扣押的面包车,侵犯了国家机关对面包车的占有,因此构成盗窃罪。因此,关于该问题的具体结论,由于对盗窃罪客体的界定不同,可能存在不同的理解。

【延伸阅读】 1. 张明楷:《侵犯财产罪的疑难问题》,载《华东刑事司法评论》2004 年第 1 期。

2. 车浩:《占有不是财产犯罪的法益》,载《法律科学》2015 年第 3 期。

3 CASE 陈某盗取 QQ 密保卡数据案*

【基本案情】 2008 年 4 月 15 日,深圳腾讯公司委托某市某公司生产 QQ 密保卡。生产过程中有一批密保卡因损坏需要重新进行制作,某公司遂将该批密保卡的数据通过内网上传至本公司服务器的共享文档。由于文件没有加密,该公司的普通操作员通过生产车间的电脑就可以进入内部网络查看 QQ 密保卡数据。陈某发现这一漏洞后,第二天携带一张闪存卡及转换器来到生

* 参见最高人民法院刑事审判第一、二、三、四、五庭编:《刑事审判参考》2012 年第 4 集(总第 87 集),法律出版社 2013 年版,第 43—44 页。

产车间，趁他人不注意时利用其中的一台多米诺2号喷码机登录到该公司的服务器，并将需要重新制作的密保卡数据复制到其携带的闪存卡上，所涉QQ密保卡卡面金额人民币49140元。此后，陈某辞职回到老家，并于5月5日至6月19日，利用其复制的QQ密保卡数据为其本人及朋友的QQ账户进行充值，累计充值金额为5030元。6月2日，游戏玩家向腾讯公司投诉其购买的Q币充值卡余额为零，腾讯公司遂报警处理。警方接到报警后，于6月19日将陈某抓获归案。检察院以盗窃罪对陈某提起公诉。法院审理认为，被告人陈某以非法占有为目的，秘密窃取他人财物，数额较大，其行为构成盗窃罪，判处有期徒刑1年6个月，并处罚金3000元。

【争议问题】本案盗窃的对象是什么？侵犯的客体是什么？客体和对象是什么关系？

【关联法条】《刑法》第264条

【分析思路】首先，本案的盗窃对象是QQ密保卡数据。QQ密保卡是持卡人支付对价后取得有偿网络服务的指令媒介，即QQ用户先向腾讯公司支付等值服务资费〔1〕购买QQ密保卡，然后输入密保卡上的密码对其QQ账户进行充值，进而获得腾讯公司提供的等值服务〔2〕。因此，陈某掌握的密保卡数据实际上承载了腾讯公司应享有的等值服务资费，可被人控制、使用并发挥其经济价值功效，属于可以即时兑现权益的财产权证，能够成为盗窃罪的对象。相关的司法解释也为前述结论提供了依据。最高人民法院2000年5月12日出台的《关于审理扰乱电信市场管理秩序案件具体应用法律若干问题的解释》第7条规定："将电信卡非法充值后使用，造成电信资费损失数额较大的，依照刑法第二百六十四条规定，以盗窃罪定罪处罚。"第8条规定："盗用他人公共信息网络上网账号、密码上网，造成他人电信资费损失数额较大的，依照刑法第二百六十四条的规定，以盗窃罪定罪处罚。"本案中的密保卡数据与司法解释规定的电信卡、公共信息网络上网账号、密码在本质上存在相似性，都代表了一定数额的财产权益和财产价值，与普通财物相比，同样

---

〔1〕密保卡对应的等值服务资费是指获得服务的主体应当向发行公司交纳的与所获服务价值对应的费用。

〔2〕密保卡对应的等值服务是指输入密保卡密码后从密保卡发行公司获得的与密保卡卡面金额对应的服务。

具有使用价值和交换价值,因此属于公私财物的范畴。

其次,本案侵犯的客体是腾讯公司的财产所有权。被告人陈某利用其复制的 QQ 密保卡对 QQ 账户进行非法充值,使其本人和朋友可以免费获得腾讯公司提供的等值服务,从而导致腾讯公司相应的 5030 元等值服务资费遭受损失,其行为实质上与秘密窃取腾讯公司的财产无异,故侵犯了腾讯公司的财产所有权。

最后,犯罪客体和犯罪对象既有联系,又有区别。从两者的联系来看,犯罪对象是犯罪客体的表现形式,犯罪客体是犯罪对象的实际内容。就本案而言,QQ 密保卡数据承载了腾讯公司的等值服务资费,是腾讯公司财产所有权的表征;腾讯公司的财产所有权蕴含于密保卡数据中,是密保卡数据的实质所在。从两者的区别来看,犯罪对象体现犯罪现象的外部特征,一般不决定犯罪的性质;犯罪客体体现犯罪现象的内在本质,决定犯罪的性质。就本案而言,窃取 QQ 密保卡数据仅仅是陈某行为的外部表现,对腾讯公司财产所有权的侵犯才是陈某行为的内在本质,正是后者揭示了陈某的行为性质。

【延伸阅读】

1. 张明楷:《非法获取虚拟财产的行为性质》,载《法学》2015 年第 3 期。
2. 陈兴良:《虚拟财产的刑法属性及其保护路径》,载《中外法学》2017 年第 2 期。

第五章　犯罪客观方面

1 CASE 刘某涉嫌过失致人死亡案

北京市宣武区人民法院(原)(2005)刑字第244号刑事判决书

【基本案情】 2004年4月29日11时许,被告人刘某驾驶轿车行驶至北京市宣武区宣武门路口由东向南左转弯时,适遇张某发(殁年69岁)骑车由东向西横过马路,二人因让车问题发生争吵。被告人刘某驾车前行至宣武门西南角中国图片社门前后靠边停车,与随后骑自行车同方向而来的张某发继续口角,后被告人刘某动手推了张某发的肩部并踢了张某发腿部。张某发报警后双方被民警带至广内派出所。在派出所解决纠纷时,被害人张某发感到胸闷不适,于13时到医院就诊,15时许经抢救无效死亡。经法医鉴定:张某发因患冠状动脉粥样硬化性心脏病,致急性心力衰竭死亡。北京市宣武区人民法院认为:被告人刘某与被害人张某发因交通问题发生口角及肢体接触,现有证据证实被告人刘某推了被害人张某发肩部以及踢了被害人腿部。但在打击的力度及部位方面,被告人刘某的行为尚未达到可能造成被害人张某发死亡的强度。被告人刘某在事发当时无法预料到被害人张某发患有心脏病并会因心脏病发作导致死亡结果的发生,对于被害人张某发的死亡,被告人在主观上既无故意也没有过失,被害人张某发的死亡更多是由于意外因素所致,被告人刘某的殴打行为只是一个诱因,故被告人刘某不应承担过失致人死亡的刑事责任。

【争议问题】 本案是否构成犯罪?如果不构成犯罪,是因为欠缺什么要素?是欠缺行为?还是欠缺因果关系?或者是欠缺预见可能性?

【关联法条】《刑法》第16条

【分析思路】 犯罪的实体是不法和责任,不法是指符合构成要件并且违法,责任则是指行为人所实施的客观不法行为具有可谴责性。讨论本案是否构成犯罪,需要分析的是,行为人的行为是否兼具不法和有责。

作为不法的前提,只有当行为满足了刑法分则针对某一特定犯罪所规定的表明违法性的各种要素,才能认定行为具有构成要件该当性。构成要件该当性的判断并非整体的判断,而是对构成要件要素的判断,本案定性所需要判断的构成要件要素主要是行为和因果关系,下面逐一进行分析。

首先,行为人的行为是否为刑法意义上的危害行为。危害行为是指行为人所实施的客观上侵害法益的身体活动。一般来说,刑法分则所规定的构成要件行为即为危害行为,如故意杀人罪、过失致人死亡罪的危害行为就是"杀人"。本案中,结合被害人的年龄、被害人身患心脏病这些客观因素综合考量,行为人的行为具有导致被害人心脏病病发进而死亡的风险,能够评价为杀人罪的危害行为。

其次,因果关系的问题。因果关系所讨论的是危害行为与危害结果之间的一种引起与被引起的关系。在结果犯的情况下,认定行为归属于某一主体不足以追究其刑事责任,还必须证明结果是由该行为造成的,即将结果客观上归属于某一行为。本案中被害人身患心脏病这一事实并非为中断因果流程的介入因素,而是行为时存在的客观条件,虽然行为人的伤害行为本身不足以致使被害人死亡,但伤害行为导致被害人心脏病发作而死亡,同样应当将被害人的死亡结果归属于行为人的行为。综上所述,行为人的伤害行为具有杀人犯罪的构成要件该当性,且本案行为人不具有违法阻却事由,故行为人的行为具有不法性。

最后,讨论本案是否构成犯罪还需要分析行为人是否具有有责性。本案的争议之一在于行为人对结果是否具有预见可能性。根据《刑法》第16条"由于……不能预见的原因引起的,不是犯罪"的规定,对结果具有预见可能性是对行为人进行谴责的前提,行为人若对结果没有预见可能性就没有罪过,也就不能构成犯罪。本案行为人对被害人患有心脏病的事实并不存在特殊认识,应以与行为人具有相同认知水平的一般人的注意能力为标准来认定行为人对结果是否具有预见可能性。行为人的击打部位为肩部和腿部,并非被害人的头部、心脏等风险较高的部位,且在击打力度上也并未达到能够造成被害人轻微伤结果的程度,一般人不能预料到如此轻微的肢体接触行为能够引起被害人心脏病发进而死亡的结果。因此,行为人对自己行为造成被害人死亡结果缺乏预见可能性，行为人不具备有责性，不构成犯罪。

【延伸阅读】 1. 张明楷：《阶层论的司法运用》，载《清华法学》2017年第5期。

2. 陈兴良：《过失犯论的法理展开》，载《华东政法大学学报》2012年第4期。

2 CASE 佛山“小悦悦”案*

【基本案情】 2011年10月13日17时30分许，两岁的小悦悦在家门口的巷子里玩耍着，一辆迎面驶来的面包车将小悦悦撞倒卷到车底。司机停了一下车，然后又将车开动，后轮再次从小悦悦身上碾过。两名路人先后路过，却均对倒地的小悦悦不理睬，接着小悦悦被一辆小型货柜车再次碾轧。之后5分钟往来的十余个路人均不闻不问，直到一位拾荒阿姨看到，把小悦悦抱到路边并找到她的妈妈。10月21日凌晨0时32分，经医院全力抢救无效，佛山被碾两岁女童小悦悦离世。

事件发生后，舆论哗然，汹涌民意将矛头指向冷漠的路人，“见危不救”“见死不救”行为入刑呼声高涨，也由此引起了刑法学理论的探讨。

【争议问题】 本案路人的行为为什么不构成犯罪？不作为犯的义务来源如何确定？见危不救罪的设立是否有必要性与可行性？

【分析思路】 本案中，过路人并未以积极的身体活动实施刑法所禁止的行为，因此不能评价为作为犯；需要考虑的是过路人的不救助行为是否违反了刑法的命令性规范，也即过路人是否因不履行作为义务而构成不作为犯。根据理论通说，刑法明文将不作为规定为构成要件要素的犯罪，是真正不作为犯；刑法没有明文将不作为规定为构成要件要素，行为人以不作为实施了通常由作为实施的构成要件的，就是不真正不作为犯。在我国，由于刑法分则条文并未直接将见危不救行为规定为不真正不作为犯，因此将本案路人认定

---

* 《佛山女童小悦悦被碾事件四周年》，载财新网，http://special.caixin.com/event_1013/，最后访问日期：2021年6月6日。

为真正不作为犯并追究刑事责任有违反罪刑法定原则之嫌，故需要进一步考虑过路人的行为是否构成不真正不作为犯。

立足于实质的作为义务论的立场，当行为人存在以下情况时，具有作为义务。第一，具有支配危险源所产生的监管地位。危险源是指导致结果发生的原因，如危险动物、危险物品、先前行为造成的法益侵害危险等。第二，具有与法益无助状态的特殊关系。如法律法规规定父母对未成年子女的抚养义务，基于自愿承担所产生的夫妻之间的救助义务。本案中，即使过路人事实上能够控制小悦悦死亡结果会否发生，但由于过路人对肇事司机不具有管理义务，且过路人并未有制造或增加危险的先前行为，因此过路人没有因对危险源的支配而产生的监督义务。并且，被害人小悦悦与过路人没有身份上的联系，事先也没有订立合同或者自愿承担行为，故二者不具有如父母对未成年子女、医生对病人等的特殊关系。因此，过路人不具有保证人地位，不构成不真正不作为犯。

部分国家通过刑事立法的途径将见危不救行为以真正不作为犯的形式加以规定，如《德国刑法典》第 323 条 C 项规定："意外事故、公共危险或者困境发生时需要救助，根据行为人当时的情况急救有可能，尤其对自己无重大危险且又不违背其他重要义务而不进行急救的，处 1 年以下自由刑或罚金。"《法国刑法典》第 223 - 6 条第 2 款规定："任何人对处于危险之中的他人，能够个人采取行动，或者能够唤起救助行动，且对其本人或第三人无危险，而故意放弃给予救助的，处五年监禁并科五十万法郎罚金。"

我们认为，我国现阶段不宜设立见危不救罪，理由如下：首先，对见危不救行为以犯罪论处，将混淆法律义务和道德义务的界限。在我国，见义勇为被承认为道德义务，而将道德义务以及公序良俗所产生的义务法律化，将不当扩大不作为的范围，并且道德义务是一种范围非常难确定的义务，将其纳入作为义务范围会违背罪刑法定原则的要求。其次，将见危不救行为犯罪化的实践操作性不强，在适用范围的界定、责任主体限定、责任分担和追究等问题上难以明确标准。最后，我国在刑法结构上与西方国家存在差别，我国在刑法之外还有治安管理处罚措施，西方国家刑法中的某些轻罪，在我国并不作为犯罪处理，而是通过《治安管理处罚法》来解决。由于见危不救行为不具有与我国刑法规定的其他犯罪相当的社会危害性，因此，通过完善《治安管理处罚法》等途径来解决见危不救行为的责任问题是更具有可行性和适应我国国情的道路。

综上所述，本案中过路人的不救助行为不构成犯罪，我国不宜设立见危不救罪，应当通过完善《治安管理处罚法》等途径来解决此类见危不救行为的责任问题。

【延伸阅读】 1. 黎宏：《一定条件下的见危不救入刑研究》，载《中外法学》2018 年第 3 期。

2. 刘仁文：《对“见危不救”是否要入罪的思考》，载《法学杂志》2013 年第 4 期。

3 CASE 宋某祥不阻止妻子上吊自杀案

河南省南阳市中级人民法院（1995）南刑终字第 002 号刑事判决书

【基本案情】 1994 年 6 月 30 日，被告人宋某祥酒后回到自己家中，因琐事与其妻子李某发生争吵撕打。李某说：“三天两头吵，活着不如死了。”宋说：“那你就死去。”后李某在寻找准备自缢用的凳子时，宋喊来邻居叶某生对李某进行规劝。叶某生走后，二人又发生吵骂撕打。在李某寻找自缢用的绳索时，宋采取放任态度不管不问不加劝阻。宋听到凳子响后便出门到一里以外的父母家中去告诉其父母，待其父母赶到时，李某已经无法挽救。经南阳市卧龙公安分局刑事技术鉴定：李某系机械性窒息死亡（自缢）。

一审法院经审理认为，被告人宋某祥目睹其妻子李某寻找工具准备自缢，应当预见李某发生自缢的后果而放任这种后果发生，在家中只有夫妻二人的特定环境中，宋某祥负有特定义务，其放任李某自缢身亡的行为，已构成故意杀人罪（不作为），但情节较轻，故判决宋某祥犯故意杀人罪，判处有期徒刑 4 年。宋不服一审判决提起上诉，称其没有放任李某死亡，根本想不到她这次会真的自杀，要求依法改判无罪。二审法院经审理认为，被告人宋某祥与妻子关系不和，在争吵厮打中用语言刺激李某，致使其产生自缢轻生的决心。被告人宋某祥是负有特定义务的人，对李某自缢采取放任态度，致使李某在家中这种特定环境中自缢身亡，其行为已构成故意杀人罪（不作为）。原审判决定罪正确，量刑适当，审判程序合法，被告人的上诉理由不成立不予采纳，故裁定驳回上诉，维持原判。

【争议问题】本案的行为是什么？如果被告人宋某祥构成不作为形式的故意杀人罪，其作为义务来源是什么？

【关联法条】《刑法》第 232 条、《民法》第 1059 条

【分析思路】本案中，被告人宋某祥并未采取积极作为的方式杀死妻子李某，而是在其妻子陷入自缢死亡的风险时消极不救助，并因此被判决构成故意杀人罪。在行为人的行为未对结果的发生投入积极能量时，需要考虑行为人是否构成不作为犯罪。所谓不作为犯罪，是指行为人负有实施某种积极行为的特定法律义务，并且能够作为而不作为的行为。根据通说，不作为也是一种行为，行为人构成不作为犯罪应当具备三个基本条件，即具有作为义务、作为可能性及结果回避可能性。毫无疑问，本案行为人宋某祥具有解救其妻子的能力，也具有避免其妻子死亡结果发生的可能性，问题在于，行为人是否具有作为义务，即丈夫是否具有防止妻子自缢风险转化为实害结果的义务。

传统理论认为，刑法上的作为义务有以下四种形式，即法律法规规定的义务、职务或业务上要求的义务、法律行为(如合同)引起的义务以及先前行为引起的义务。一方面，形式的作为义务理论具有特征明确、易于操作的特点，将道德义务与刑法上的作为义务明确区分，对于合理限制不纯正不作为犯的处罚范围以及贯彻罪刑法定原则具有重要意义，故其成为我国刑法理论的通说。另一方面，形式的作为义务理论流于表面，未深入剖析作为义务概念的内涵，对外延的解释具有很大的随意性，且无法解释民法或行政法等其他领域法律法规何以能够作为刑法上认定行为人刑事责任的依据。因此，理论上针对不作为犯罪作为义务来源的探讨逐渐走向实质化，机能二分说成为德国的主流观点，其将作为义务分为对特定法益的保护义务和对危险源的监督义务，只有具备了以上两种类型的法义务时，方能认定不作为导致了法益侵害结果，进而认定不作为符合构成要件。

从形式上来说，夫妻在对方生命、身体健康受到危害时负有救助义务的根据在于我国民法所规定的夫妻间相互的扶养义务，其包含了夫妻相互救助生命的作为义务；但究其实质，则是夫妻处于紧密的共同生活状态中，高度的信赖关系产生了作为义务。在结婚以后，夫妻都自愿地进入了一个婚姻共同体，这个共同体的内容之一就是进行互相的保护和照料。由于夫妻相互之间的了解程度以及出现危险时救助的可能性都远甚于他人，夫妻中的一方都有权利相信在自己处于紧急状态时对方会给自己提供保护，而正是夫妻之间此

种长期稳定的相互信任的依赖关系产生了危急时救助对方的作为义务。

本案中,行为人与被害人之间系夫妻关系,二人共同生活,厮打的起因系生活琐事,且行为人在厮打期间曾找来邻居规劝,以上情况使被害人能够信赖行为人会阻止自己死亡结果的现实发生。基于此种信赖关系,行为人宋某祥对妻子李某的生命这一特定法益具有保护义务。综上所述,行为人宋某祥负有防止其妻子李某自缢风险转化为实害结果的义务,具备作为可能性及结果回避可能性,构成不作为形式的故意杀人罪。

【延伸阅读】 1. 周光权:《论实质的作为义务》,载《中外法学》2005 年第 2 期。

2. 杨兴培:《一起夫妻争吵引起自杀案的刑法思考和伦理思考》,载《华东政法学院学报》2004 年第 6 期。

4 CASE 颜某于等故意杀人案

浙江省湖州市南浔区人民法院(2007)湖浔刑初字第 280 号刑事判决书

【基本案情】 2007 年 5 月 25 日 11 时许,被告人颜某于、廖某军、韩某龙与何某林(另案处理)在湖州市南浔区南浔镇方丈港村发现周某龙盗窃被告人颜某于的自行车,便尾随追赶周某龙至南浔镇的安达码头。在该码头 3 号吊机旁抓获周某龙后,廖某军与何某林用拳,颜某于、韩某龙分别手持石块、扳手,击打周某龙头部等处,致周头皮裂创。周挣脱逃跑,颜某于、廖某军、韩某龙分头继续追赶周。当周某龙逃至停在码头上的货船上时,颜某于、廖某军遂将该货船围堵。周某龙见无路可逃而跳入河中。廖某军见状遂喊"小偷跳河了",韩某龙闻声后也赶到货船上。三被告人在船上见周某龙向前游了数米后又往回游,后在水中挣扎而逐渐沉入水中。其间,货船上曾有人告诫三被告人"要出人命了",而三被告人却无动于衷,直到看不见周某龙的身影,欲下船离开时,被在场群众扣留。公安人员接警后赶至事发地点将被害人打捞上来时,被害人周某龙已溺水身亡。

湖州市南浔区人民法院经审理认为:被告人颜某于、廖某军、韩某龙因被害人"偷窃"自行车而追赶、殴打被害人,从而迫使被害人逃至货船并跳入河中,三被告人目睹被害人在水中挣扎的现状,明知此时被害人有生命危险,却不采取救助措施，最终发生了被害人溺水死亡的结果。由于三被告人先前实施殴打、追赶、堵截行为，被害人被迫跳入河中而处于溺水身亡的危险时，三被告人依法负有救助被害人的义务，但三被告人视而不见，放任被害人死亡结果的发生，其不作为的危害行为均已构成故意杀人罪。

【争议问题】 本案中被告人是否具有作为义务？

【分析思路】 本案中，争议问题在于行为人颜某于等是否具有救助被害人的作为义务。通说认为，当行为人先前所实施的行为使刑法所保护的某种法益面临严重损害的危险时，该行为人具有采取积极行动阻止损害结果发生的义务。本案定性的关键在于行为人的追撵、堵截等行为能否评价为先前行为。

由于行为人的追撵行为发生在被害人盗窃未遂之后，具有合法性，因此，需要进一步探讨的是合法行为是否能够被评价为先前行为。学界对此问题大致持有三种观点：第一种观点为限制说，认为只有自身违反法律义务，具有客观违法性的先前行为才能引起作为义务，合法行为不能引起作为义务；第二种观点为限制否定说，认为先前行为不限于违法行为，不论是违法行为还是合法行为都能引起作为义务；第三种观点为具体判断说，认为先前行为是否必须限于违法行为不可一概而论，应当结合具体案件确定。

我们持具体判断说。在不作为犯的讨论中，先前行为并非独立的处罚对象，因此以形式上是否具有违法性来判断某一行为能否评价为先前行为进而产生作为义务并不可取。对不作为的谴责并非是先前行为违法性的承继，判断某一行为是否构成先前行为并引起作为义务应当采用更为实质的标准。站在实质的作为义务论的立场，使刑法保护的具体法益面临紧迫的危险，是先前行为构成作为义务来源的实质根据。先前行为具备以下条件时，将成为作为义务的发生根据：(1)先前行为对刑法所保护的具体法益造成了危险；(2)危险明显增大，如果不采取积极措施，危险就会立即现实化为实害；(3)行为人对危险向实害发生的原因具有支配。

结合本案，首先，行为人颜某于等先前的殴打、追赶、堵截行为致使被害人无路逃脱而跳入水中，对被害人的生命法益创设了具体的危险。其次，在这一危险现实化的过程中，行为人始终在岸边观望，对被害人死亡危险增大这一情况未采取积极措施，并最终导致了实害结果发生。最后，行为人共有三人且都在货船上，完全有能力将被害人救起，作为最应当且最有可能防止实害结果发生的人却并未采取积极措施加以援助，支配了危险向实害发生的原因。因此,行为人的追撵行为能够评价为先前行为,行为人具有作为义务。

【延伸阅读】1. 张明楷:《不作为犯中的先前行为》,载《法学研究》2011 年第 6 期。

2. 陈兴良:《不作为犯论的生成》,载《中外法学》2012 年第 4 期。

5 CASE 快播公司传播淫秽物品牟利案

北京市第一中级人民法院(2016)京 01 刑终 592 号刑事判决书。

【基本案情】深圳市快播科技有限公司通过免费提供 QSI(QVOD Server Install,QVOD 资源服务器程序)和 QVOD Player(快播播放器程序或客户端程序)的方式,为网络用户提供网络视频服务。快播公司通过自身的中心调度服务器在站长与用户、用户与用户之间搭建了一个视频文件传输的平台,同时为提高热点视频下载速度,通过自有或与运营商合作的方式,在全国各地不同运营商处设置缓存服务器 1000 余台。站长选择要发布的视频文件,使用资源服务器程序生成该视频文件的特征码(Hash 值),导出包含 Hash 值等信息的链接,用户通过点击该链接即可在快播公司中心调度服务器上点播前述视频。部分不法用户通过这一方式上传淫秽视频,而其中有些淫秽视频因用户的点播、下载次数较高而被缓存服务器自动存储,进一步方便、加速了淫秽视频的下载、传播。2012 年 8 月至 2013 年 10 月,深圳市公安局公安信息网络安全监察分局、深圳市南山区广播电视局对快播公司进行检查,针对该公司未建立安全保护管理制度、未落实安全保护技术措施等问题,给予行政处罚,并责令整改。快播公司成立了信息安全组开展了不到一周的突击工作,投入使用了“110”不良信息管理平台。但在深圳网监验收合格后,信息安全组原有 4 名成员或离职或调到其他部门,“110”平台工作基本搁置,检查屏蔽工作未再有效进行。

2013 年 11 月 18 日,北京市海淀区文化委员会在行政执法检查时,从北京网联光通技术有限公司查获由快播公司管理维护的 4 台服务器。公安机关从服务器里提取了 29841 个视频文件进行鉴定,认定其中属于淫秽视频的文件为 21251 个。

北京市海淀区人民法院一审判决被告单位快播公司犯传播淫秽物品牟利罪，判处罚金人民币1000万元。快播公司事业部总经理、被告人吴某以案件事实不清，证据不足，其行为不构成犯罪为由提起上诉，北京市第一中级人民法院二审后作出维持原判的裁定。

【争议问题】本案中快播公司的行为如何定性？是作为或是不作为？是共犯行为还是正犯行为？

【关联法条】1.《刑法》第363条第1款、第366条

2.《最高人民法院、最高人民检察院关于办理利用互联网、移动通讯终端、声讯台制作、复制、出版、贩卖、传播淫秽电子信息刑事案件具体应用法律若干问题的解释（二）》第4条（2010年）

【分析思路】本案中，主要的争议问题有两个：一是快播公司对用户上传淫秽视频疏于监管以及为用户提供缓存服务器的行为应当定性为正犯行为还是共犯行为；二是快播公司的行为应当评价为作为还是不作为。

针对第一个问题，快播公司构成正犯还是共犯，分析如下。

首先需要解释正犯与共犯的概念。正犯在我国刑法理论中称为实行犯，指实行刑法分则规定的构成要件行为的犯罪人。行为人自行实施犯罪行为而实现构成要件者为正犯，与其相对应的概念为共犯，即未参与实行刑法分则规定的构成要件行为的共同犯罪人，包括教唆犯和帮助犯。

本案快播公司应当认定为传播淫秽物品牟利罪的正犯。作为网络服务提供者，快播公司在用户实施危害行为时未尽到监管义务而使危害结果扩大，因此，不可否认快播公司的行为具有帮助行为的性质。帮助犯的处罚根据在于共犯介入正犯的行为引起了法益侵害结果，本案快播公司明知不法用户正在利用自己提供的信息平台实施传播淫秽物品，仍为其提供技术支持，具有物理上的帮助性质，但由于不法用户的传播淫秽物品行为没有牟利目的，且实行的一方（用户）没有认识到另一方（快播公司）的帮助行为，因此快播公司构成传播淫秽物品罪片面的帮助犯。但是，由于《最高人民法院、最高人民检察院关于办理利用互联网、移动通讯终端、声讯台制作、复制、出版、贩卖、传播淫秽电子信息刑事案件具体应用法律若干问题的解释（二）》第4条“以牟利为目的，网站建立者、直接负责的管理者明知他人制作、复制、出版、

贩卖、传播的是淫秽电子信息，允许或者放任他人在自己所有、管理的网站或者网页上发布，具有下列情形之一的，依照《刑法》第363条第1款的规定，以传播淫秽物品牟利罪定罪处罚”的规定，网络服务提供者负有法律上的监管义务，理论上可将快播公司不履行监管义务的行为涵盖于传播淫秽物品牟利罪的不纯正不作为犯，因此对快播公司放任淫秽物品通过自身管理平台在网络上传播的行为可以直接认定为传播淫秽物品牟利罪的正犯行为。综上所述，快播公司的行为构成不作为的传播淫秽物品牟利罪与传播淫秽物品罪的帮助犯的想象竞合，应当以重罪即传播淫秽物品牟利罪定罪处罚。

针对第二个问题，同上文所述，我们认为快播公司的传播淫秽物品牟利行为是消极的不作为，但另有观点认为快播公司的行为是积极的作为。

终审判决书指出：“当达到快播公司设置的条件时，快播调度服务器不仅拉拽淫秽视频文件存储在缓存服务器里，而且也向用户提供缓存服务器里的淫秽视频文件。因此，快播公司不仅参与了部分不法用户传播淫秽视频的过程，而且其设置的缓存服务器实际上也起到了对淫秽视频进行下载、储存、分发、传播的作用。”有观点据此认为，快播公司设置缓存服务器，自动缓存用户点播、下载次数较高的视频后向客户端提供，这种拉拽淫秽视频文件并储存在缓存服务器以供用户下载的行为是以陈列方式传播淫秽物品的行为，是作为的行为。但事实上，快播公司所实施的拉拽、缓存行为都不应当被评价为积极的作为。淫秽视频的网络传播一般要经历上传、传输、播放这三个步骤。拉拽在此处的含义是指将用户上传的部分淫秽视频转移至缓存服务器，从整个流程来看，拉拽只是缓存的辅助性手段，不是单独的评价对象。缓存行为从功能上来说，更相当于传输数据，其目的在于加速数据的传播，使用户能够尽快获取想要的视频资源。因为欠缺“上传”这一关键步骤，快播公司的缓存行为只能评价为传播淫秽物品的帮助行为，而非传播淫秽物品的实行行为，故快播公司以不作为形式构成传播淫秽物品罪的帮助犯。

【延伸阅读】1. 陈兴良：《快播案一审判决的刑法教义学评判》，载《中外法学》2017年第1期。

2. 周光权：《犯罪支配还是义务违反：快播案定罪理由之探究》，载《中外法学》2017年第1期。

6 CASE 首例高空抛物危害公共安全案

上海市闵行区人民法院(2019)沪0112刑初2501号刑事判决书

【基本案情】 蒋某因家庭矛盾与父母发生了激烈的争吵。争执过程中，恼羞成怒的蒋某将手边的平板电脑、手机、水果刀等物品从14楼扔出窗外，窗户下方是小区公共道路，车辆、行人络绎不绝。蒋某抛出的物品将三辆轿车击中，造成不同程度的损坏。2019年11月29日，上海市闵行区人民法院对该案公开宣判，蒋某因以危险方法危害公共安全罪，被判处有期徒刑1年。

【争议问题】 对《刑法》第114条、第115条所规定的"其他危险方法"如何解释？对兜底条款的理解应秉持何种原则？本案定性为以危险方法危害公共安全罪有无问题？

【关联法条】 1.《刑法》第114条、第115条

2.《最高人民法院关于依法妥善审理高空抛物、坠物案件的意见》(2019年)

【分析思路】《刑法》第114条、第115条规定，以其他危险方法危害公共安全的，构成以危险方法危害公共安全罪。本案蒋某高空抛物行为是否应当定性为以危险方法危害公共安全罪，学界持有不同观点。第一种观点持肯定态度，认为如果高空抛物、坠物行为有致不特定或者多数人的生命、健康以及重大公私财产受损的危险，并且行为人对此危险结果持希望或者放任的态度，就可能构成以危险方法危害公共安全罪。第二种观点则认为高空抛物行为不可能具有与放火、决水、爆炸相似的危险性，即不可能一旦发生就无法控制，即使是在人员密集场所抛出诸多物品，也只具有导致多数人伤亡的具体危险。由于行为终了后的结果范围不会扩大，故而不可能导致不特定多数人伤亡的具体危险，不应将高空抛物行为认定为以危险方法危害公共安全罪。总结来看，以上观点的分歧在于行为人的高空抛物行为是否侵犯"公共安全"这一法益，能否将该行为评价为以危险方法危害公共安全罪中的"危险方法"。

其一，需要界定刑法中"公共安全"这一概念。刑法规定危害公共安全

罪的目的在于将生命、身体等个人法益抽象为社会利益作为保护对象,故应当重视其社会性。“多数”是“公共”概念的核心,“不特定”则意味着随时有向“多数”发展的现实可能性,会使多数成员遭受危险和侵害,因此,不特定或者多数人的生命、健康等安全,就是“公共”安全。“多数人”难以用具体数字表述,行为使较多人的生命、健康受到威胁时,应认为危害了公共安全;“不特定”则是指犯罪行为可能侵犯的对象和可能造成的结果事先无法确定,行为人对此既无法具体预料也难以实际控制,行为造成的危险或者侵害结果可能随时扩大或增加。反之,倘若行为仅仅侵犯了特定的少数人的生命、健康等法益,则不构成危害公共安全犯罪。

本案案发于下午5时的下班时间,案发地点小区人员出入频繁,随时可能聚集人群,加之行为人所处楼层较高,抛下物体的落点无法确定,导致其行为造成的损害具有不特定性,行为可能侵害的对象与所造成的危害结果的范围都难以预料也无法控制。行为人的高空抛物行为对不特定多数人的生命、健康造成严重威胁,侵犯了公共安全。

其二,需要深入理解《刑法》第114条、第115条所规定的“其他危险方法”。由于刑法条文没有明文规定以危险方法危害公共安全罪的行为结构和方式,其模糊性导致司法实践中此罪的认定范围十分广泛,囊括了刑法分则没有规定的、具有危害公共安全性质的全部行为,使得“以其他危险方法”的表述成为危害公共安全罪的“兜底”条款。兜底条款是指刑法对犯罪的构成要件在列举规定以外,采用“其他……”这样一种概括性方式所作的规定,以避免列举不全。刑法设置兜底条款主要有两个目的:一是增加刑法条文的概括性和应变性,以面对社会的复杂化;二是实现个别公正,兜底条款外延的开放性为司法工作人员在判断行为是否构成犯罪、构成何种罪名上发挥自由裁量权提供了空间。对于兜底条款的理解,出于前后条文的体系连贯以及符合罪刑法定原则的考量,“同类解释规则”得到了较多支持,其是指对于兜底条款的解释应当限于在前所列举同类事项的范围内。如以危险方法危害公共安全罪,“其他危险方法”应当仅限于与《刑法》第114条、第115条所规定的放火、决水、爆炸、投放危险物质相当的方法,而不是泛指所有具有危害公共安全性质的方法。

判断某一行为是否构成以危险方法危害公共安全罪所规定的“危险方法”,重点在于行为的危险性。在行为的性质上,蒋某的高空抛物行为发生在人员流动量较大的小区，且由于所处楼层较高，所抛物品数量较多且尖锐，造成的冲击力较强并具有二次伤害的可能性，因此其行为的危险性与爆炸、决水等相当，都具有较强的杀伤性和破坏性。因此，行为能够评价为以危险方法危害公共安全罪的“其他危险方法”。

在罪过的认定上，行为人在抛掷物品期间并未往外确认楼下是否有人或者车辆等，其动作多次且连贯，并且在抛掷物品的选择上，行为人选择了平板电脑、刀具等尖锐物体，足以说明其主观上对自己行为可能造成的后果持放任态度，属于故意。

综上所述，行为人的高空抛物行为足以危害不特定多数人的生命、健康安全，且具有与放火、爆炸、决水等行为相当的危险性，一审法院将这一行为认定为以危险方法危害公共安全罪是正确的。

【延伸阅读】 1. 张明楷：《高空抛物案的刑法学分析》，载《法学评论》2020 年第 3 期。

2. 陈兴良：《口袋罪的法教义学分析：以以危险方法危害公共安全罪为例》，载《政治与法律》2013 年第 3 期。

7 CASE 盗卖 QQ 靓号案*

【基本案情】 2006 年 7 月至 9 月，被告人朱某利用腾讯公司 QQ 计算机信息系统的漏洞，通过非法技术手段秘密窃取了腾讯公司系统已经放出的 88812、88856、88857、88858、88859、98888、10683、36888、36688、52087、52092 等 QQ 号码，并与被告人袁某约定由被告人袁某在淘宝网上代为销售牟利。2006 年 9 月 10 日，被告人朱某、袁某将号码为 98888 的 QQ 号码以 42000 元的价格销售给陈某。法院认为，被告人朱某采用非法技术手段，盗取他人的 QQ 号码，被告人袁某明知被告人朱某非法盗取他人使用的 QQ 号码，仍帮助销售牟利，二被告人的行为使原注册用户无法使用本人的 QQ 号码与他人联

---

* 《盗取 QQ 靓号牟利　侵犯通信自由获刑》，载中国法院网 2010 年 8 月 13 日，https://www.chinacourt.org/article/detail/2010/08/id/422916.shtml 最后访问日期：2021 年 6 月 6 日。

系，造成侵犯他人通信自由的后果，情节严重，均构成侵犯通信自由罪。

【争议问题】 本案是否构成盗窃罪？如果是盗窃罪，侵犯的对象是什么？为什么对此存在争议？

【关联法条】 1.《刑法》第264条

2.《最高人民法院、最高人民检察院关于办理盗窃刑事案件适用法律若干问题的解释》（2013年）

【分析思路】 要讨论本案是否构成盗窃罪，首先需要明确的是作为行为对象的QQ号码的性质。QQ号码与电话号码、车牌号码类似，虽然需要依附于网络空间，但却属于独立的交易对象，具有独立的价值，并且能够以一定的方式进行价值交换，因此在性质上属于无体物。虚拟财产是指具有财产性价值、以电磁数据形式存在于网络空间的财物。[1] 虚拟财产的物理属性为电磁数据，但并非所有的电磁数据均为虚拟财产，只有其中具有财物属性的才可能得到刑法的保护。本案中，QQ号码作为通信工具的代码，属于电磁数据，但要对本案行为准确定性，需要进一步论证案涉QQ号码的财物属性。

通说认为，刑法上的财物要具备以下几个属性：（1）具有管理可能性；（2）具有转移可能性；（3）具有价值性，包括财物的交换价值与使用价值。QQ号码是腾讯公司推出的即时通讯软件腾讯QQ的ID，用户须凭借QQ号码登入软件并实现即时通讯、传送文件等功能。通过腾讯公司的后台管理以及用户自行设置密码等操作，QQ号码可以为人所控制，非腾讯公司授权的工作人员或者注册用户本人无法对该QQ号码进行操作，因此即使作为无体物，QQ号码同样具有管理可能性。同样，由于QQ密码具有可更改的性质，为QQ账号的易主提供了可能，因此QQ账号具有转移可能性。根据用户与腾讯公司之间的协议，注册用户不得擅自转让、继受或者买卖QQ号码，但这并不影响QQ号码的市场交换价值。事实上，由于号码资源的有限性，加上QQ用户群体的逐渐膨胀，针对位数较少以及某些吉祥数字QQ号码的交易具有很大的市场，根据稀缺程度的不同，QQ号码有着不同的交易价格。如2005年年初，腾讯公司总裁马某腾为南亚地震灾区募捐，拍卖了一个号码为“88888”的QQ号码，便得款26万元，这说明特定的QQ号码与其他有体物

---

〔1〕 陈兴良：《虚拟财产的刑法属性及其保护路径》，载《中国法学》2017年第2期。

类似，具有市场交换价值。不仅如此，QQ 账号还可以实现文字语音通讯、电子邮箱、网络硬盘、游戏账号等功能，因此具有使用价值。因此，案涉 QQ 账号具有财物属性。

有观点认为，我国刑法中财物不包括所有的无体物，在刑法没有明文规定的情况下，虚拟财产不能被认定为盗窃罪的对象，否则将违反罪刑法定原则。另有观点认为，由于准确确定虚拟财产的价值大小非常困难，评估方法不稳定，故目前不宜将虚拟财产认定为财产犯罪的犯罪对象。以上观点难以成立。一方面，由于我国《刑法》第 92 条对公民私人所有财产的规定具有一定的概括性，将 QQ 号码作为“其他财产”纳入财产犯罪的保护对象并不违反罪刑法定原则，并且事实上，根据《最高人民法院、最高人民检察院关于办理盗窃刑事案件适用法律若干问题的解释》第 4 条的规定，将电力等无形财产作为财产犯罪的对象已为司法解释所肯定，因此以刑法没有明文规定为由将 QQ 号码排除出财产范围是缺乏依据的。另一方面，关于 QQ 号码价值的计算问题，即使现如今对于 QQ 号码的价值没有一套稳定的评估办法，但并不能以此来否定其价值。以违禁品为例，其价值无法评估，但前述司法解释第 1 条第 4 款“盗窃毒品等违禁品，应当按照盗窃罪处理的，根据情节轻重量刑”的规定亦明确承认了违禁品的财物属性。因此，以价值难以计算这一理由来否认 QQ 号码的财产性质是没有依据的。

综上所述，QQ 账号具有作为财产犯罪对象的财物的属性，被告人以非法占有为目的，采用非法技术手段盗取他人的 QQ 号码，数额较大，构成盗窃罪。

【延伸阅读】 1. 陈兴良：《虚拟财产的刑法属性及保护路径》，载《中国法学》2017 年第 2 期。

2. 张明楷：《非法获取虚拟财产的行为性质》，载《法学》2015 年第 3 期。

第六章　犯罪主体

1 CASE 大连13岁男孩杀人案*

【基本案情】2019年10月20日，蔡某某（13岁）将小淇（10岁）骗至家中。蔡某某欲与小淇发生性关系，因遭到拒绝而将其杀害，并抛尸至灌木丛，用两个装有砖头的大垃圾袋对尸体进行了掩盖。案发后，蔡某某曾两次登门询问受害者父亲“女儿找到没有？”并且在同学群中要求同学及时告知警方的调查情况，侃侃而谈地分析警方当时的调查。后续经过公安干警的严密排查，蔡某某落网并如实供述了其杀害小淇的事实。由于案发时蔡某某未满14周岁，大连市公安局于2019年10月24日作出《收容教养决定书》，认定蔡某某实施故意杀人行为致小淇死亡，决定对其收容教养3年。

【争议问题】蔡某某不构成犯罪的原因是什么？本案对刑法关于刑事责任年龄的规定产生了何种影响？

【关联法条】1.《刑法》第17条

2.《最高人民法院关于审理故意杀人、故意伤害案件正确适用死刑问题的指导意见》（2009年）

【分析思路】犯罪是不法且有责的行为，所谓不法是指符合构成要件并且违法，而所谓责任是指对不法行为的非难可能性。成立犯罪，不仅要求有客观的违法行为，而且要求可以就该不法行为对行为人进行非难。本案中，大连市公安局以案发时蔡某某未满14周岁而认定其不成立故意杀人罪，这一认定的根据是蔡某某不具备违法性还是不具备有责性？根据客观的违法性论，

---

* 《大连13岁男孩谋害10岁女童案》，载腾讯网，https://new.qq.com/omn/20210220/20210220A0DMIF00.html，最后访问日期：2021年6月6日。

只要行为人的行为符合构成要件，其是否达到刑事责任年龄、是否具有责任能力均不影响对行为违法性的评价。因此，刑事责任年龄是责任要素，而不是构成要件要素。本案蔡某某故意杀害小淇并导致死亡结果，其行为符合故意杀人罪的构成要件，且不具有违法阻却事由，是客观层面的"不法"。但是，本案发生在《刑法修正案（十一）》实施之前，当时的《刑法》第 17 条对于刑事责任年龄以 14 周岁与 16 周岁分别划线："已满十六周岁的人犯罪，应当负刑事责任。""已满十四周岁不满十六周岁的人，犯故意杀人、故意伤害致人重伤或者死亡、强奸、抢劫、贩卖毒品、放火、爆炸、投毒罪的，应当负刑事责任。"也即在《刑法修正案（十一）》实施之前，未满 14 周岁的未成年人绝对不承担刑事责任。本案中的蔡某某实施杀人行为时未满 14 周岁，不具备承担刑事责任的能力，故最终认定为不构成犯罪，不能对其进行法的非难。

此类未达刑事责任年龄的未成年人暴力犯罪受到社会广泛关注，引发了民众对降低刑事责任年龄的呼吁。对此，学界虽不乏支持者，但也有较多观点反对作出调整。如有学者认为，单纯加大打击力度的做法无益于青少年犯罪的打击与预防。最终，立法机关并未仅为"顺应民意"就"一刀切"减低刑事责任年龄，而是保持了极其慎重的谦抑态度，对特定情形下的最低刑事责任年龄予以个别下调。

2020 年 12 月 26 日，第十三届全国人民代表大会常务委员会第二十四次会议表决通过《中华人民共和国刑法修正案（十一）》，自 2021 年 3 月 1 日起施行。《刑法修正案（十一）》第 1 条第 3 款规定："已满十二周岁不满十四周岁的人，犯故意杀人、故意伤害罪，致人死亡或者以特别残忍手段致人重伤造成严重残疾，情节恶劣，经最高人民检察院核准追诉的，应当负刑事责任。"也即，对于已满 12 周岁不满 14 周岁的未成年人需要追究刑事责任的，需要符合几个条件：（1）实施的是故意杀人、故意伤害的行为。需要注意的是，只要实施了故意杀人、故意伤害的行为，即使应该定故意杀人罪、故意伤害罪之外的罪名，也应当认为符合此要件。（2）导致被害人死亡的后果或者以特别残忍手段致人重伤且严重残疾。（3）结合行为人的主、客观要件，足以评价为情节恶劣。（4）在程序上经最高人民检察院核准追诉。

【延伸阅读】 1. 周光权：《刑事立法进展与司法展望——〈刑法修正案（十一）〉总置评》，载《法学》2021 年第 1 期。

2. 张义健：《〈刑法修正案（十一）〉的主要规定及对刑事立法的发展》，载《中国法律评论》2021 年第 1 期。

2 CASE 姜某某涉嫌抢劫案*

【基本案情】2002年3月13日晚7时许,被告人姜某某(15岁)在上海市浦东新区阳光三村崮山路西大门附近,乘被害人孙某不备,抓住其左手腕,抢夺三星牌388型手机1部,价值人民币3777元。之后,姜某某乘出租车逃跑,被害人孙某亦乘出租车紧追其后。至浦东新区张扬路、巨野路路口时,被告人姜某某下车继续逃跑,并用路旁的水泥块砸向协助抓捕的出租车驾驶员严某某头面部,致严某某头面部多处软组织挫伤,鼻骨骨折,经鉴定,该伤属轻伤。

该案发生后,对于姜某某是否成立《刑法》第269条规定的转化型抢劫罪发生争议。一种意见认为,构成转化型抢劫罪的前提必须是行为人的先行行为已构成抢夺罪,而姜某某实施抢夺行为时不满16周岁,不能构成抢夺罪,故也不应承担抢劫罪的刑事责任。另一种意见则认为,姜某某是在同一时间段和场合连续实施犯罪行为,已构成转化型抢劫犯罪,依法应追究其刑事责任。最终,一审法院认定姜某某构成抢劫罪。

【争议问题】已满14周岁未满16周岁的未成年人能否成立转化型抢劫罪?

【关联法条】1.《刑法》第263条、第269条

2.《最高人民检察院法律政策研究室关于相对刑事责任年龄的人承担刑事责任范围有关问题的答复》(2003年)

3.《最高人民法院关于审理未成年人刑事案件具体应用法律若干问题的解释》(2006年)

【分析思路】《刑法》第269条规定:"犯盗窃、诈骗、抢夺罪,为窝藏赃物、抗拒抓捕或者毁灭罪证而当场使用暴力或者以暴力相威胁的,依照本法第二百六十三条的规定定罪处罚。"该条规定的抢劫罪,一般称为转化型抢劫或者事后抢劫。值得探讨之处在于,转化型抢劫罪是否适用于已满14周岁未满16

---

* 最高人民法院刑事审判第一、二、三、四、五庭编:《刑事审判参考》2002年第5辑(总第28辑),法律出版社2003年版,第47~52页。

周岁的未成年人?

《最高人民检察院法律政策研究室关于相对刑事责任年龄的人承担刑事责任范围有关问题的答复》中指出:“相对刑事责任年龄的人实施了刑法第二百六十九条规定的行为的,应当依照刑法第二百六十三条的规定,以抢劫罪追究刑事责任。”而《最高人民法院关于审理未成年人刑事案件具体应用法律若干问题的解释》第10条则规定:“已满十四周岁不满十六周岁的人盗窃、诈骗、抢夺他人财物,为窝藏赃物、抗拒抓捕或者毁灭罪证,当场使用暴力,故意伤害致人重伤或者死亡,或者故意杀人的,应当分别以故意伤害罪或者故意杀人罪定罪处罚。”

由此,最高人民法院颁布的司法解释与最高人民检察院的批复就已满14周岁未满16周岁的未成年人能否成立《刑法》第269条规定的转化型抢劫罪发生了对立,而这一对立的根本原因在于,如何理解成立转化型抢劫罪前提的“犯盗窃、诈骗、抢夺罪”。如果认为作为成立转化型抢劫罪前提的盗窃、诈骗、抢夺行为是指不法且有责的犯罪,则已满14周岁未满16周岁的未成年人因为未达成立盗窃、诈骗、抢夺罪之刑事责任年龄,因此不能成立转化型抢劫罪。这一观点实则是将转化型抢劫罪当作两个犯罪,先判断盗窃罪、诈骗罪或者抢夺罪的构成要件符合性、违法性与有责性,然后判断转化型抢劫罪的构成要件符合性、违法性与有责性。[1] 而如果将“犯盗窃、诈骗、抢夺罪”理解为客观上实施盗窃、诈骗、抢夺的“罪行”,而不要求必须具备有责性,则可以认定已满14周岁未满16周岁的未成年人也可以成立转化型抢劫罪。[2]

因此,如果按照《最高人民检察院法律政策研究室关于相对刑事责任年龄的人承担刑事责任范围有关问题的答复》的观点,将“犯盗窃、诈骗、抢夺罪”理解为客观上实施盗窃、诈骗、抢夺的“罪行”,则姜某某虽不满16周岁,不能构成抢夺罪,但成立转化型抢劫罪。而如果按照《最高人民法院关于审理未成年人刑事案件具体应用法律若干问题的解释》的观点,将作为成立转化型抢劫罪前提的盗窃、诈骗、抢夺行为理解为不法且有责的犯罪,则姜某某因不能成立抢夺罪而不能构成转化型抢劫罪。当然,本案发生时最高人民检

〔1〕 张明楷:《事后抢劫罪的成立条件》,载《法学家》2013年第5期。

〔2〕 李希慧、徐光华:《论转化型抢劫罪的主体——以已满14周岁不满16周岁的人为视角》,载《法学杂志》2009年第6期。

察院的批复与最高人民法院的司法解释均尚未出台，一审法院最终对姜某某行为构成抢劫罪的认定与后续出台的最高人民检察院批复是同一立场。

【延伸阅读】 1. 张明楷：《事后抢劫罪的成立条件》，载《法学家》2013 年第 5 期。

2. 刘艳红：《转化型抢劫罪主体条件的实质解释——以相对刑事责任年龄人的刑事责任为视角》，载《法商研究》2008 年第 1 期。

3 CASE 抑郁症患者滕某杀人案

四川省成都市中级人民法院(2016)川 01 刑初 252 号刑事判决书

【基本案情】 2016 年 3 月 27 日晚，四川师范大学舞蹈学院大一新生芦某某在宿舍学习室内被室友滕某连砍 50 多刀后至头颈分离身亡。次日凌晨，犯罪嫌疑人滕某在现场被警方抓获。案件发生后，成都市公安局龙泉驿区分局邀请四川华西法医学鉴定中心对嫌疑人滕某进行了法医精神病学鉴定，鉴定意见是“滕某患有抑郁症，对 3 月 27 日的违法行为评定为部分刑事责任能力”。四川省成都市中级人民法院一审采信了该鉴定意见，综合案情判决被告人滕某犯故意杀人罪，判处死刑，缓期 2 年执行，剥夺政治权利终身。

【争议问题】 抑郁症患者是否属于刑法上的精神病人？本案行为人是否具有刑事责任能力？

【关联法条】《刑法》第 18 条第 3 款、第 232 条

【分析思路】 本案案件事实清楚，存在争议的问题是患有抑郁症的行为人滕某是否属于精神病人，是否具有刑事责任能力。

精神医学上的精神疾病是指在各种生物学、心理学以及社会环境影响下，大脑功能活动发生紊乱，导致认识、情感、意识和行为等精神活动不同程度障碍的疾病。“精神病”是其中最严重的一类，即仅指狭义上的精神疾病。刑法上的精神病概念来源于精神医学，但对于《刑法》第 18 条所规定“精神病人”的理解，普遍采取广义说，即不仅包括精神病性障碍人，也包括部分非精神病性精神障碍人。因为严重的精神障碍者在早期或者缓解期时也不一

定会完全丧失辨认、控制能力，非精神病性障碍人却可能因精神障碍影响辨认能力或者控制能力而被认定为限制刑事责任能力人。

行为人的刑事责任能力直接影响其刑事责任，根据理论通说，精神病人被分为完全刑事责任能力人、完全无刑事责任能力人和限制刑事责任能力人，因此需要进一步探讨精神病人的刑事责任能力划分标准。

理论上认为，刑事责任能力是罪责的要素之一，责任能力的本质就是犯罪能力，即行为者实施有责之行为的能力。关于精神病人刑事责任能力的判断标准，有生物学标准和心理学标准之分。生物学标准也称医学标准，是指从医学上看，行为人是由于精神病理的作用而实施危害行为的精神病人。心理学标准亦称法学标准，是指从法学角度来理解，患有精神障碍是否导致行为人在行为时不具有辨认或者控制自己行为的能力。由于精神疾患本身十分复杂，医学标准难以成为责任能力判断的唯一标准，而心理学标准则缺乏明确性，因此当今世界各国大多兼采生物学标准和心理学标准，称为混合标准。根据混合标准，行为人不仅必须具有精神疾病，而且所患精神疾病必须影响了行为人行为时的辨认能力或控制能力，方能被判定为无刑事责任能力人或限制刑事责任能力人。

抑郁症是一种高患病率、高复发率和高自杀率的情感精神障碍，其特点是广泛的心境紊乱、精神运动性功能失调和自主神经功能紊乱，根据《中国精神障碍分类与诊断标准》的规定，抑郁症属于精神障碍，因此，抑郁症患者属于我国刑法所规定的精神病人。本案中，根据鉴定中心出具的司法精神病鉴定意见，行为人滕某患有抑郁症，因此滕某属于刑法上所规定的精神病人，符合生物学标准。在心理标准的判断上，通过犯罪动机（通过杀人借助其他力量来结束自己生命）、案发时间（发生冲突后的第二天）、行为手段（持刀砍至被害人头颈分离）以及作案后的表现（未有抵赖、逃遁行为）可以看出，行为人滕某正处于发病期，病态精神活动在其整个精神活动中占主导地位并与其危害行为存在直接因果联系，精神障碍使行为人控制能力明显削弱，故其在行为时不具备完全刑事责任能力。但同时，行为人对自己的故意杀人行为的性质以及行为所引起的危害结果具有清晰的认识，在行为对象的选择等方面没有出现偏差，因此其仍具备一定的辨认和控制能力，不能评价为无刑事责任能力人。

综上所述，抑郁症患者属于刑法上的精神病人，本案中行为人尚未完全丧失辨认或者控制自己行为的能力,属于限制刑事责任能力人。

【延伸阅读】 1. 林维:《精神障碍与刑事责任能力的判定》,载《国家检察官学院学报》2008年第4期。

2. 张爱艳:《"精神病"与刑事责任能力的判断》,载《政法论丛》2011年第3期。

4 CASE 彭某吸毒后杀人案*

【基本案情】 2005年5月5日凌晨,彭某因服食摇头丸药性发作,在其暂住处福州市鼓楼区北江里新村6座204室内,持刀朝同室居住的被害人阮某森胸部捅刺,致阮某森抢救无效死亡。当晚9时许,彭某到福建省宁德市公安局投案自首。经精神病医学司法鉴定认为,彭某系吸食摇头丸和K粉后出现精神病症状,在精神病状态下作案,评定为限制刑事责任能力。

福建省福州市人民检察院以彭某犯故意杀人罪向福建省福州市中级人民法院提起公诉。彭某及其辩护人提出,彭某是在一种病理性动机的支配下作案,其对自身的辨认和控制能力已丧失,属于无刑事责任能力人,不应负刑事责任。福州市中级人民法院认为,被告人彭某故意非法剥夺他人生命,并致人死亡,其行为已构成故意杀人罪。被告人彭某作案后能主动投案,并如实供述自己的罪行,可认定为自首,可以从轻处罚。据此认定被告人彭某犯故意杀人罪,判处无期徒刑,剥夺政治权利终身。

一审宣判后,被告人彭某不服,提出上诉。其上诉理由和辩护人的辩护意见为:彭某作案时属于无刑事责任能力人,即使构成犯罪,也只构成过失致人死亡罪,且具有自首情节,被害人本身有过错,应对其从轻、减轻处罚。福建省高级人民法院审理认为,彭某吸食毒品后持刀捅刺他人,致一人死亡,其行为已构成故意杀人罪。彭某作案后能主动投案,如实供述自己的罪行,具有自首情节,可以从轻处罚。吸毒是国家法律所禁止的行为,彭某在以前已

---

* 最高人民法院刑事审判第一、二、三、四、五庭编:《刑事审判参考》2007年第2集(总第55集),法律出版社2007年版,第1~5页。

因吸毒产生过幻觉的情况下,再次吸毒而引发本案,其吸毒、持刀杀人在主观上均出于故意,应对自己吸毒后的危害行为依法承担刑事责任,其吸毒后的责任能力问题不需要作司法精神病鉴定。因此,彭某及其辩护人认为彭某作案时是无刑事责任能力人,要求重新进行司法精神病鉴定,以及认为彭某仅构成过失致人死亡罪的辩解、辩护意见不能成立,不予采纳。据此裁定驳回上诉,维持原判。

【争议问题】为什么彭某对自己在陷入幻觉状态下实施的行为也要承担刑事责任?

【关联法条】《刑法》第 14 条、第 18 条、第 232 条

【分析思路】责任能力,即行为人辨认和控制自己行为的能力,是承担刑事责任的必要前提。根据我国刑法规定,不满 14 周岁的未成年人和行为时不能辨认或者不能控制自己行为的精神病人属于无责任能力者,其造成危害结果的,不负刑事责任。本案中,根据司法鉴定的结果,彭某因吸食毒品在作案时已陷入了精神病状态,不具有辨认控制能力,其在行为时无疑属于精神病人。然而,司法机关最终仍以故意杀人罪追究了彭某的刑事责任,其背后的理论依据何在?这涉及原因自由行为理论。

原因自由行为,是指具有责任能力的行为人故意或过失地使自己陷入无责任能力或限制责任能力的状态,并在该状态下实施了刑法分则所规定的危害行为的情形。虽然行为人在实施危害行为的时点不具有自由决定的责任能力,但就先前使自己陷入责任能力减损状态的原因行为而言,其尚处于自由决定的状态,故称为原因自由行为。根据行为人在原因行为时的主观心态不同,原因自由行为可分为故意陷入无(限制)责任能力状态和过失陷入无(限制)责任能力状态两种情形。通说认为,我国《刑法》第 18 条第 4 款所规定的"醉酒的人犯罪,应当负刑事责任"是原因自由行为理论在中国刑法中的体现。

原因自由行为理论是为了解决责任主义与法益保护的冲突问题。一方面,根据责任主义的要求,判断行为人责任的有无,只看其行为时是否有责任能力,行为之前或之后责任能力状况均在所不问,此即"行为与责任同时存在原则";另一方面,当行为人有意使自己陷入无责任能力状态,并在此状态下实施危害行为时,根据该原则却不能得到处罚。例如,甲故意服食大量毒品

后产生幻觉，不能辨认控制自己的行为，将无辜路人当作仇人杀死。此时若仍坚持以“行为时”这一时点来判断甲的责任能力，则甲的行为不可罚。为了保护法益，追究这种场合下行为人的刑事责任，并维护理论体系的统一性，刑法理论发展出了“原因自由行为”的概念。

关于原因自由行为的可罚性根据，理论上大体可分为两种模式：(1)构成要件模式。该说将原因行为视为实行行为的一部分，认为行为人开始实施原因行为时即为实行行为的着手。这种做法考虑到了理论体系的统一性和责任主义，但扩大了实行行为的范围。(2)例外模式。该说认为，原因自由行为是“行为与责任同时存在原则”的例外。这种做法没有扩大实行行为的范围，但是缺乏足够的法律依据。

本案中，彭某系与他人同室居住生活，与其同居的阮某森在彭服食毒品时并未离开现场，因此，在客观上存在服食毒品后失控进而造成他人伤亡的具体危险，彭某主观上对上述事实也有所认识。彭某明知其吸食毒品后会陷入责任能力减损的状态，可能造成他人伤亡的后果，却放任这种结果的发生，仍然服食摇头丸，最终在毒品引起的无责任能力状态下杀死阮某森，可见其主观上具有故意而非过失。因此，这一事实属于故意陷入无责任能力状态的原因自由行为，其中故意服食摇头丸是原因行为，故意杀人则是结果行为。根据原因自由行为理论，彭某的行为已构成故意杀人罪。

【延伸阅读】
1. 郑延谱：《原因自由行为探析》，载《法律科学》2009年第6期。
2. 梁云宝：《犯罪论体系视阈下的“原因自由行为”理论之否定》，载《法学》2012年第1期。

第七章　犯罪主观方面

1 CASE 天价葡萄案*

【基本案情】2003年8月7日凌晨,4名民工翻墙进入北京农林科学院林业果树研究所葡萄研究园内偷食葡萄,并在离开时偷摘大量葡萄用一编织袋带走,袋中葡萄共约47斤。而他们所偷食和偷取的葡萄系北京农林科学院林业果树研究所投资40万元、历经10年培育研制的科研新品种。四人的偷食、偷摘行为导致研究所对该葡萄品种的研究数据断裂,当年的研究无法取得成果,由此给研究所造成了巨大的经济损失。经北京市物价局价格认证中心对被盗的葡萄进行估价,评估金额为1.122万元。此后,四名民工中除一人年仅16周岁且"情节显著轻微"被行政拘留外,其余三人被检察机关以盗窃罪批准逮捕。2004年4月,争议较大的估价问题经过检察院两次退补侦查后,"天价葡萄"最终按照葡萄的市场价格估算,经过北京市物价局认定,几个农民工偷吃的葡萄价值为376元,海淀区人民检察院随即作出不起诉决定。

【争议问题】本案为何不构成盗窃罪?数额是否是盗窃罪故意的认识内容?

【关联法条】1.《刑法》第14条、第264条

2.《最高人民法院、最高人民检察院关于办理盗窃刑事案件适用法律若干问题的解释》(1998年)(现已失效)

【分析思路】认定本案行为是否成立盗窃罪,应遵循主客观相统一原则。根据《刑法》第14条的规定,故意犯罪的成立,要求行为人主观上认识到自己的

---

* 《"天价葡萄案"尘埃难定》,载新浪网,http://news.sina.com.cn/c/2004-01-15/11271595792s.shtml,最后访问日期:2021年6月6日。

行为会发生危害社会的结果，故意是对符合构成要件的客观事实的认识和容认，构成要件规制了故意的认识内容和意志内容。因此，具体的认识内容，需要根据刑法分则规定的具体构成要件内容来确定。

根据《刑法》第 264 条的规定，成立普通盗窃罪要求数额较大。因此，普通盗窃罪的成立要求行为人客观上盗窃了数额较大的财物，并且主观上必须认识到自己所盗窃的是数额较大的财物，如此才能做到主观认识与客观事实相一致，符合主客观相统一原则的要求。而根据第二次鉴定结论，本案盗窃数额为 376 元。由于本案发生于 2003 年，根据 1998 年发布实施的《最高人民法院、最高人民检察院关于办理盗窃刑事案件适用法律若干问题的解释》（现已失效）第 3 条规定，"个人盗窃公私财物价值人民币五百元至二千元以上的，为'数额较大'"。因此，从客观层面来看，盗窃价值 376 元葡萄的行为也未达到数额较大，不能评价为普通盗窃罪的实行行为。

另外，即便根据第一次鉴定的结论，认为数额是 1.122 万元，四名民工实施盗窃行为时并没有认识到这些葡萄是数额较大的科研产品，仅认为是价值低微的普通葡萄，而自己的行为充其量只是违反《治安管理处罚法》的小偷小摸行为。其主观上并没有认识到自己所盗窃的是数额较大的财物，并不具有盗窃罪的故意，仅具有小偷小摸的故意，即明知自己的行为是违反《治安管理处罚法》的一般违法行为而实施。[1] 由于行为人主观上不存在盗窃罪的故意，即使客观上实施了盗窃数额较大财物的行为，基于主客观相统一原则的要求，也不能认定为盗窃罪。

【延伸阅读】 1. 张明楷：《论盗窃故意的认识内容》，载《法学》2004 年第 11 期。

2. 郭晓红：《规范构成要件要素视野下的"数额较大"——以盗窃罪数额的认识错误为视角》，载《政治与法律》2011 年第 9 期。

[1] 张明楷：《论盗窃故意的认识内容》，载《法学》2004 年第 11 期。

2 CASE 孙某铭以危险方法危害公共安全案

四川省高级人民法院(2009)川刑终字第690号刑事判决书

【基本案情】 2008年5月,被告人孙某铭购买一辆车牌号为川A43K66的别克轿车。之后,孙某铭在未取得驾驶证的情况下长期驾驶该车,并多次违反交通法规。同年12月14日中午,孙某铭与其父母为亲属祝寿,大量饮酒。当日17时许,孙某铭驾驶其别克轿车行至四川省成都市成龙路蓝谷地路口时,从后面撞向与其同向行驶的一辆比亚迪轿车尾部。肇事后,孙某铭继续驾车超过限定的速度(60公里/小时)行驶。行至成龙路卓锦城路段时,越过中心黄色双实线,先后与对面车道正常行驶的4辆轿车相撞,致使其中一辆车牌号为川AUZ872的长安奔奔轿车上的张某全、尹某辉夫妇和金某民、张某秀夫妇死亡,代某秀重伤,并造成公私财产损失5万余元。经鉴定,孙某铭驾驶的车辆碰撞前瞬间的行驶速度为134—138公里/小时,案发时孙某铭血液中的酒精含量为135.8毫克/100毫升。

四川省成都市中级人民法院一审认定被告人孙某铭构成以危险方法危害公共安全罪。一审宣判后,被告人孙某铭以其主观上不具有以危险方法危害公共安全的故意为由,提出上诉。其辩护人提出:孙某铭主观上对危害结果的发生是过于自信的过失,其行为构成交通肇事罪。四川省高级人民法院二审未采纳孙某铭及其辩护人的意见,维持了一审判决关于罪名的认定。

【争议问题】 本案为什么构成以危险方法危害公共安全罪?孙某铭主观上是否存在间接故意?

【关联法条】《刑法》第14条、第15条、第115条、第133条

【分析思路】 以危险方法危害公共安全罪是故意犯罪,而交通肇事罪是过失犯罪。因此,孙某铭主观上对于第二次肇事结果是间接故意还是过于自信的过失直接涉及相关罪名的认定。如果认为其主观上持间接故意,则可以排除交通肇事罪的成立。

根据《刑法》第14条和第15条的规定,间接故意是明知自己的行为可能发生危害社会的结果,并且放任这种结果发生的心理态度。过于自信的过失

是已经预见自己的行为可能发生危害社会的结果，但轻信能够避免，以致发生这种结果的心理态度。在认识因素上，两者都认识到了危害结果发生的可能性，但区别在于，过于自信的过失没有认识到这种危害结果发生的现实性，即对由可能性转化为现实性的客观事实存在认识错误，客观事实与其主观认识并不一致。但间接故意不仅认识到了危害结果发生的可能性，而且认识到了危害结果发生的现实性，即对由危害结果发生的可能性转化为现实性的客观事实并未产生认识错误，客观事实与其主观认识相一致。[1] 在意志因素上，过于自信的过失对危害结果的发生持反对态度，因此往往会采取积极的措施防止损害的发生，间接故意对危害结果的发生持放任态度，损害的发生并不违背其意志。

基于以上区分，对于过于自信的过失的认定，往往需要存在相应的客观依据，如存在熟练的技术、高超的技能、丰富的经验等可以避免危害结果发生的有利因素。[2] 而在本案中，孙某铭在追尾前车后，明知自己不具备相应驾驶能力，出于逃逸目的，在高度醉酒的状态下，于车流密集区域严重超速且逆向行驶。其主观上已经认识到了自己的行为具有危害不特定他人的生命、健康和财产安全的高度可能性，但为了逃避责任，对损害结果的发生持放任态度，他人重伤死亡结果和重大财产损失的发生并不违背其意志。在该案中不存在任何可以避免危害结果发生的有利因素，并不具备过于自信的过失成立的客观依据。因此，综合全案事实，应当认定其主观上存在危害不特定他人生命、健康及重大公私财产的间接故意，客观上实施了相应的行为，其行为构成以危险方法危害公共安全罪。

【延伸阅读】 1. 马寅翔：《醉酒驾车连续冲撞致多人伤亡行为之定性研究——基于孙某铭案的判例式分析》，载《中国刑事法杂志》2010 年第 10 期。

2. 赵开年、黄维智、叶锐：《浅析孙某铭以危险方法危害公共安全罪案》，载《中国刑事法杂志》2010 年第 5 期。

---

〔1〕 赵开年、黄维智、叶锐：《浅析孙伟铭以危险方法危害公共安全罪案》，载《中国刑事法杂志》2010 年第 5 期。

〔2〕 马寅翔：《醉酒驾车连续冲撞致多人伤亡行为之定性研究——基于孙伟铭案的判例式分析》，载《中国刑事法杂志》2010 年第 10 期。

3 CASE 于某平爆炸案*

【基本案情】1997年2月7日，于某平的儿子（8岁）和侄子（10岁）在玩自行车钢圈时，碰到本村村民张某庆的堂侄媳妇史某荣身上。张某庆、史某荣夫妇因此与于某平、于某胜发生口角，继而发生厮打。厮打中张某庆的头部被打破，后张某庆被送往乡医院治疗。于某平的父母多次到医院看望，向张某庆及其父亲赔礼道歉，并找人调解，但未得到张某庆的谅解。同年2月9日，史某荣要求于某平、于某胜向其公爹以及他们夫妇二人下跪赔礼，于家未答应。2月10日上午8时许，史某荣同张家及娘家亲戚约二三十人破门闯入被告人于某平家院中，叫骂达半小时左右，并投掷石块。于某平气急之下，从屋内拿出一枚私藏的手榴弹，拧开后盖掖在腰间，手持点燃的鞭炮从屋内冲出，想以此吓退对方，但未奏效，还遭到张某春等人的围攻。于某平见状，在大门处掏出手榴弹拉响，造成张某春等三人死亡、二人重伤、五人轻伤、一人轻微伤的严重后果。于某平右眼也被炸瞎，右手拇指被炸断一节。

济南市中级人民法院判决于某平犯爆炸罪，判处死刑，剥夺政治权利终身。一审宣判后，于某平不服，以手榴弹是他人拉响的、自己是正当防卫为由提出上诉。山东省高级人民法院在二审中邀请了有关专家对手榴弹爆炸时的高度、位置以及爆炸的原因作了鉴定，鉴定结论为：手榴弹是在上诉人于某平与死者张某春争抢过程中于双方手中爆炸的，爆炸的高度约在170厘米左右，双方争抢过程中意外引爆的可能性最大。山东省高级人民法院认为：上诉人于某平事先拧下手榴弹后盖，在争抢中致手榴弹爆炸，造成三人死亡、二人重伤、五人轻伤、一人轻微伤，后果特别严重，应依法严惩，但在案件起因上被害方有明显过错，依法可对上诉人于某平从轻处罚。原审判决定罪准确，审判程序合法，但量刑不当。依照《刑法》和《刑事诉讼法》相关规定，于1999年4月30日判决维持济南市中级人民法院一审判决中对于某平的定罪部分，撤销该判决的量刑部分；判处于某平死刑，缓期2年执行，剥夺政治权利

---

* 最高人民法院刑事审判第一、二、三、四、五庭编：《刑事审判参考》1999年第4集（总第4集），法律出版社1999年版，第1～5页。

终身。

【争议问题】 间接故意与过于自信的过失如何区分?

【关联法条】《刑法》第 14 条、第 15 条、第 115 条

【分析思路】 根据《刑法》第 14 条和第 15 条的规定,间接故意是明知自己的行为可能发生危害社会的结果,并且放任这种结果发生的心理态度。过于自信的过失是已经预见自己的行为可能发生危害社会的结果,但轻信能够避免,以致发生这种结果的心理态度。两者都以危害结果的实际发生为前提。从认识因素上看,间接故意和过于自信的过失都已经认识到了危害结果发生的可能性,但区别在于,间接故意不仅认识到了危害结果发生的可能性,而且认识到了危害结果发生的现实性。而过于自信的过失仅仅认识到了危害结果发生的可能性,根本没有认识到危害结果发生的现实性;从意志因素上看,间接故意对危害结果的发生持放任态度,即危害结果的发生并不违背其意志。而过于自信的过失对危害结果的发生持反对态度,危害结果的发生违背了行为人的意志。因此二者最关键的区别在于行为人是否认识到了危害结果发生的现实性以及危害结果的发生是否违背了行为人的意志。

具体到本案中,于某平作为一个具有相应认识能力和控制能力的成年人,应当认为在他拧下手榴弹后盖时就已经认识到自己的行为具有导致手榴弹爆炸的高度危险性。换言之,于某平已经认识到自己的行为具有导致危害结果发生的可能性和现实性。但出于吓退对方的目的,他仍然在气急之下拧开手榴弹后盖,放任手榴弹在双方争抢过程中爆炸。即其为了追求一个非犯罪目的,而放任危害结果的发生,爆炸结果的发生并不违背其意志。据此,于某平明知自己的行为可能导致爆炸的危害后果,但放任该危害后果的发生,其主观方面应认定为间接故意。

【延伸阅读】
1. 刘艳红:《间接故意犯罪的认定》,载《武汉大学学报(社会科学版)》2003 年第 6 期。
2. 劳东燕:《犯罪故意理论的反思与重构》,载《政法论坛》2009 年第 1 期。

4 CASE 莫某晶放火案

浙江省高级人民法院(2018)浙刑终82号刑事裁定书

【基本案情】 2016年9月,莫某晶到浙江省杭州市被害人朱某贞、林某斌夫妇家从事住家保姆工作。2017年3月至同年6月21日,莫某晶为筹集赌资,多次窃取朱某贞家财物,并找借口向朱借款,上述钱款均被莫赌博输光。同年6月21日晚,莫某晶为继续筹集赌资,决定采取在朱某贞家中放火再帮助灭火的方式骗取朱的感激,以便再向朱借钱。其供述也称"使家里起火烧5分钟左右,如果烧的时间太短,火肯定不大,如果火很小,就不需要救人、救火,就是想让火大一点,这样把朱某贞他们救出去,再回来救火,功劳就大了"。6月22日凌晨2时至4时许,莫某晶使用手机上网查询"打火机自动爆炸""家里突然着火什么原因""沙发突然着火""家里窗帘突然着火""放火要坐牢吗""火容易慢燃吗""发生火灾火怎样才能燃烧慢点""火灾起点原因容易查吗"等与放火有关的关键词信息。4时55分许,莫某晶在朱某贞家客厅用打火机点燃书本,引燃客厅沙发、窗帘等易燃物品,导致火势迅速蔓延,造成屋内的朱某贞及其三名未成年子女共四人被困火场,吸入一氧化碳中毒死亡,并造成该室和邻近房屋部分设施损毁。

2018年2月9日,莫某晶被杭州市中级人民法院以放火罪判处死刑。后莫某晶不服一审判决上诉至浙江省高级人民法院,辩护人提出莫某晶本意是想点燃茶几上的书,并在火不是很大的时候将其扑灭,该行为不会造成危害公共安全的现实危险,且书本在其点火后并未独立燃烧,莫某晶系在寻找其他引火物的过程中发现窗帘意外起火,其并没有放火的主观故意。即使莫某晶对可能引燃窗帘持明知态度,其主观上也认为不会产生危害公共安全的危险。一审适用《刑法》第115条第1款放火罪结果加重犯的规定不当,莫某晶对本案造成的严重后果持反对态度,为过失心态,故对其行为应以失火罪定性。浙江省高级人民法院二审审理后裁定驳回上诉,维持原判。

【争议问题】 莫某晶主观上是否有造成严重后果的意思?如果没有,是否能够认定为放火罪?成立放火罪,是否要求行为人主观上认识到严重后果?

【关联法条】《刑法》第14条、第15条、第114条、第115条

【分析思路】 莫某晶意图放火造成危险状态后，通过救火行为骗取被害人的感激，根据其供述“如果火很小，就不需要救人、救火，就是想让火大一点，这样把朱某贞他们救出去，再回来救火，功劳就大了”也可得知，莫某晶主观上已经认识到了放火行为具有危害公共安全的现实可能，为达目的而积极追求该危险状态的发生，即主观上是明知自己的行为具有危害公共安全的现实危险，并希望该危险状态发生的心理态度。因此，应当认为莫某晶具有造成《刑法》第 114 条放火罪危险状态的直接故意。但由于莫某晶本身的意图是以帮助灭火的方式骗取朱某贞的感激，其对放火行为所造成的致人死亡结果事实上持反对态度，本案中严重后果的发生违背其意志。因此，应当认为莫某晶对本案造成的严重后果持过失心态。

在莫某晶对本案所造成的严重后果持过失心态的情况下，是否能够认定为《刑法》第 115 条第 1 款所规定的放火罪？换言之，当行为人已经认识到自己的行为具有造成火灾的具体危险，但对致人重伤、死亡以及公私财产的重大损失结果仅具有过失时，能否适用《刑法》第 115 条第 1 款的规定？这涉及对《刑法》第 114 条和第 115 条第 1 款是何种关系的理解。对此主要存在两种不同观点。一种观点主张《刑法》第 114 条和第 115 条第 1 款是未遂犯和既遂犯的关系，即第 115 条第 1 款所规定的是放火罪的既遂犯。第 114 条和第 115 条第 1 款的区别仅在于结果层面，前者只要求发生危险结果，后者要求发生实害结果。由于构成要件具有故意规制机能，构成要件在一定程度上限定了故意的认识因素和意志因素，因此，行为人必须对致人重伤、死亡或使公私财产遭受重大损失的严重实害结果持故意心态。另一种观点主张二者是基本犯和结果加重犯的关系，即《刑法》第 114 条是放火罪的基本犯，其犯罪构成客观方面只要求造成危害公共安全的危险，因此，行为人只要对具体危险状态具有故意即可认定为《刑法》第 114 条所规定的放火罪基本犯；《刑法》第 115 条第 1 款作为结果加重犯，其客观层面要求发生致人重伤、死亡或使公共财产遭受重大损失的结果，但在主观层面，对于此严重后果既可以是故意，也可以是过失。[1] 因此，在莫某晶对本案所造成的严重后果仅具有过失的情况下，只要将《刑法》第 115 条第 1 款理解为《刑法》第 114 条的结果加重犯，仍然能够认定为《刑法》第 115 条第 1 款的放火罪。

---

〔1〕 赵英鹏：《〈刑法〉第 114 条与第 115 条关系之再思考》，载《广西政法管理干部学院学报》2018 年第 1 期。

【延伸阅读】1. 黎宏:《论放火罪的若干问题》,载《法商研究》2005 年第 3 期。

2. 欧阳本祺:《论危险故意》,载《法学家》2013 年第 1 期。

5 CASE 梁某涉嫌盗窃案*

【基本案情】2008 年 12 月 9 日 8 时 20 分许,金龙公司员工王某来到深圳机场 B 号候机楼 19 号柜台前办理行李托运手续。由于托运行李内装有黄金饰品,值机员徐某告知其需到 10 号柜台找值班主任才能办理,王某即前往距离 19 号柜台 22 米远的 10 号柜台,离开时将行李手推车留在了 19 号柜台前 1 米的黄线处,手推车上方的篮子内有一个装有黄金首饰的小纸箱。机场清洁工梁某在王某离开后经过 19 号柜台,看见停放的行李手推车上有一小纸箱,遂将小纸箱搬到清洁手推车底层,之后将小纸箱存放大厅北侧一厕所内。

约 4 分钟后,王某返回 19 号柜台,发现行李手推车及车上的纸箱失踪,询问机场工作人员无果,即向公安机关报警。民警于当天下午前往梁某家中将纸箱追回。经鉴定,纸箱内黄金首饰价值 300 万元,梁某也因涉嫌盗窃罪被批捕。但检察机关最终认为梁某构成盗窃罪证据不足,并将案件退回公安机关。

【争议问题】梁某存在何种性质的认识错误?本案最终为何没有按照犯罪处理?

【关联法条】《刑法》第 14 条、第 264 条、第 270 条

【分析思路】尽管王某在前往 22 米外的柜台办理手续时将纸箱留在原地,但根据社会一般观念,其在客观上仍对纸箱具有实际的控制与支配,这种控制支配并不以物理的、有形的接触管领为必要。在主观上,王某对纸箱具有

* 《梁丽案专题》,载搜狐网 2009 年 5 月 27 日,http://news.sohu.com/20090527/n264192551.shtml,最后访问日期:2021 年 6 月 6 日。

占有的意思。因此,王某仍占有该纸箱,该纸箱在客观上属于他人占有的财物。[1] 而梁某误认为该纸箱是他人的遗忘物而占有,并没有认识到该纸箱是他人占有的财物,主观上仅具有侵占的故意,但客观上实施了盗窃行为。梁某所认识的事实与实际发生的事实分别属于不同的犯罪构成,属于抽象事实认识错误中的对象错误。

根据主客观相一致原则的要求,成立盗窃罪要求行为人客观上实施了盗窃行为,主观上具有盗窃的故意。也就是说,行为人主观上必须明知行为对象是他人占有的财物。由于梁某误认为纸箱是他人遗忘物,其主观上并不具有盗窃故意,仅具有侵占的故意,不能认定为盗窃罪。根据通说即构成要件符合说,应在主客观构成要件重合限度内认定轻罪的成立。由于侵占罪和盗窃罪均是在他人所有的财物上建立新的占有,两罪在构成要件上存在重合,具有同质性。盗窃罪是在侵占罪的构成要件基础上,将行为对象限制为他人占有的财物,两罪的构成要件为特别关系的法条竞合,盗窃罪为特别法条,侵占罪是普通法条。[2] 因此,梁某以侵占的故意实施盗窃行为的场合,其行为在主客观相统一的范围内可以评价为侵占罪。[3]

但是,根据《刑法》第270条的规定,将他人的遗忘物或者埋藏物非法占为己有,数额较大,拒不交出的,才以侵占罪定罪处罚。由于侵占罪的成立以拒不交出为条件,在梁某交还黄金的情况下,该行为不符合侵占罪的成立条件,不构成侵占罪。

【延伸阅读】 1. 马寅翔:《主观认识与客观事实的偏离——梁某案之我见》,载《西部法学评论》2010年第2期。

2. 张开骏:《刑法抽象事实错误理论的案例展开》,载《西部法学评论》2010年第2期。

---

〔1〕 马寅翔:《主观认识与客观事实的偏离——梁丽案之我见》,载《西部法学评论》2010年第2期。

〔2〕 胡东飞:《盗窃及其在侵犯财产罪中的体系地位》,载《法学家》2019年第5期。

〔3〕 张开骏:《刑法抽象事实错误理论的案例展开》,载《西部法学评论》2010年第2期。

第八章　正当行为

1 CASE 于某刺死辱母者案

山东省高级人民法院(2017)鲁刑终151号刑事判决书

【基本案情】2016年4月14日16时许,赵某1纠集郭某2、郭某1、张某3等9人到源大公司讨债(由于某和其母亲苏某共同经营)。民警得知争吵到达源大公司后,告知双方协商解决或到法院起诉后离开。赵某1等人在办公楼前呼喊、烧烤饮酒、在室内盯守。20时许,杜某2、杜某7赶到源大公司。20时48分,苏某、于某等人按郭某1要求到办公楼一楼接待室。21时53分,杜某2等人进入接待室讨债,将苏某、于某的手机收走放在办公桌上。杜某2用污秽语言辱骂苏某、于某及其家人,将烟头弹到苏某胸前衣服上,将裤子褪至大腿处裸露下体,朝坐在沙发上的苏某等人左右转动身体。在马某、李某3劝阻下,杜某2穿好裤子,又脱下于某的鞋让苏某闻,被苏某打掉。杜某2还用手拍打于某面颊,其他讨债人员实施了揪抓于某头发或按压于某肩部不准其起身等行为。22时07分,公司员工刘某打电话报警。22时17分,民警朱某带领辅警宋某、郭某3到达源大公司接待室了解情况,苏某和于某指认杜某2殴打于某,杜某2等人否认并称系讨债。22时22分,朱某警告双方不能打架,然后带领辅警到院内寻找报警人,并给值班民警徐某打电话通报警情。于某、苏某欲随民警离开接待室,杜某2等人阻拦,并强迫于某坐下,于某拒绝。杜某2等人卡于某颈部,将于某推拉至接待室东南角。于是,于某持刃长15.3厘米的单刃尖刀,警告杜某2等人不要靠近。杜某2出言挑衅并逼近于某,于某遂捅刺杜某2腹部一刀,又捅刺围逼在其身边的程某胸部、严某腹部、郭某1背部各一刀。22时26分,辅警闻声返回接待室,于某交出尖刀。最终,于某的行为造成一人死亡、两人重伤、一人轻伤的后果。

一审法院认为,被告人于某面对众多讨债人的长时间纠缠,不能正确处理冲突,持尖刀捅刺多人,致一名被害人死亡、二名被害人重伤、一名被害人轻伤,其行为构成故意伤害罪,判处无期徒刑,剥夺政治权利终身。

二审法院认为,上诉人于某持刀捅刺杜某浩等四人,属于制止正在进行的不法侵害,其行为具有防卫性质;其防卫行为造成一人死亡、二人重伤、一人轻伤的严重后果,明显超过必要限度造成重大损害,构成故意伤害罪。鉴于于某的行为属于防卫过当,于某归案后能够如实供述主要罪行,且被害方有以恶劣手段侮辱于某之母的严重过错等情节,对于某依法应当减轻处罚,判处有期徒刑5年。

【争议问题】 于某的行为是否属于正当防卫? 于某的行为是否属于防卫过当?

【关联法条】 1.《刑法》第20条

2.《最高人民法院、最高人民检察院、公安部关于依法适用正当防卫制度的指导意见》(2020年)[1]

【分析思路】《刑法》第20条第1款规定:"为了使国家、公共利益、本人或者他人的人身、财产或其他权利免受正在进行的不法侵害,而采取的制止不法侵害的行为,对不法侵害人造成损害的,属于正当防卫,不负刑事责任。"第2款规定:"正当防卫明显超过必要限度造成重大损害的,应当负刑事责任,但是应当减轻或者免除处罚。"通说认为,正当防卫的成立包括前提、时间、对象、主观、限度这五个条件。

本案符合正当防卫的对象条件、主观条件都不存在争议。问题在于本案是否符合前提条件、时间条件以及限度条件。首先,本案是否存在不法侵害?不法侵害是实施正当防卫的前提条件,如果不存在不法侵害就无须讨论是否满足正当防卫的其他条件。在本案中,杜某2、杜某7等人将于某母子拘禁在办公楼和接待室,目的是讨债。讨债行为本身不属于不法侵害,但是在讨债过程中杜某2等人将于某母子拘禁了6个多小时,从14时许到22时26分,这一拘禁行为已经属于不法侵害。在这期间,杜某2等人又实施了辱骂、性羞辱等极其恶劣的侮辱行为,以及拍打、揪抓于某的暴力行为,杜某2等人的行为已经构成《刑法》第238条的非法拘禁罪。虽然不法侵害既包括违法行

---

〔1〕 该意见颁布时间是在于欢案判决生效之后。——笔者注

为也包括犯罪行为,但并非对任何违法犯罪行为都可以进行正当防卫,只有对具有攻击性、破坏性、紧迫性的不法侵害才可以实施正当防卫。那么对于非法拘禁行为能否进行防卫?这需要判断拘禁行为是否具有紧迫性。我们认为,于某当时面临着紧迫的不法侵害。因为在民警离开后,杜某2等人拦截、殴打想要跟随民警出去的于某,并且卡于某颈部、将于某推拉至接待室东南角,不顾于某警告仍继续挑衅、步步围逼。

其次,本案的不法侵害是否正在进行?不法侵害正在进行,即不法侵害已经开始且尚未结束。在于某母子被拘禁的过程中,不法侵害都属于正在进行的状态。那么,在22时22分民警警告双方不能打架,离开寻找报警人后,是否意味着不法侵害已经结束?民警的出现并未使于某母子脱离被拘禁的状态,没有给于某一种国家会救济自己的安全感,所以民警的出现并没有中断不法侵害。

最后,于某的行为是否超出正当防卫的限度?是否明显超过必要限度造成重大损害,是正当防卫和防卫过当的重要区别。超过必要限度不一定属于防卫过当,只有明显超过必要限度和造成重大损害这两个条件都具备才属于防卫过当。我们认为,于某的防卫行为并未明显超过必要限度。第一,从侵害发生场所来看,不法侵害的性质十分严重。杜某2等人不仅在于某母子的公司办公楼前呼喊、烧烤、盯守,还在接待室逼债。长时间拘禁于某母子,在防卫人控制的场所为所欲为,已经是非常严重的不法侵害。第二,从人数力量对比来看,于某母子处于明显的弱势地位。于某母子当时只有两个人,与对方十余人相比势单力孤,即使事后查明不法侵害行为只是拘禁、侮辱、殴打,但是在当时情况下一般人都会觉得侵害行为具有“累积升高”、不可控的危险。因此,二审法院认定催债过程中侵害人未携带、使用任何器械的事实并不能排除侵害的紧迫性和严重性。第三,于某在被非法拘禁过程中,并非处于平和的被剥夺人身自由状态。在这6个小时内,于某母子被间歇性殴打,而且杜某2还将裤子褪到大腿处裸露下体朝苏某等人左右晃动,脱下于某的鞋让苏某闻。这些性质极其恶劣的侮辱行为都是于某反击的导火索,使于某的心理一步步迈向崩溃。第四,民警介入又离去是于某忍受侵害的极限。如果连公权力都对于某母子被侵害的场面熟视无睹,于某除了自力救济还有什么办法能够逃离杜某2等人的拘禁?因此,于某在极度慌乱之下随机拿起桌上的水果刀,捅向了威胁其至墙角的四人,导致了不法侵害人死伤,其行为并没有明显超过必要限度，不属于防卫过当，成立正当防卫。而二审法院认为于某可以看到院内警灯闪烁、知道民警未离开还导致死伤后果，因此认定于某的防卫行为超过了必要限度。我们认为，民警的救助属于其法定的职责，但是民警非但没有解救于某，还让于某重新陷入危机并预感到自己可能遭受更严重的侵害。即便于某看见民警在现场，他也会认为民警的存在对制止不法侵害没有起到实质作用。综上，二审法院认为于某面临的不法侵害并不紧迫和严重，防卫行为明显超过必要限度造成重大损害构成防卫过当的判决为我们所不认可，于某的行为成立正当防卫，而非防卫过当。

【延伸阅读】 1. 陈兴良：《正当防卫如何才能避免沦为僵尸条款——以于某故意伤害案一审判决为例的刑法教义学分析》，载《法学家》2017 年第 4 期。

2. 陈璇：《正当防卫、维稳优先与结果导向——以“于某故意伤害案”为契机展开的法理思考》，载《法律科学》2018 年第 3 期。

3. 周光权：《论持续侵害与正当防卫的关系》，载《法学》2017 年第 4 期。

2 CASE 范某秀防卫过当案

湖北省襄阳市中级人民法院(2003)鄂06刑初353号刑事判决书

【基本案情】 被告人范某秀与被害人范某雨系同胞兄弟。范某雨患精神病近 10 年，因不能辨认和控制自己的行为，经常无故殴打他人。2003 年 9 月 5 日上午 8 时许，范某雨先追打其侄女范某辉，又手持木棒、砖头在公路上追撵其兄范某秀。范某秀在跑了几圈之后，因无力跑动，便停了下来，转身抓住范某雨的头发将其按倒在地，并夺下木棒朝持砖欲起身的范某雨头部打了两棒，致范某雨当即倒在地上。后范某秀把木棒、砖头捡回家。约 1 个小时后，范某秀见范某雨未回家，即到打架现场用板车将范某雨拉到范某雨的住处。范某雨于上午 11 时许死亡。襄樊市中级人民法院认为，对于不能辨认或者不能控制自己行为的精神病人实施的不法侵害行为可以实施正当防卫，但是不能超过必要限度造成重大损害。本案中，由于范某雨系不能辨认和控制自己行为性质的精神病人，并且持有木棒、砖头等凶器，对范某秀而言，具有较大的人身危险性，范某秀在范某雨手中仍持有砖头的情况下，使用夺下的木棒进行防卫，从防卫手段上讲，与侵害行为是相适应的，但在范某秀已将范某雨按倒在地后，范某雨对范某秀的人身危险性已大大减弱，范某秀使用木棒两次击打范某雨的要害部位，并导致范某雨死亡，则明显超过必要的限度，属于防卫过当，其行为已构成故意伤害（致人死亡）罪。

【争议问题】对于无刑事责任能力的精神病人实施的侵害行为能否实行正当防卫？范某秀的防卫行为是否明显超过必要限度？

【关联法条】1.《刑法》第20条、第21条

2.《最高人民法院、最高人民检察院、公安部关于依法适用正当防卫制度的指导意见》（2020年）[1]

【分析思路】关于范某秀行为的性质，在审理过程中争议很大，曾经出现过几种意见：

第一种意见认为，由于不能辨认或者不能控制自己行为的精神病人属于无刑事责任能力的人，根据《刑法》第18条第1款的规定，即使其造成危害结果的，也不负刑事责任。因此，精神病人实施的侵害行为不属于《刑法》第20条第1款规定的“不法侵害”，制止精神病人实施的侵害行为不构成正当防卫。

第二种意见认为，精神病人实施的侵害行为不属于不法侵害，不能对之进行正当防卫，但范某雨持木棒追打范某秀的行为，已对范某秀的人身权利造成了现实的紧迫危险，范某秀是为了保护自己而采取的避险行为，只是超过了必要限度，属紧急避险过当，本案定故意伤害罪符合实际。

第三种意见认为，精神病人实施的侵害行为也是不法侵害，可以对其进行正当防卫。范某秀为使自己免受正在进行的不法人身侵害而实施自卫行为，夺下范某雨手中的木棒并朝其头部击打两下，是防卫行为，但因造成范某雨死亡的后果，属防卫过当，应认定为故意伤害罪。

第四种意见认为，范某秀用木棒击打范某雨的行为属防卫行为，其主观上是为了防止范某雨继续实施不法侵害，并无伤害的故意，对死亡后果的发

---

〔1〕该意见颁布时间是在范尚秀案判决生效之后。——笔者注

生出于过失,所以应当定过失致人死亡罪。

以上不同意见存在两个分歧。

分歧一:范某秀能否进行正当防卫?这取决于如何理解“不法侵害”中的“不法”。在刑法理论中存在主观违法性论、客观违法性论之争,两者的区别就在于违法性判断是否应当考虑责任要素。总体而言,行为无价值论倾向于主观违法性论,结果无价值论倾向于客观违法性论。意见一和意见二采取了主观违法性论,认为不能辨认或控制自己行为能力的精神病人所实施的侵害不能称为“不法侵害”。意见三和意见四则采用了客观违法性论,认为对违法性的判断是客观判断,无须行为人具备责任能力。我们更倾向于后两种意见,认为对无刑事责任能力人实施的侵害行为也可以认定为不法侵害。正当防卫制度的目的是鼓励公民敢于制止不法侵害,以保护国家、社会、个人等的权利,所以只要公民面临侵害行为国家就应该鼓励其进行反击。再者,正当防卫制度是对不法侵害的制止,而非对不法侵害的制裁,只有制裁犯罪时才会要求犯罪人具有刑事责任能力,而制止不法侵害并没有这一要求。

《最高人民法院、最高人民检察院、公安部关于依法适用正当防卫制度的指导意见》第7条规定:“明知侵害人是无刑事责任能力人或者限制刑事责任能力人的,应当尽量使用其他方式避免或者制止侵害;没有其他方式可以避免、制止不法侵害,或者不法侵害严重危及人身安全的,可以进行反击。”可见,该意见也采取了客观违法性论的立场。既然不法侵害的判断是客观层面的,无刑事责任能力人实施的侵害行为也可以被认定为不法侵害,那么范某秀可以对范某雨的侵害行为进行正当防卫。

分歧二:范某秀的防卫行为是否过当?《刑法》第20条第3款规定:“对正在进行行凶、杀人、抢劫、强奸、绑架以及其他严重危及人身安全的暴力犯罪,采取防卫行为,造成不法侵害人伤亡的,不属于防卫过当,不负刑事责任。”第3款是第1款的注意规定。本案中,虽然范某秀明知范某雨是无刑事责任能力的精神病人,但是范某雨持木棒、砖头追击的行为,属于严重危及人身安全的暴力行为。范某秀对不法侵害进行的防卫行为是否明显超过必要限度?我们持否定态度。范某秀并不是一开始就实施反击,而是在逃跑无力之后,才抓住范某雨的头发将其按倒在地。即便是这个时候,范某雨仍欲起身持砖攻击范某秀,范某秀基于本能,夺过木棒朝侵害人的头部打了两棒。范某秀实施的击打行为是制止不法侵害所必需的,因为范某秀在当时并没有完全制止住范某雨的侵害行为，其仍欲持砖起身攻击范某秀。范某秀根本无法预料到范某雨接下来的行为，而且不能苛求他在精神高度紧张、心理极度恐惧的情况下认真考虑击打的部位，范某秀必须采取强硬的手段才能制止住侵害行为。因此，尽管造成不法侵害人死亡，范某秀的防卫行为并没有明显超过必要限度，不构成防卫过当，应当认定为正当防卫。而法院认定当范某秀将范某雨按倒在地时，范某雨的人身危险性大大减弱，这是站在事后的角度进行判断。正如上文所述，对于不法侵害程度的判断应当站在防卫人当时的情况下进行，范某雨当时的危险性并没有降低，范某秀的防卫行为也没有明显超过防卫限度，不构成防卫过当。

【延伸阅读】 1. 邹兵建：《正当防卫中"明显超过必要限度"的法教义学研究》，载《法学》2018年第11期。

2. 吴允锋：《正当防卫限度的判断规则》，载《政治与法律》2018年第6期。

3 CASE 昆山于某明"反杀"案*

【基本案情】 2018年8月27日21时30分许，刘某龙醉酒驾驶宝马轿车，载刘某1、刘某2、唐某某沿昆山市震川路西行至顺帆路路口时，向右强行闯入非机动车道，与正常骑自行车的于某明险些碰擦，双方遂发生争执。

刘某龙先下车与于某明发生争执，经同行人员劝解返回车辆时，刘某龙突然下车，上前推搡、踢打于某明。虽经劝架，刘某龙仍持续追打，后返回宝马轿车取出一把砍刀（管制刀具），紧接着连续用刀击打于某明颈部、腰部、腿部。击打过程中砍刀甩脱被于某明抢到，刘某龙连续被砍刺5刀，分别是腹部、左臀部、右胸部、右上臂、左肩部、左肘部，刺砍过程持续7秒。刘某龙受伤后跑向宝马轿车，于某明继续追砍2刀均未砍中，其中1刀砍中汽车。刘某龙跑向宝马轿车东北侧，于某明为防止刘某龙打电话召集同伙报复也跑

* 《最高人民检察院第十二批指导性案例》，https://www.spp.gov.cn/spp/jczdal/201812/t20181219_402920.shtml，最后访问日期：2021年6月6日。

向宝马轿车,将车内刘某龙手机取出放入自己口袋。刘某龙逃离后,倒在距宝马轿车东北侧30余米处的绿化带内,后经送医抢救无效于当日死亡。民警到达现场后,于某明将手机和砍刀主动交给民警。

8月27日当晚公安机关以故意伤害罪对本案立案侦查,8月31日公安机关查明了与案件有关的全部事实。9月1日,公安机关根据侦查查明的事实,并听取检察机关意见和建议,依据刑法有关规定,认定于某明的行为属于正当防卫,依法撤销案件。

【争议问题】刘某龙的不法侵害何时结束?刘某龙的行为是否属于"行凶"?于某明的行为是否属于正当防卫?

【关联法条】1.《刑法》第20条

2.《最高人民法院、最高人民检察院、公安部关于依法适用正当防卫制度的指导意见》(2020年)[1]

【分析思路】第一,刘某龙的不法侵害何时结束?我国《刑法》第20条第1款规定了一般正当防卫。不法侵害正在进行是认定正当防卫的时间条件,是指不法侵害已经开始且尚未结束。不法侵害的结束,是指法益已经不再处于紧迫、现实的侵害或威胁之中,判断依据是侵害人客观上已经丧失了实施侵害的能力或者主观上明确了放弃侵害的意图。本案以于某明抢到砍刀为时间节点,分为前后两个阶段。阶段一是刘某龙对于某明实施推搡、踢打行为,此时不法侵害已经开始。阶段二是刘某龙的砍刀甩出,被于某明捡起反击。那么在于某明抢到砍刀后,是否意味着不法侵害已经结束?我们认为答案是否定的。原因是,即便在于某明抢到砍刀将刘某龙砍伤时,刘某龙也没有放弃对于某明的侵害,而是起身跑向了藏刀的宝马车。在当时,于某明具有再次受到侵害的可能性,整个不法侵害仍然处于继续的状态,因为无法排除刘某龙返回车中拿出其他凶器攻击于某明。只有在逃到距宝马车30米外的绿化带之后,刘某龙才算是逃离了侵害现场,放弃了侵害的意图,此时不法侵害才结束。

第二,刘某龙的行为是否属于"行凶"?《刑法》第20条第3款被称为特殊防卫。"行凶"必须是严重危及人身安全的暴力犯罪。有观点指出,刘某

---

[1] 该意见颁布时间是在于欢案判决生效之后。——笔者注

龙仅使用刀面击打于某明，犯罪故意的具体内容不确定，不宜认定为行凶。我们认为，不能因为侵害人使用刀面攻击就否定其行为属于“行凶”，刘某龙造成损害的程度并不完全是由刀面和刀尖决定，而是要综合考虑击打部位、击打力度、砍刀的锋利程度等。至于侵害人主观故意的具体内容并不影响“行凶”的认定，因为一般人从事后角度都很难判断刘某龙当时的意图，更不能强求于某明在慌张、惊恐状态下进行准确判断。本案中，刘某龙的行为并非一开始就被认定为“行凶”，先前的推搡、踢打行为只是一般的不法侵害，只有当其从宝马车上拿砍刀击打于某明时，于某明面临的不法侵害才上升为严重危及人身安全的暴力犯罪。

第三，于某明的行为是否属于正当防卫？有观点认为，于某明本人所受损伤较小，但是防卫行为造成了刘某龙死亡的结果，两者对比不相适应，因此，于某明的行为属于防卫过当。该观点是从结果的对比得出防卫过当结论的。我们对此不能认同。法条明文规定防卫过当必须同时具备明显超过必要限度和造成重大损害两个要件，于某明当时面临着紧迫的不法侵害，面对着刘某龙手持砍刀击打，随时可能遭受到重大人身侵害。于某明捡起刘某龙甩出的砍刀制止其侵害的过程仅持续了 7 秒，不可能要求于某明进行冷静的思考、判断攻击的部位和衡量可能造成的后果，即使造成刘某龙死亡的后果，也没有明显超过必要限度。对不法侵害程度的判断不仅仅包括已经造成的实害结果，也包括可能造成的侵害。所以，于某明的防卫行为是制止不法侵害所必需的，没有明显超过防卫的限度造成重大损害，属于正当防卫。

【延伸阅读】 1. 司伟攀：《正当防卫认定有关问题探究——以最高检“第十二批指导性案例”为例》，载《法律适用》2019 年第 10 期。

2. 张开骏：《论正当防卫中不法侵害现实性和紧迫性之判断——于海明案刑法教义学的分析》，载《交大法学》2019 年第 4 期。

4 CASE 邓某娇防卫案

湖北省巴东县人民法院(2009)巴刑初字第 82 号刑事判决书

【基本案情】 2009 年 5 月 10 日晚上 8 时许，巴东县野三关镇招商办主任邓某大和副主任黄某智等人酗酒后到“雄风宾馆梦幻城”玩乐。黄某智进入“梦幻城”5号包房,要求正在该房内洗衣的宾馆服务员邓某娇为其提供异性洗浴服务。邓某娇拒绝了黄某智的要求并摆脱其拉扯,走出该包房,进入休息室。黄某智对此极为不满,紧随邓某娇进入休息室,辱骂邓某娇。闻声赶到休息室的邓某大与黄某智一起纠缠、辱骂邓某娇,拿出一叠人民币向邓某娇炫耀并搧击其面部和肩部。在“梦幻城”服务员罗某建、阮某凡等人的先后劝解下,邓某娇两次欲离开休息室,均被邓某大拦住并被推倒在身后的单人沙发上。倒在沙发上的邓某娇朝邓某大乱蹬,将邓某大蹬开。当邓某大再次逼近邓某娇时,邓某娇起身用随身携带的水果刀朝邓某大刺击,致邓某大左颈、左小臂、右胸、右肩受伤。一直在现场的黄某智见状上前阻拦,被刺伤右关节。邓某大因伤势严重,在送往医院抢救途中死亡,黄某智的损伤程度为轻伤。

湖北省巴东县人民法院认为,邓某娇在遭受邓某大、黄某智无理纠缠、拉扯推搡、言行侮辱等不法侵害的情况下,实施的反击行为具有防卫性质。但其防卫行为明显超过必要限度,属于防卫过当,邓某娇的行为构成故意伤害罪。鉴于邓某娇是部分刑事责任能力人,并具有防卫过当和自首等法定从轻、减轻或者免除处罚情节,可以对邓某娇免除处罚。

【争议问题】 邓某娇的行为是否构成防卫过当?

【关联法条】 1.《刑法》第20条、第236条

2.《最高人民法院、最高人民检察院、公安部关于依法适用正当防卫制度的指导意见》(2020年)[1]

【分析思路】 通说认为,正当防卫的成立包括前提、时间、对象、主观、限度这五个条件。本案中,对于前提、时间、对象、主观条件都不存在争议,争议问题在于邓某娇的防卫行为是否“明显超过必要限度造成重大损害”?我国《刑法》第20条第2款规定:“正当防卫明显超过必要限度造成重大损害的,应当负刑事责任,但是应当减轻或者免除处罚。”因此,防卫过当除了满足正当防卫的前四个条件外,还需要防卫行为明显超过必要限度和造成重大损害两个要件同时具备。重大损害一般是指造成不法侵害人重伤或死亡,而一个案件

[1] 该意见颁布时间是在邓玉娇案判决生效之后。——笔者注

中防卫行为造成的损害结果比较容易确定。而对于是否明显超过必要限度的判断标准存在基本相适应说[1]、必需说[2](又分为最极端的必需说和缓和的必需说)、折中说[3]之争。基本相适应说将不法侵害与防卫行为进行比较,是从事后角度进行的客观判断,但是,事发突然防卫人根本来不及斟酌不法侵害的强度再来选择自己的防卫行为。对防卫必要性的判断应当从防卫人或者一般人的角度设身处地地考虑,即在面临当时不法侵害的情况下行为人采取何种行为才能有效制止不法侵害。“防卫限度的判断不可能脱离案件的具体情况,要根据具体案件中双方行为的性质、手段、强度、人员多少与强弱、现场所处的客观环境与形势进行全面分析”,所以我们采用缓和必需说认为邓某娇的反击行为并不是制止不法侵害必需的。

本案中,邓某大虽然对邓某娇实施了无理纠缠、拉扯推搡、言行侮辱等不法侵害,但该不法侵害未达到严重危及邓某娇人身安全的程度,而且在休息室内,梦幻城的工作人员至少有5人。[4] 只要邓某娇进行求救,这5个人或者梦幻城的其他工作人员都可能提供救助,或者邓某娇拿刀捅刺之前完全有时间先要求对方停止侵害行为,这些都有制止不法侵害的可能性,但是邓某娇拿出随身携带的水果刀直接就进行捅刺并导致邓某大死亡的结果,并非在行为当时能够采取的最轻缓的防卫手段,防卫行为明显超过必要限度造成重大损害,所以成立防卫过当。

【延伸阅读】 1. 周详:《防卫必要限度:学说之争与逻辑辨正》,载《中外法学》2018 年第 6 期。

---

〔1〕 基本相适应说认为防卫的必要限度是指防卫行为与不法侵害必须相适应。是否相适应是指防卫行为造成的损害与不法侵害造成的损害不能过于悬殊,采用法益衡量标准判断两者造成的损害大小。

〔2〕 必需说(最极端的必需说):防卫行为是否超过必要限度,须从防卫的实际需要出发,进行全面衡量,并以有效制止不法侵害的客观实际需要作为防卫的必要限度。对必需说进行合理的限制形成了缓和的必需说,即认为对防卫限度的判断不仅从防卫的实际需要出发,进行全面衡量,并以有效制止不法侵害的客观实际需要作为防卫的必要限度,还要考虑防卫行为造成的损害是否具有社会相当性,如果是社会公众明显不能接受的结果,即使防卫手段具有唯一性也不成立正当防卫。

〔3〕 折中说是基本相适应说和必需说的结合,该说认为所谓防卫的必要限度是指防卫行为及其造成的损害是制止不法侵害所必要的,且防卫行为的性质、手段、强度及造成的损害与不法侵害行为的性质、手段、强度及可能造成的损害基本相适应。

〔4〕 根据湖北省巴东县人民法院刑事判决中证人唐某、罗某建、袁某、王某的证言之间相互印证,可以推断出案发当时至少有唐某、阮某凡、罗某建、袁某、王某等5人在现场。

2. 何萍:《论特殊防卫中的犯罪侵害——兼评邓玉娇故意伤害案》,载《法学》2009 年第 8 期。

5 CASE 谢某强假想防卫过当案*

【基本案情】 1999 年 12 月 6 日晚 11 时许,被告人谢某强起身如厕,见陌生人史某淮骑自行车从其居住的无锡市新市场后 1 号门口经过,认为其形迹可疑,遂尾随其后查看。见史某淮向前骑至一拐角处,将自行车停靠在该处路灯下,右向拐进小弄,至新市场后 7 号门口,用手开门旁的窗户。谢某强跟至史某淮身后约五、六米处停下,查问史某淮是干什么的,史某淮答:“你管我是干什么的!”谢某强听后未作声,返身至一邻居家,对邻居讲“有贼,快跟我去捉贼!”并从门后取得一根晾衣用的铁杈返回现场,见史某淮正欲推自行车离开,遂用铁杈向史某淮头部打去,正击中史某淮的嘴部,致史某淮 7 颗牙齿脱落,构成重伤。随后赶至的邻居认出史某淮系送奶员,谢某强也发现了自行车倒下后从篓筐中散落在地的牛奶瓶,才知道史某淮原来是送牛奶的。

无锡市北塘区人民检察院以谢某强犯故意伤害罪提起公诉。谢某强对起诉书指控的事实没有异议,但辩称其行为属见义勇为,主观上将史某淮认作小偷,只是想制止史某淮的偷窃行为,但方法用错。

北塘区人民法院经审理认为,谢某强基于臆断,将事实上并不存在的不法侵害而误认为存在,出于防卫的目的致人重伤,谢某强对此应当预见而未预见,属疏忽大意的过失,已构成过失致人重伤罪,判处有期徒刑 1 年。

北塘区人民检察院以原审判决认定罪名不正确为由,提起抗诉。其抗诉理由是,谢某强明知用铁杈对史某淮要害部位打击的行为会致史某淮重伤,却希望这种结果发生,主观上具有伤害他人身体的故意,应以故意伤害罪定罪。

无锡市中级人民法院经二审审理后,维持了一审判决的定性部分,但是鉴于谢某强出于正当动机,过失造成他人重伤,且在案发后已赔偿被害人的

* 李少平、南英主编:《中华人民共和国刑法案典》(上),人民法院出版社 2016 年版,第 90 页。

经济损失,根据其犯罪情节对其适用缓刑确实不致再危害社会,故依法可以宣告缓刑,撤销一审判决的量刑部分。

【争议问题】谢某强的行为是否属于假想防卫过当?谢某强的行为成立故意伤害罪还是过失致人重伤罪?

【关联法条】1.《刑法》第14条、第15条、第20条

2.《最高人民法院、最高人民检察院、公安部关于依法适用正当防卫制度的指导意见》(2020年)[1]

【分析思路】谢某强是否属于假想防卫?假想防卫是指客观上并无不法侵害,但行为人误认为存在不法侵害,进而实施的制止不法侵害的行为。假想防卫和正当防卫的区别在于客观上是否存在不法侵害。本案中,谢某强以为存在小偷,但实际上并不存在,已经产生了认识错误。如果谢某强对于实际上不存在不法侵害主观上是明知的,那谢某强就不是假想防卫而是故意犯罪。而在本案中,谢某强在当时情况下将史某淮误认为小偷在一般人看来具有合理性,只是在史某淮被盘问后的表现不符合小偷的通常反应时,谢某强应当预见到史某淮并非在实施不法侵害而由于疏忽大意没有预见到。另外,我们不认可北塘区人民检察院的抗诉理由,即当谢某强持铁杈返回现场时,史某淮已经欲推车离去,当时并不存在不法侵害。通说认为,在盗窃案件中,虽然行为人的行为已经结束,但行为人造成的不法侵害状态依然存在,只要防卫人在现场还来得及挽回损失的,就应当认定为不法侵害尚未结束。综上,谢某强对不法侵害是否正在进行存在误认。

谢某强的假想防卫是否过当?假想防卫过当是指客观上并无不法侵害,但行为人误认为存在不法侵害,进而实施的制止行为明显超过必要限度造成重大损害的情形。假想防卫过当和防卫过当的区别在于客观上是否存在不法侵害。因此,假想防卫过当的限度可以根据防卫过当的标准进行判断。本案中,谢某强的行为是否明显超过必要限度?假设客观上确实存在盗窃行为,按照常识判断使用轻微的方式,如吓唬对方或者用铁杈袭击非要害部位即可制止偷盗行为,但是谢某强却用铁杈向史某淮头部打去导致其重伤,这一行为属于明显超过必要限度造成重大损害的防卫过当。在客观上存在不

---

[1] 该意见颁布时间是在谢立强案判决生效之后。——笔者注

法侵害时，谢某强的行为成立防卫过当。在误以为存在不法侵害时，谢某强的行为也成立假想防卫过当。

假想防卫过当的罪过形式如何确定？防卫过当的罪过形式一般情况下是过失，特殊情况下也可以是故意。而二分说是目前认定假想防卫过当罪过形式的多数说。该说认为行为人既对不法侵害有误认，又对防卫的必要限度有误认的场合，排除故意，可以成立过失犯；但行为人只是对不法侵害有误认，而对超过防卫限度没有误认的场合，可以按照故意犯处理。本案中，谢某强虽然对不法侵害的现实性产生误认，但是对于仅用轻微方式就可以制止住小偷的行为并没有产生认识错误，或者说谢某强明知用铁杈攻击他人头部会造成重大损害，仍然希望或者放任这种结果的发生，具有故意的罪过，其行为成立故意犯罪，应当认定为故意伤害罪。

【延伸阅读】 1. 黎宏：《论假想防卫过当》，载《中国法学》2014 年第 2 期。

2. 陈璇：《论防卫过当与犯罪故意的兼容——兼从比较法的角度重构正当防卫的主观要件》，载《法学》2011 年第 1 期。

6 CASE 王某兴破坏交通设施案

重庆市第一中级人民法院(2004)渝一中刑终字第 183 号刑事判决书

【基本案情】 2003 年 7 月 28 日 16 时许，被告人王某兴驾驶机动渔船至重庆市江北区五宝镇段长江红花碛水域的“红花碛 2 号”航标船（国家交通部门为保障过往船只的航行安全而设置的交通设施）附近时，见本村渔民王某云等人从渔船上撒网致使“网爬子”（浮于水面的网上浮标）挂住了固定该航标船的钢缆绳，即驾船前往帮助摘取。当王某兴驾驶的渔船靠近航标船时，其渔船的螺旋桨被该航标船的钢缆绳缠住。王某兴为使渔船及本人摆脱困境，持刀砍钢缆绳未果，又登上该航标船将钢缆绳解开后驾船驶离现场，致使脱离钢缆绳的“红花碛 2 号”航标船顺江漂流至下游两公里的锦滩回水沱。17 时许，重庆航道局木洞航标站接到群众报案后，巡查到漂流的航标船，并于当日 18 时许将航标船复位，造成直接经济损失人民币 1555.50 元。

重庆市江北区人民法院认为，王某兴为自身利益，竟不顾公共航行安全，故意破坏交通设施航标船，致其漂离原定位置，其行为已构成破坏交通设施罪。一审宣判后,王某兴不服,以其行为属紧急避险,不负刑事责任为由,提出上诉。

重庆市第一中级人民法院经审理查明,上诉人王某兴驾驶的机动渔船上除王某兴外还有其妻子胡某及帮工王某书,王某兴是在渔船存在翻沉危险的情况下,才解开航标船的钢缆绳。王某兴在其渔船存在翻沉的现实危险下,不得已解开航标船钢缆绳来保护其与他人人身及渔船财产的行为,虽系紧急避险,但在危险消除后,明知航标船漂离会造成船舶发生倾覆、毁坏危险,应负有采取相应积极救济措施消除危险状态的义务,王某兴能够履行该义务而未履行,属不作为,其行为已经构成破坏交通设施罪,应负刑事责任。

【争议问题】王某兴解开航标船钢缆绳的行为是否属于紧急避险?王某兴不履行因紧急避险行为所引起的作为义务的行为是否构成不作为犯罪?

【关联法条】《刑法》第 21 条、第 117 条、第 119 条

【分析思路】江北区人民法院认为王某兴的行为构成破坏交通设施罪,而重庆市第一中级人民法院认为属于紧急避险,两者争议在于王某兴解开航标船钢缆绳的行为是否属于紧急避险。《刑法》第 21 条第 1 款规定:"为了使国家、公共利益、本人或者他人的人身、财产和其他权利免受正在发生的危险,不得已采取的紧急避险行为,造成损害的,不负刑事责任。"紧急避险包括四个构成要件。第一,必须实际存在正在发生的危险。当王某兴驾驶的渔船靠近航标船时,其渔船的螺旋桨被该航标船的钢缆绳缠住,而当时系 7 月,属长江流域的涨水季节,水流较湍急,渔船存在翻沉的现实危险。第二,必须是为了保护合法利益免受危险。王某兴解开钢缆绳是为了保护渔民和渔船的安全。第三,必须是不得已而为之。王某兴是在持刀砍钢缆绳未果情况下,才想办法将钢缆绳解开,如果不将钢缆绳解开他们就随时会面临遭受翻船的危险。第四,没有超过必要限度造成不应有的损害,即所造成的损害小于所避免的损害。王某兴的行为造成的最终损失仅是将航标船复位的 1555.50 元,与其保护的渔民的人身安全相比,并没有超过必要限度造成不应有的损害。虽然航标船流失会造成其他过往船舶在通过该流域时发生倾覆、触礁等危及人身、财产损害的危险,且可能发生的损害要大于王某兴所保护的权益造成的损害,但是这种损害只是一种危险并没有实际发生。因此,王某兴的行为属于紧急避险。

江北区法院和重庆市第一中级法院最终定性相同,但是两者的论证思路并不同。争议在于紧急避险行为能否引起作为义务?第一种意见认为,王某兴解开航标船钢缆绳的先前行为属紧急避险,但王某兴在危险解除后,明知航标船流失足以使过往船只发生倾覆危险,其负有立即向航道管理部门报告以防止危害发生的义务,王某兴未履行该义务,其不作为构成破坏交通设施罪,应负刑事责任。第二种意见认为,破坏交通设施罪的危险犯是指行为人实施了某种破坏行为而造成的一种危险状态,王某兴所实施的"破坏"行为,即解开航标船钢缆绳,已被确认为紧急避险行为。紧急避险行为本身是合法行为而非犯罪行为,本案危险状态的发生是由于合法行为引起,而不是由不作为犯罪行为引起,且本案亦没有危害后果发生,因此王某兴的行为不构成犯罪,不应负刑事责任。

两种意见的分歧关键在于合法行为能否成为先前行为?是否存在产生作为义务的先前行为是本案能否成立不作为犯罪的前提。先前行为导致刑法所保护的社会关系处于危险状态时,行为人负有采取有效措施排除危险或者防止危害结果发生的特定积极义务。虽然正当防卫行为能否产生作为义务存在争议,但是通说认为紧急避险行为可以产生作为义务。本案中,尽管王某兴为了保全渔民和渔船的安全而解开航标船钢缆绳的行为属于紧急避险,但是在危险消除后王某兴应该承担积极向有关部门报告航标船流失的义务,否则会导致过往的船舶发生倾覆、毁坏危险,王某兴能够轻易履行该义务而未履行。同时,根据《刑法》第117条规定:"破坏轨道、桥梁、隧道、公路、机场、航道、灯塔、标志或者进行其他破坏活动,足以使火车、汽车、电车、船只、航空器发生倾覆、毁坏危险,尚未造成严重后果的,处三年以上十年以下有期徒刑。"该条规定的破坏交通设施罪为危险犯,在航标船被解开直到航标站将航标船复位这段时间内,过往的船只都处于倾覆、毁坏的危险之中,而王某兴负有通知相关部门修复的义务却没有履行,其行为构成不作为的破坏交通设施罪。

【延伸阅读】
1. 张明楷:《不作为犯中的先前行为》,载《法学研究》2011年第6期。
2. 陈兴良:《不作为犯论的生成》,载《中外法学》2012年第4期。

第九章　犯罪的停止形态

1 CASE 黄某勇等入户抢劫案*

【基本案情】 2001 年 12 月,被告人黄某勇等预谋采用麻醉的方法抢劫海门市海门镇柿树村十组盲人林某池、黄某兰夫妇,为此三人准备了安眠药、封箱胶带、螺丝刀等作案工具。经数次踩点后,三人于 2001 年 12 月 20 日 17 时许携带上述作案工具前往受害人家中,并以算命为由骗其开门。最终因林家无开水,三人未能实施麻醉计划。尔后,三人遂商定改用捂嘴、持刀威胁的方法实施抢劫,并由被告人王某鹏找出林家菜刀进行威胁。被告人黄某勇、张某春则分别同时捂住林某池、黄某兰夫妇的嘴巴,林某池随即用力挣扎并呼喊"救命",见状,三被告人相继逃离现场。海门市人民法院一审判决三人构成抢劫罪既遂,江苏省南通市中级人民法院二审判决三人构成抢劫罪未遂。

【争议问题】 本案是否构成犯罪未遂？应当如何量刑？

【关联法条】 1.《刑法》第 263 条

2.《最高人民法院关于审理抢劫、抢夺刑事案件适用法律若干问题的意见》(2005 年)

【分析思路】 根据《刑法》第 263 条第 1 款的规定,"以暴力、胁迫或者其他方法抢劫公私财物的,处三年以上十年以下有期徒刑,并处罚金"。本案中,三个行为人为了非法获取被害人财产,共谋采用麻醉的方法实施抢劫,其行为已经构成抢劫罪。同时,因三人已经实际进入被害人家中,其符合《刑法》第 263 条第 1 款第 1 项的"入户抢劫",具备法定加重情节。然而,本案行为人

---

* 最高人民法院中国应用法学研究所编:《人民法院案例选(2004 年刑事专辑)》(总第 47 辑),人民法院出版社 2005 年版,第 295 页。

既没有取得财物，也没有造成人身伤亡结果，对此应当认定三人构成犯罪既遂还是犯罪未遂呢？

判断行为人构成犯罪既遂还是未遂，一般须以行为人是否实现刑法中某一罪名下的全部构成要件要素事实为标准。若行为人具备上述事实，且发生了刑法所规定的犯罪结果的，则构成犯罪既遂。然而，犯罪结果依附于行为对象发生，故首先要明确抢劫罪的犯罪对象为何。抢劫罪所保护的法益是复杂客体，包括人身权利和财产权利，行为人实施抢劫导致人身或财产受损害的，则构成抢劫罪既遂。因此，抢劫罪针对的对象是人身和财产，而本案的房屋并不是抢劫行为的财产对象，故应当以被害人的人身是否受到伤害、财产是否遭到侵害为基准而讨论犯罪既遂或未遂的问题。相关司法解释也采纳了上述观点。根据《最高人民法院关于审理抢劫、抢夺刑事案件适用法律若干问题的意见》(2005 年)第 10 条的规定，“抢劫罪侵犯的是复杂客体，既侵犯财产权利又侵犯人身权利，具备劫取财物或者造成他人轻伤以上后果两者之一的，均属抢劫既遂；既未劫取财物，又未造成他人人身伤害后果的，属抢劫未遂。据此，刑法第二百六十三条规定的八种处罚情节中除‘抢劫致人重伤、死亡的’这一结果加重情节之外，其余七种处罚情节同样存在既遂、未遂问题，其中属抢劫未遂的，应当根据刑法关于加重情节的法定刑规定，结合未遂犯的处理原则量刑”。

就本案而言，三个行为人虽然有抢劫的故意，也对被害人实施了相应的暴力行为，但最终既未造成人身伤害，也未抢得任何财物，故应当认定构成抢劫罪未遂。同时，因为本案还具有非法入户的法定加重情节，具备法定刑升格条件，因此，应以加重犯的法定刑区间为基准，适用未遂犯的规定。

【延伸阅读】 1. 胡东飞：《情节加重犯的未遂》，载《刑法论丛》2015 年第 1 期。

2. 杨兴培：《抢劫罪既遂、未遂的司法解释质疑——兼论司法解释的现实得失与应然走向》，载《政法论坛》2007 年第 6 期。

2 CASE 孙某财破坏交通设施案

佳木斯铁路运输法院(2003)佳铁刑初字第 48 号刑事判决书

【基本案情】 2003 年 7 月，被告人孙某财得知其所在单位将发生调岗，由于担心自己会下岗，便打算通过自导自演的方式，拦截有障碍物轨道上的列车，欲以此立功避免下岗。为此，孙某财制作长20厘米，直径1.6厘米的“u型”钢筋，并在一端焊上螺母，螺母内拧一长5.63厘米，直径1.55厘米的螺栓，形成可扣押在钢轨上的卡具。8月1日，孙某财佯装去钓鱼，来到南乌线尹春至缓岭间103公里110米处。当K601次旅客列车快要临近时，其将制作的用具用螺丝固定在线路右侧钢轨上，并用塑料袋覆盖之。紧接着，孙某财找来在附近打鱼的王某山，二人试图徒手拆下铁轨上的障碍物，未果，于是孙某财让王某山通知车站，独自拦截K601次旅客列车，最终该列车被拦下，导致该车晚点16分钟。佳木斯铁路运输法院最终判处孙某财犯破坏交通设施罪，处有期徒刑3年，缓期3年执行。

【争议问题】本案是犯罪中止还是犯罪既遂？危险犯是否存在中止？

【关联法条】《刑法》第24条、第117条

【分析思路】在客观层面，破坏交通设施罪的“破坏”行为不局限于物理性毁损，只要行为影响到交通设施的正常使用，具有足以危及公共交通安全的具体危险即可构成本罪。本案中，孙某财将自制的卡具安置在客运列车正在运行的铁轨上，事后经技术人员鉴定，该行为具有足以导致列车脱轨甚至倾覆的危险，故孙某财的行为已在客观上对公共交通安全造成威胁。在主观层面，孙某财虽言不希望发生列车倾覆的危害结果，而是为了“立功”，但行为人的犯罪动机不影响主观故意的认定，作为一个正常理性的成年人，其在实施破坏轨道行为时已经认识到危险发生的可能性，因此，应当认定孙某财成立破坏交通设施罪。但问题在于，犯罪成立和犯罪既遂是两个不同的概念，本案中孙某财最终并未实际造成交通事故，那么到底应该认定其构成犯罪既遂还是犯罪中止呢？

认定行为人是构成犯罪既遂还是犯罪中止，一方面要依托于具体的犯罪构成展开，判断本案是否具备刑法规定的破坏交通设施罪全部构成要件要素下的犯罪事实；另一方面，还要考察本罪所涉及的犯罪构成对结果的要求，即构成本罪的既遂是否要求实现某种法定结果。

破坏交通设施罪包含了两个犯罪构成，分别是《刑法》第117条和第119条。《刑法》第117条规定：“破坏轨道、桥梁、隧道、公路、机场、航道、灯塔、标志或者进行其他破坏活动，足以使火车、汽车、电车、船只、航空器发生倾覆、

毁坏危险，尚未造成严重后果的，处三年以上十年以下有期徒刑。”该条规定的犯罪是具体危险犯，该罪的既遂要求发生足以使交通工具倾覆的具体危险结果；第 119 条规定：“破坏交通工具、交通设施、电力设备、燃气设备、易燃易爆设备，造成严重后果的，处十年以上有期徒刑、无期徒刑或者死刑。”该条规定的犯罪是实害犯，该罪的既遂要求造成严重的实害后果。

本案中，孙某财的行为同时符合《刑法》第 117 条和第 119 条两个犯罪构成。从客观层面来看，该案已经发生了危及公共交通安全的具体危险，满足《刑法》第 117 条下全部构成要件事实，构成《刑法》第 117 条的既遂。之后孙某财主动且成功拦截迎面而来的客运列车，最终未造成法定的实害结果，属于有效阻止犯罪结果发生的情形，因此孙某财也构成《刑法》第 119 条的中止。由于本案孙某财的一个行为符合两个犯罪行为的构成要件，构成想象竞合，应当择一重罪予以处罚。根据《刑法》第 117 条量刑之规定，孙某财的行为依法应处以 3 年以上 10 年以下有期徒刑；而根据《刑法》第 119 条，由于孙某财是中止犯，应一并适用中止犯的量刑规定。因本案没有造成任何实害结果，依法应当予以免除处罚。综上，直接以《刑法》第 117 条对孙某财定罪量刑即可。

【延伸阅读】 1. 刘明祥：《论危险犯的既遂、未遂与中止》，载《中国法学》2005 年第 6 期。

2. 陈洪兵：《公共危险犯的未完成形态》，载《国家检察官学院学报》2008 年第 1 期。

3 CASE 李某容抢劫、杀人案

福建省上杭县人民法院(2008)杭刑初字第 238 号刑事判决书

【基本案情】 被告人李某容因急需用钱，准备实施抢劫并杀人灭口。2008 年 6 月 19 日，李某容在县城租用小轿车，以一同游玩为由将熟人潘某秀骗上车，准备实施抢劫。至 20 日凌晨，李某容停车后，用绳子将潘某秀绑在座位上，抢走潘某秀提包内的现金人民币 130 余元及手机一部(价值 990 元)、银行卡一张，并逼迫潘某秀说出银行卡密码。20 日 4 时许，李某容用绳子猛勒潘某秀的脖子致其昏迷，并将其放入轿车后备箱。李某容在回城途中发觉潘某秀未死，于是打开后备箱，先用石头砸潘某秀的头部，后用随身携带的小剪刀刺潘某秀的喉部和手臂，致潘某秀再次昏迷。20日6时许，李某容恐潘某秀仍未死，便购买一把水果刀准备杀害潘某秀。结果，苏醒后的潘某秀挣脱绳索，打开汽车后备箱逃至公路。李某容见状即追赶潘某秀，并用水果刀捅刺潘某秀的腹部，因衣服较厚致刀柄折断而未能得逞。李某容遂以“你的命真大，这样做都弄不死你，我送你去医院”为由劝潘某秀上车。上车后，李某容又殴打潘某秀。李某容往老公路方向行驶，潘某秀在一加油站旁从车上跳下向路人呼救，李某容大声说“孩子没了不要紧，我们还年轻，我带你去医院”，以搪塞路人，并再次将潘某秀劝上车。李某容威胁潘某秀不能报警，否则继续杀她，潘某秀答应后，李某容遂送其去医院。途中，潘某秀要回了被抢的手机、银行卡等物，并打电话叫朋友赶到医院。经鉴定，潘某秀的伤情程度为轻伤。上杭县人民法院经审理认定李某容构成抢劫罪和故意杀人罪，数罪并罚。

【争议问题】 被告人李某容是犯罪中止还是犯罪未遂？

【关联法条】 1.《刑法》第22条、第23条、第232条、第263条

2.《最高人民法院关于抢劫过程中故意杀人案件如何定罪问题的批复》(2001年)

【分析思路】 根据《刑法》第263条的规定，“以暴力、胁迫或者其他方法抢劫公私财物的，处三年以上十年以下有期徒刑，并处罚金”。本案中，被告人李某容用绳子控制受害人潘某秀，导致其不能反抗，并劫取现金和手机等财物，其已经构成抢劫罪的既遂。尽管受害人要回了被劫取的财物，但因犯罪形态具有终局性，并不影响抢劫罪既遂的认定。同时，被告人李某容计划在抢劫后杀死受害人，客观上也实施了杀害行为，故还成立故意杀人罪。根据《最高人民法院关于抢劫过程中故意杀人案件如何定罪问题的批复》(2001年)，行为人实施抢劫后，为灭口而故意杀人的，以抢劫罪和故意杀人罪定罪，实行数罪并罚。但本案最终没有发生受害人死亡的结果，那么行为人应当构成故意杀人罪的未遂还是中止呢？

犯罪未遂，简单言之即“欲达目的而不能”，犯罪中止则为“能达目的而不欲”，两者的根本区别在于行为人是因意志以内的原因(主动)还是意志以外的原因(被迫)放弃犯罪。本案中，被告人李某容为了杀害受害人重复实施杀害行为，最终没有导致死亡结果，如何判断被告人李某容究竟是被迫放

弃犯罪,还是主动放弃犯罪呢? 对此有不同观点。

第一种意见认为,被告人是被迫放弃而构成犯罪未遂。为杀人灭口,被告人李某容已经实施了多次杀害行为:先是使用绳子勒住受害人的脖子,但未死亡;发现受害人仍活着,便用石头打击受害人头部,并用剪刀捅刺受害人的喉部和手臂,但导致昏迷;为了彻底灭口,其购买了水果刀并捅向受害人腹部,但因刀柄折断未得逞。最终,被告人李某容以"命大"为由送受害者至医院治疗,途中被告人还实施了殴打受害人的行为。整个过程,被告人实施了多次伤及受害人要害部位的杀害行为,但均因意志以外的原因未能得逞。同时,由于被害人已经跳车并向路人呼救,犯罪行迹已经暴露,且当时已是白天,路上行人较多。被告人李某容在连续实施杀害行为但均未能得逞的情况下,最终选择送受害人到医院救治。综合整个犯罪过程及作案环境来看,行为人已经无法继续实施犯罪,其属于因意志以外的原因被迫放弃犯罪,故应当认定构成故意杀人罪未遂。

第二种意见认为,被告人构成犯罪中止。犯罪中止要求行为人主观上自动放弃犯罪,客观上还需要停止实施犯罪行为,或者实行行为终了后有效阻止危害结果发生。在行为人连续实施侵害行为的情况下,如何判断其实行行为是否终了? 一般认为,行为人为实现犯罪既遂所需采取的手段全部实施完毕的,实行行为终了。本案中,李某容前几次杀害行为均以失败告终,但在最后的送医途中,仍然具有完成杀人行为的现实可能性,因此,可以认为此时故意杀人的实行行为尚未终了。在此情况下,李某容放弃了进一步的杀人行为,可以认定其系自动放弃犯罪,构成故意杀人罪的犯罪中止。

【延伸阅读】 1. 张明楷:《论放弃重复侵害的行为性质》,载《中外法学》2017年第6期。

2. 黄应生:《放弃重复侵害行为不必然构成犯罪中止》,载《中国审判》2009年第10期。

4 CASE 徐某盗窃案*

【基本案情】1997年4月22日，被告人徐某潜入本溪钢铁公司南芬选矿厂三五选车间厂房内，盗得备件9件，价值人民币2890余元，并将这些备件运到该厂的围墙边。当被告将其中价值人民币606.23元的4件备件扔出围墙之外，坐在墙上休息时，被该厂巡逻人员当场抓获，赃物被缴。辽宁省本溪市南芬区人民法院认定被告人徐某构成盗窃罪未遂，判处拘役5个月。

【争议问题】本案是盗窃既遂还是盗窃未遂？盗窃既遂的标准是什么？

【关联法条】《刑法》第23条、第264条

【分析思路】徐某为了非法取得他人财物，潜入厂房盗得零备件，根据《刑法》第264条的规定，其行为已经构成盗窃罪。本案的主要问题在于，徐某盗窃的财物中有4件已经扔出墙外，5件仍在墙内，这种情况下，到底应该认定其构成盗窃罪的既遂还是未遂呢？

关于盗窃罪的既遂或未遂，理论上主要有“失控说”和“控制说”之争。“失控说”是从受害人的角度提出盗窃既遂的标准，即财产所有人对财产失去控制时则行为人构成犯罪既遂；“控制说”则是从行为人出发，认为当行为人实际控制财产时则构成犯罪既遂。当前，司法实务及刑法理论通说均采纳“控制说”这一观点。然而，侵害盗窃罪所保护的法益的行为方式是多种多样的，甚至是在不断发展的，单纯以“控制说”的观点很难直接判断行为人是否已经“控制”被盗财物。那么，应当如何进一步理解该学说中的“控制”呢？

理论上多数观点认为，“控制”是指一种事实上的实际控制，一方面既要求受害人脱离对自己所支配财物的控制，另一方面还要求行为人对该财物建立属于自己支配范围内新的控制。一般认为，除了行为人在客观上盗窃财物的事实外，还需要结合社会一般观念判断行为人是否已经在事实上“控制”被盗财物，即判断行为人是否实际控制被盗取的财物，要结合犯罪行为的手

* 最高人民法院中国应用法学研究所编：《人民法院案例选 · 分类重排本 · 刑事卷1》，人民法院出版社2017年版，第170页。

段,对象的体积、犯罪的地点等多种因素综合考虑。就本案而言,徐某翻墙进入案涉厂房实施盗窃,由于该厂房并非能够随意进入,因此可以在其携带被盗财物翻墙出去时,认定单位失去对被盗财物的控制。在此基础上,还需要进一步判断徐某是否对被盗财物建立起属于自己支配范围内的控制。本案中,徐某将4件备件扔出墙外时,其选择的地点并非随意选择,而是有目的地选择,行为人将财物放置在特定地点,客观上体现了其对被盗财物的控制状态,可以认为徐某能够随时建立对财物的现实支配,所以,已经扔出墙外的4件备件,可以认定为已经被徐某实际控制;但是,因另外5件备件还在单位的院墙内,上述备件仍未脱离单位的实际控制领域,且徐某也未能对该5件备件建立属于自己的控制,因此不能认定墙内的5件备件已经被徐某控制。

综上所述,应当认为徐某扔出院墙外的4件备件属于盗窃罪既遂,还在院墙内的5件备件属于盗窃未遂。

【延伸阅读】

1. 张明楷:《盗窃罪的新课题》,载《政治与法律》2011年第8期。

2. 董玉庭:《论盗窃罪既遂标准的实践把握》,载《国家检察官学院学报》2004年第2期。

第十章 共同犯罪

1 CASE 雷某奇等在旅游区开枪射击致人死亡案*

【基本案情】 1994年5月2日，在重庆九龙坡区某旅游区内，雷某奇与孔某华相约至某招待所的阳台上，选中离阳台8.5米左右处一个树干上的废瓷瓶为目标比赛枪法（共用一支半自动步枪），谁输了谁拿出一包香烟。接着两人轮流各射击子弹3发，均未打中瓷瓶。其中一发子弹穿过树林和花溪河上空，飞向距该招待所阳台约133米远的南泉解放桥至南泉镇公路人行道138号电杆附近，恰逢行人龙某黎途经该处，致龙某黎右肩中弹身亡。

重庆市九龙坡区人民检察院依据79刑法，以被告人雷某奇等犯以在旅游区射击的危险方法致人死亡罪，向重庆市九龙坡区人民法院提起公诉。

重庆市九龙坡区人民法院经公开审理认为，被告人雷某奇等应当预见在旅游区开枪射击可能危害公共安全，因射击瓷瓶玩乐时疏忽大意而未能预见，造成龙某黎中弹死亡的结果，二人的行为均已构成以在旅游区开枪射击的危险方法致人死亡罪，依法应予处罚。依据79刑法的有关规定，认定雷某奇等二人均犯以在旅游区射击的危险方法致人死亡罪，〔1〕各判处有期徒刑4年。

【争议问题】 共同过失犯罪是否属于刑法上的共同犯罪？如何理解《刑法》关于共同过失犯罪的规定？

---

* 庭立方：《雷德奇、孔建华在旅游区开枪射击致人死亡案》，https://www.scxsls.com/knowledge/detail?id=10920，最后访问日期：2021年6月6日。

〔1〕 由于79刑法制定之后，立法机关和最高司法机关并没有统一确定分则各条款犯罪的罪名，而是由法官在个案中自行确定罪名，所以会出现“以在旅游区射击的危险方法致人死亡罪”这样的罪名表述。

【关联法条】1.79 刑法第 12 条、第 22 条、第 106 条
2.97 刑法第 15 条、第 25 条、第 115 条

【分析思路】本案是共同过失犯罪的典型案例。所谓共同过失犯罪，是指负有共同注意义务的二个以上的行为人，由于共同的不注意，共同实施或促成了违反共同注意义务的行为，造成危害结果发生的一种共同犯罪形态。本案中，雷某奇等二人相约于同一地点轮流射击，具有防止他人遭受枪击的共同注意义务，二人已经预见在毗邻街道开枪可能会出现他人中弹身亡的危害结果，但轻信能够避免，最终导致行人龙某黎死亡，系出于共同的过于自信的过失心态的过失犯罪，符合共同过失犯罪的成立条件。

对于共同过失犯罪应当如何处理？我国 79 刑法第 22 条与现行《刑法》第 25 条均规定："共同犯罪是指二人以上共同故意犯罪。二人以上共同过失犯罪，不以共同犯罪论处；应当负刑事责任的，按照他们所犯的罪分别处罚。"据此，虽然共同过失犯罪是事实上存在的一种犯罪类型，但是在刑法上并不能适用总则关于共同犯罪的规定。我国刑法理论的通说认为，对于共同过失犯罪不必以共同犯罪论处，只需对各人分别定罪处罚即可。主要理由有二：(1)共同犯罪的特点是二人以上通过共同的犯罪故意，使各人的行为形成了一个共同的有机整体，因而具有更大的社会危害性。而在共同过失犯罪中，各行为人缺乏意思联络，不可能形成共同犯罪所要求的有机整体性。(2)共同过失犯罪中不存在主犯、从犯、教唆犯的区分，只存在过失责任大小的差别，将各人的行为作为单独过失犯罪来处理更为合适。[1]

问题在于，如果将通说观点贯彻到底，认为共同过失犯罪完全不必按照共同犯罪的规则来处理，那么对其也不能适用共同犯罪的"部分实行全部责任"原则。而根据这一原则，在共同实行犯的场合，只要参与者实施了部分的实行行为，就要对共同犯罪造成的全部结果负责。如此一来，在二人以上共同过失导致他人死亡，但不能查清究竟是何人所为时，仅以单独犯的视角考察各人的行为，则每个人都无须对死亡结果负责。本案中，只有一发子弹打中了被害人，但无法查清究竟是两行为人中的何人所为，如果完全跳过对二人共同行为的检视，只是单独分析各人行为，根据存疑时有利于被告人的原则，便不能将死亡结果归属于任何一人。由于过失犯罪都是结果犯，成立过

〔1〕 参见高铭暄、马克昌主编：《刑法学》(第九版)，北京大学出版社 2019 年版，第 162 页。

失犯罪以实害结果的发生为要件，既然不能认定个人行为与死亡结果之间的因果关系，那么雷某奇等二人便不应承担过失犯罪的刑事责任。

显然，本案的司法机关并不是这样处理的，无论是检察院还是法院，都主张以过失犯罪追究二人的刑事责任。虽然当时司法机关的做法只是单纯出于一种治罪冲动，其背后并没有深刻的理论逻辑，但是从结论上来看，相较于无罪论，有罪论是更为妥当的。如今我们不禁要问，如何才能合理、合法地得出二人有罪的结论？我们认为，可以用一种折中说来解释《刑法》关于共同过失犯罪的规定，“不以共同犯罪论处”是指这种情况实际上成立共同犯罪，但在最终处理方式上是“按照他们所犯的罪分别处罚”。换言之，一方面它承认了共同过失犯罪可以适用共同犯罪的认定规则，另一方面又对其中各共犯人承担刑事责任的规则作出了特别规定。具体到本案中，如何认定雷某奇等二人的刑事责任？首先，应当肯定二人的行为成立《刑法》所规定的共同过失犯罪；其次，根据共同犯罪的“部分实行全部责任”原则，虽然不能查明个人行为与死亡结果之间的因果关系，但是至少可以肯定共同行为与死亡结果之间的因果关系，故而应当将死亡结果归属于二人的共同过失行为，二人对此应负刑事责任；最后，由于刑法的特别规定，对二人不区分主从犯，分别以过失犯罪定罪处罚。

结合本案的实际情况来看，以上述折中说来解释《刑法》关于共同过失犯罪的规定，并以此追究雷某奇等二人的刑事责任，这种处理方式更为合理。本案中，雷某奇等在毗邻街道的旅游区连续射击，二人共同的射击行为导致行人龙某黎中弹身亡，客观上具有危害公共安全的危险和致人死亡的结果，主观上对死亡结果的发生持过失心态，因此成立共同过失犯罪。本案发生于1994年，当时有效的79刑法第106条规定：“放火、决水、爆炸、投毒或者以其他危险方法致人重伤、死亡或者使公私财产遭受重大损失的，处十年以上有期徒刑、无期徒刑或者死刑。过失犯前款罪的，处七年以下有期徒刑或者拘役。”据此，二人成立共同犯罪，其行为均构成以危险方法致人死亡罪，不过应当分别定罪处罚。

【延伸阅读】 1. 张明楷：《共同过失与共同犯罪》，载《吉林大学社会科学学报》2003年第2期。

2. 舒洪水：《共同过失犯罪的概念及特征》，载《法律科学》2005年第4期。

2 CASE 张某鸿涉嫌抢劫案*

【基本案情】 陈某明、张某鸿与谢某明、洪某(在逃)四人经事前合谋,欲到闽南地区,在行驶的公共汽车上行窃。1994 年 11 月 4 日上午,四人乘上青阳开往石狮的客车不久,洪某便扒走乘客张某辉的人民币 1100 元。汽车继续行驶一段路后,张某辉发现被窃,即要求驾驶员将车开往公安局。此时谢某明拔出随身携带的短刀,朝售票员的腹部刺了一刀,造成轻微伤;陈某明也立即用手卡住乘客周某强的脖子,并拔出随身携带的剃须刀逼住周某强,以此胁迫驾驶员停车。车停后,四人夺门逃跑,稍后陈某明、张某鸿二人被追赶的群众抓获。

福建省晋江市人民检察院以陈某明、张某鸿犯抢劫罪向晋江市人民法院提起公诉。张某鸿辩称,四人只是预谋要扒窃,并未预谋扒窃败露后要使用暴力;其事先根本不知道谢某明、陈某明二人有短刀在身,在作案现场也未参与实施暴力行为,因此本人只构成盗窃罪,不构成抢劫罪;谁把事情扩大,应当由谁负责。晋江市人民法院经审理认为,陈某明当场使用暴力并以暴力相威胁抗拒抓捕,其行为构成抢劫罪;张某鸿的行为仅构成盗窃罪。

晋江市人民检察院以一审判决认定张某鸿的犯罪性质不准、量刑不当为理由提出抗诉。抗诉书认为,张某鸿、陈某明构成共同犯罪,应以同一罪名定罪科刑;经陈某明供述,数人在预谋时已讲好扒窃被失主发现就用刀对付,张某鸿知道有二人事先准备了刀并带在身上;盗窃转化为抢劫是四人共同转化,张某鸿的行为也应构成抢劫罪。福建省泉州市中级人民法院经过二审审理认为,抗诉机关诉称陈某明供述预谋时已讲好扒窃被发现时用刀对付,张某鸿知道有二人准备了刀并带在身上,经查无事实根据,两被告人从未作过上述供述,抗诉理由不能成立。据此驳回抗诉,维持原判。

【争议问题】 成立共同犯罪时,各共犯人的罪名是否必须相同?

---

* 最高人民法院中国应用法学研究所编:《人民法院案例选 · 分类重排本 · 刑事卷 1》,人民法院出版社 2017 年版,第 211 页。

【关联法条】1.79 刑法第 22 条、第 150 条、第 151 条、第 153 条
2.97 刑法第 25 条、第 263 条、第 264 条、第 269 条
3.《最高人民法院关于审理抢劫刑事案件适用法律若干问题的指导意见》(2016 年)

【分析思路】本案的争议焦点在于张某鸿的刑事责任问题。在共同盗窃案件中,部分共犯转化为抢劫罪,其他共犯的刑事责任应当如何认定?这涉及共同犯罪成立范围问题的理论争议。

79 刑法第 22 条第 1 款与现行《刑法》第 25 条第 1 款均规定,共同犯罪是指二人以上共同故意犯罪。传统理论认为,共同犯罪的成立条件有三:二人以上的犯罪主体、共同的犯罪行为和共同的犯罪故意。至于何为"共同",即共同犯罪的成立范围问题,则有犯罪共同说和行为共同说两种观点,其中犯罪共同说之下又可分为完全犯罪共同说和部分犯罪共同说。完全犯罪共同说认为,"共同"是指完全相同的犯罪,二人以上只能就完全相同的犯罪成立共同犯罪,若二人以上成立共同犯罪,对他们必须适用同一个罪名。例如,甲、乙共谋盗窃,在盗窃过程中,乙另行实施抢劫,甲仍然实施盗窃,依照完全犯罪共同说,二人成立抢劫罪的共同犯罪,但是甲仅承担盗窃罪的刑事责任。本案中,检察院的抗诉书认为张某鸿、陈某明构成共同犯罪,应以同一罪名定罪科刑,即是这一观点的体现。然而,这种观点会导致没有重罪故意的人也成立重罪,而实际上承担的刑罚又与认定的罪名不符,可见其并不妥当。

部分犯罪共同说认为,"共同"是指构成要件的全部或部分重合,二人以上可以在不同犯罪构成要件重合的范围内成立共同犯罪。例如,甲以杀人故意、乙以伤害故意共同加害于丙,并致丙死亡,二人仅在故意伤害(致人死亡)罪的范围内成立共同犯罪。由于甲具有超出共同伤害故意的杀人故意和杀人行为,其最终单独构成故意杀人罪;而乙对超出部分不负责任,其只构成故意伤害罪。由此可见,若采部分犯罪共同说,即使最终认定的罪名不一,只要构成要件的部分重合,二人以上仍可成立共同犯罪。部分犯罪共同说克服了完全犯罪共同说存在的弊端,更具合理性,是目前理论上的通说。

本案中,陈某明、张某鸿等四人共谋并实施盗窃,陈某明、张某鸿具有共同的盗窃故意和盗窃行为,成立盗窃罪的共同犯罪。在盗窃过程中,陈某明当场使用暴力并以暴力相威胁抗拒抓捕,依据 79 刑法第 153 条,其行为由盗窃转化为事后抢劫,构成抢劫罪。问题在于,如何认定转化者之外的其他共

犯的刑事责任？关键在于其他共犯对转化部分是否具有共同故意及共同行为。根据上述部分犯罪共同说，若其他共犯对转化部分无共同故意及共同行为，则不应对原盗窃故意之外的事实负责。从本案已查明的事实看来，并无证据表明张某鸿事前已知晓陈某明等人会携带短刀，其也没有计划或当场参与使用暴力。由此可见，张某鸿并不具有转化抢劫的故意，不应当对抢劫事实负责，而只需对本案中构成要件的重合部分即共同盗窃负责，其行为只构成盗窃罪。

对于这一问题，2016 年《最高人民法院关于审理抢劫刑事案件适用法律若干问题的指导意见》亦有所规定。其在“关于转化型抢劫犯罪的认定”中指出，“两人以上共同实施盗窃、诈骗、抢夺犯罪，其中部分行为人为窝藏赃物、抗拒抓捕或者毁灭罪证而当场使用暴力或者以暴力相威胁的，对于其余行为人是否以抢劫罪共犯论处，主要看其对实施暴力或者以暴力相威胁的行为人是否形成共同犯意、提供帮助。基于一定意思联络，对实施暴力或者以暴力相威胁的行为人提供帮助或实际成为帮凶的，可以抢劫共犯论处”。虽然时过境迁，但若将该规定适用到本案当中，也会发现其与本案情形并不相符，对张某鸿不能以抢劫罪的共犯论处。

综上所述，陈某明、张某鸿二人成立共同犯罪，但对二人应当分别定罪，其中陈某明构成抢劫罪，张某鸿构成盗窃罪。

【延伸阅读】 1. 张明楷：《事后抢劫的共犯》，载《政法论坛》2008 年第 1 期。
2. 谢望原：《共同犯罪成立范围与共犯转化犯之共犯认定》，载《国家检察官学院学报》2010 年第 4 期。

3 CASE 吴某友雇凶故意伤害案

江西省瑞昌市人民法院(2002)赣 0481 刑初字第 200 号刑事判决书

【基本案情】 2001 年 1 月上旬，吴某友应朋友李某良的要求，雇请无业青年胡某国、方某（均不满 18 周岁）欲重伤李某德，并带领胡某国、方某指认李某德并告知李某德回家的必经路线。当月 12 日晚，胡某国、方某等人携带钢管在李某德回家的路上守候。晚 10 时许，李某德骑自行车路过，胡某国、方某等人即持凶器上前殴打李某德，把李某德连人带车打翻在路边田地里，并从其身上劫走人民币580元。事后，吴某友给付胡某围等人"酬金"人民币600元。经法医鉴定，李某德的伤情为轻微伤甲级。

在案件审理过程中，吴某友辩解其没有雇用胡某围等人进行抢劫，只是雇用他们伤害被害人。其辩护人辩称，由于胡某围等人实施的被雇佣的故意伤害行为尚不构成犯罪，故吴某友亦不构成犯罪。

瑞昌市人民法院经审理认为，被告人吴某友雇请胡某围、方某等人故意伤害被害人李某德致其轻微伤甲级，其行为已构成故意伤害罪（教唆未遂）。被雇佣人胡某围等人超过被告人吴某友的授意范围而实施的抢劫行为，属"实行过限"。根据刑法规定的罪责自负原则，教唆人只对其教唆的犯罪负刑事责任，而被教唆人实行的过限行为应由其自行负责。公诉机关指控的事实成立，但指控罪名不当，应予纠正。因被教唆人胡某围等人实施的伤害行为后果较轻，尚不构成故意伤害罪，故可以对吴某友从轻或减轻处罚。吴某友教唆未满18周岁的人实施故意伤害犯罪，应当从重处罚。根据刑法有关规定，判决被告人吴某友犯故意伤害罪（教唆未遂），判处有期徒刑6个月。

【争议问题】 如何理解"被教唆的人没有犯被教唆的罪"？本案中，各行为人分别如何承担刑事责任？

【关联法条】《刑法》第29条、第234条、第263条

【分析思路】 教唆犯是指故意使无特定犯意者产生特定犯意并实行特定犯罪的人。本案中，吴某友雇凶伤人，根据其委托的事项内容，其雇佣行为属于故意伤害罪的教唆。如果胡某围、方某接受教唆后也实施了故意伤害的行为，那么依照我国《刑法》第29条第1款的规定，"教唆他人犯罪的，应当按照他在共同犯罪中所起的作用处罚"。吴某友无疑是故意伤害罪的教唆犯，依法以其在共同犯罪中的作用承担刑事责任即可。然而，胡某围、方某等人并未按照委托内容重伤李某德，只对其进行了殴打并造成轻微伤，尚未达到故意伤害罪所要求的轻伤结果，因此并不构成故意伤害罪。除此之外，胡某围等人又对李某德另行实施了抢劫，而这却不在吴某友的委托范围内。当被教唆者并未实施被教唆的犯罪，而是另行实施了其他犯罪时，教唆者应当如何承担刑事责任？这涉及教唆未遂和实行过限两个问题。

关于教唆未遂，我国《刑法》第29条第2款规定："如果被教唆的人没有犯被教唆的罪，对于教唆犯，可以从轻或者减轻处罚。"如何解释该规定中的

“被教唆的人没有犯被教唆的罪”？理论上主要有三种观点：(1)共犯从属性说。该说认为，成立教唆犯的前提是被教唆者已着手实行犯罪，若不存在被教唆者的实行行为，则不能处罚居于从属地位的教唆犯。因此，在支持共犯从属性说的部分学者看来，“被教唆的人没有犯被教唆的罪”是指“被教唆的人没有犯被教唆的既遂罪”，即被教唆者已经着手实行犯罪，但尚未达到犯罪既遂的程度。(2)共犯独立性说。该说认为，教唆行为本身就具有刑事可罚性，成立教唆犯不以被教唆者着手实行为限。例如，被教唆者并未产生犯意、被教唆者明确拒绝教唆、被教唆者接受教唆但仅实施了预备行为，按照共犯独立性说，这些情形均属于教唆未遂，都应予以处罚。据此，“被教唆的人没有犯被教唆的罪”是指“被教唆的人没有着手实行被教唆的罪”。此时教唆者也值得处罚，只不过可以从轻或者减轻处罚。(3)二重性说。该说认为，我国刑法规定了两种类型的教唆犯，包括规定于《刑法》第 29 条第 1 款的共犯的教唆犯和规定于《刑法》第 29 条第 2 款的单独的教唆犯。前者以被教唆者着手实行为成立条件，教唆者与被教唆者成立共同犯罪；后者则是在被教唆者没有着手实行的情况下成立的教唆犯，属于单独犯罪而非共同犯罪，对教唆者仍应予以处罚。因此，“被教唆的人没有犯被教唆的罪”是指单独的教唆犯的情形。

本案中，如果不考虑胡某围、方某等人的其他行为，只看他们接受教唆后并未实施故意伤害的事实，这无疑属于“被教唆的人没有着手实行被教唆的罪”的情形，此时如何认定吴某友的刑事责任？依照不同学说会得到不同答案：在共犯从属性说看来，因为不存在故意伤害罪的实行行为，所以教唆行为不可罚，吴某友应属无罪；在共犯独立性说和二重性说看来，即使没有故意伤害罪的实行行为，相应的教唆行为仍具有可罚性，吴某友依然是故意伤害罪的教唆犯。我们认为，在理解“被教唆的人没有着手实行被教唆的罪”时应取其字面的通常含义，即被教唆的人没有实施被教唆的罪，这种理解是与共犯独立性说、二重性说的主张相一致的。

问题在于，胡某围、方某等人又另行实施了抢劫行为，此时本案各行为人的刑事责任又应如何认定？这涉及共同犯罪中的实行过限理论。所谓“实行过限”，又称实行过剩，是指实行犯的行为超出了其他共犯的故意内容的情形。实行过限包括三种类型：(1)实行行为超出教唆犯的故意；(2)实行行为超出帮助犯的故意；(3)实行行为超出其他共同实行犯的故意。根据主客观相一致的处罚原则，其他共犯无须对超出其故意范围的过限部分负责。实行过限属于共犯的抽象认识错误问题，根据事实认识错误中的法定符合说，教唆犯或其他实行犯与实行过限者只在构成要件的重合范围内成立共同犯罪。例如，甲教唆乙盗窃，但乙却实施了抢劫，由于抢劫罪和盗窃罪的构成要件有部分重合，因此甲只对其故意范围之内的盗窃事实承担教唆既遂的责任。若各行为的构成要件完全没有重合，根据《刑法》第29条第2款的规定，此时教唆者成立教唆未遂，应当以单独的教唆犯追究刑事责任。例如，甲教唆乙抢劫，但乙却实施了强奸，对此甲只承担抢劫罪的教唆未遂责任。

综合本案情况来看，一方面，胡某围、方某等人接受教唆后并未实施故意伤害行为，另一方面，单纯的抢劫与故意伤害之间也并无重合之处，因此，根据上述共犯独立性说或二重性说，依照《刑法》第29条第2款的规定，吴某友的行为构成故意伤害罪（教唆未遂），依法可以从轻或者减轻处罚。至于胡、方等人另行实施抢劫，则属于实行过限，他们应当对过限部分单独负责，其行为构成抢劫罪。

【延伸阅读】 1. 何庆仁：《我国刑法中教唆犯的两种涵义》，载《法学研究》2004年第5期。

2. 张建、俞小海：《教唆犯中实行过限的认定问题研究》，载《政治与法律》2012年第1期。

3. 刘明祥：《"被教唆的人没有犯被教唆的罪"之解释》，载《法学研究》2011年第1期。

4. 周光权：《"被教唆的人没有犯被教唆的罪"之理解——兼与刘明祥教授商榷》，载《法学研究》2013年第4期。

4 CASE 易某春、周某兵抢劫案

四川省成都市青羊区人民法院（2014）青羊刑初字第119号刑事判决书

【基本案情】 易某春伙同周某兵，共谋以低价卖出真手机再用模具手机替换的方式实施诈骗，并约定一人实施诈骗，另一人负责接应。后易某春为实施诈骗，在成都市某手机市场购得"苹果5"手机1部，"苹果5"模具手机10部。2013年9月27日，易某春、周某兵在成都市某交叉路口伺机行骗。易某春见

马某丽在路边,便上前搭讪,称欲以500元价格出售白色“苹果5”手机1部,马某丽同意后将500元现金交给易某春。易某春将“苹果5”手机交给马某丽后假装后悔,要求马还回手机,马某丽拒绝。易某春见无法拿回手机,遂将马某丽按倒在地,强行抢走马某丽手中的“三星9500”型手机一部(价值4600元)及白色“苹果5”手机一部(价值4000元)。易某春抢到手机后,乘坐在现场负责接应的被告人周某兵驾驶的摩托车逃离现场。后易某春以2600元价格将三星手机销赃,所获赃款连同诈骗所得现金500元与周某兵等人平分。

四川省成都市青羊区人民法院经审理认为,被告人易某春、周某兵以非法占有为目的,采用暴力手段当场劫取公民财物,二人的行为均构成抢劫罪。最终判处易某春有期徒刑3年,判处周某兵有期徒刑10个月。

【争议问题】 周某兵是否应当对易某春的抢劫行为负责?

【关联法条】《刑法》第25条、第263条

【分析思路】 本案中,易某春、周某兵原共谋实施诈骗,易某春将真“苹果”手机交付被害人马某丽后,马某丽拒绝还回,这样一来易某春便没有机会进行真假手机的替换,实施诈骗。于是,其转而采取暴力手段,强行将马某丽的两部手机一齐抢走,并乘坐在现场接应的周某兵驾驶的摩托车离开。就案情来看,易某春并未实施二人原先所共谋的诈骗行为,而是临时起意,以暴力手段非法占有他人财物,其行为构成抢劫罪自无疑问,问题在于,周某兵是否应当对易某春的抢劫行为负责,即二人是否成立抢劫罪的共犯?这首先涉及实行过限的判断标准问题。

实行过限,又称实行过剩,是指实行犯的行为超出了其他共犯的故意内容的情形。实行过限包括三种类型:(1)实行行为超出教唆犯的故意;(2)实行行为超出帮助犯的故意;(3)实行行为超出其他共同实行犯的故意。关于实行过限的判断标准,通说认为应根据实行行为是否超出共同故意的范围来判断实行行为人的行为是否属于实行过限。根据主客观相一致的处罚原则,仅由实行过限者对过限部分单独负责,其他共犯无须对超出其故意范围的过限部分负责。由此可见,判断实行过限的重点在于认定其他共犯的故意范围。

本案中,易某春临时起意实施抢劫,而周某兵此前并没有共同抢劫的故意,这超出了二人事前的共谋范围,因此,相对于之前的共谋诈骗,周某兵的

行为成立实行过限。然而,在实行过限之后二人是否又形成了新的共犯关系?换言之,二人虽然不成立事前通谋的共同犯罪,但仍有可能成立事前无通谋的共同犯罪。根据我国传统理论,共同犯罪的成立条件包括二人以上的犯罪主体、共同的犯罪行为和共同的犯罪故意。因此,认定二人刑事责任的关键在于其是否具有共同抢劫的客观行为和主观故意。

我们认为,易某春、周某兵二人成立抢劫罪的共犯,且属于事前无通谋的共同犯罪。理由有三:第一,周某兵在客观上为易某春成功劫取财物提供了帮助。在易某春取得财物、尚未脱身时,是周某兵驾驶摩托车载着易某春逃离现场的。一方面,其使得实行者得以迅速地离开案发现场,一定程度上避免了后续的抓捕、扭送;另一方面,其也及时、有效地转移了财物的占有,使被害人在当时难以追回被抢的手机。第二,周某兵在主观上具有帮助抢劫的故意。从易某春开始实施抢劫直到抢到财物,周某兵一直身在现场,其亲眼目睹了整个作案过程,可见其对抢劫事实是有明确认识的。第三,在犯罪既遂至行为实质性完结的这段时间内,也可能成立共同犯罪。在行为当时,虽然易某春已经抢到手机,但这并不代表抢劫行为已然完成,因为他仍然身在现场,被害人仍有可能当场追回财物,易某春正是通过周某兵驾驶摩托车载他离开的行为,才确定性地转移了财物的占有。由此可见,在抢劫行为已经既遂但尚未终了的场合,他人也可以参与其中,与抢劫者成立共同犯罪。

进一步的问题是,本案中周某兵的行为方式是什么?是作为的帮助,还是不作为的帮助?有论者认为,在易某春实施抢劫时,周某兵负有阻止的义务,然而其并没有阻止易某春实施抢劫,构成不作为的抢劫罪;也有论者认为,易某春、周某兵事前共谋的内容是诈骗而非抢劫,周某兵并未创设他人财物被抢劫的风险,因此其并无阻止易某春抢劫的义务,不构成不作为的抢劫罪。我们支持第二种观点。

本案所涉的抢劫罪是不真正的不作为犯,成立不真正不作为犯的前提是行为人负有作为义务,通说认为,作为义务的来源有四点:(1)法律明文规定的义务;(2)职务或业务上要求的义务;(3)法律行为引起的义务;(4)先行行为引起的义务。[1] 本案中,考察的重点便在于是否存在先行行为引起的作为义务,即周某兵事前共谋诈骗的行为是否属于不作为抢劫的先行行为,我

---

〔1〕 参见高铭暄、马克昌主编:《刑法学》(第九版),北京大学出版社2019年版,第64~65页。

们对此持否定态度。行为人以先行行为承担责任的原因在于，自己的先行行为制造了侵害法益的紧迫危险，而行为人并没有阻止，以至于这种危险转化为实害。而本案中周某兵共谋诈骗的行为只制造了被害人财物被骗的危险，并未制造出被害人财物被抢的危险，由于诈骗行为本身并不包含抢劫行为中危害他人人身安全的特质，所以被骗的危险不能直接转化为被抢的实害。因此，周某兵对易某春的抢劫行为并没有阻止义务，其共谋诈骗的行为并非不作为抢劫的先行行为，周某兵不构成不作为的抢劫罪。

不过，虽然否定了周某兵的不作为责任，但应当明确的是，本案中周某兵是通过积极的作为方式（驾驶摩托车帮助易某春携财物逃离现场）参与抢劫犯罪的，因此易某春、周某兵二人仍然成立抢劫罪的共同犯罪，周某兵应当对易某春的抢劫行为负责。

【延伸阅读】 1. 叶良芳：《实行过限之构成及其判定标准》，载《法律科学》2008 年第 1 期。
2. 王昭武：《实行过限新论——以共谋射程理论为依据》，载《法商研究》2013 年第 3 期。
3. 姚诗：《先前行为与实行过限下知情共犯人的刑事责任》，载《法学研究》2013 年第 5 期。
4. 孙立红：《论共同犯罪中的不作为参与》，载《法学家》2013 年第 1 期。

5 CASE 岳某群利用不满 14 周岁的女儿投毒杀人案

江苏省南通市中级人民法院（2002）通中刑一初字第 10 号刑事判决书

【基本案情】 岳某群与其女许某某对丈夫许某祥积怨已久，两人经合谋后，决定以投毒的方式报复杀害许某祥。2001 年 12 月初，岳某群在海安县雅周镇汽车站附近购买了两包“毒鼠强”藏于许某某处，伺机作案。同月 13 日 19 时许，一家人吃晚饭时，许某祥中途离桌到厨房，许某某问岳某群是否在许某祥碗中投放“毒鼠强”，岳表示同意，许某某就将两包“毒鼠强”当着岳某群的面掺入许某祥吃面条的碗内，并用筷子在碗内搅拌了几下。许某祥返回后吃了掺毒的面条，即出现抽搐、呕吐症状。许某祥在岳某群与邻居将其送往医院抢救的途中死亡,经鉴定系"毒鼠强"急性中毒死亡。

案发后,因许某某不满14周岁,公安机关依照刑法对许某某作出收容教养3年的决定。江苏省南通市人民检察院以岳某群犯故意杀人罪向江苏省南通市中级人民法院提起公诉。被告人的辩护人对公诉机关指控的岳某群犯故意杀人罪的事实不持异议,但其中一项辩护理由认为,本案为共同犯罪,实施投毒行为是被告人之女许某某所为,被告人岳某群在犯罪中不起主要作用,建议法庭对被告人岳某群从轻处罚。

江苏省南通市中级人民法院经公开开庭审理后认为:被告人岳某群因家庭矛盾激化,故意采用投毒的方法将丈夫许某祥毒死,其行为已构成故意杀人罪。被告人岳某群犯罪后果严重,依法应予严惩。被告人岳某群犯罪后有悔罪表现,积极参与抢救被害人,且认罪态度较好,依法可酌情从轻处罚。关于辩护人提出的本案为共同犯罪,被告人岳某群在犯罪中不起主要作用的辩护意见,经查,依照我国《刑法》第25条的规定,共同犯罪是指"二人以上共同故意犯罪",犯罪主体都是达到刑事责任年龄的人。许某某不满14周岁,未达到刑事责任年龄,故本案不构成共同犯罪。虽然实施投毒是岳某群的女儿许某某所为,但许某某为不满14周岁的未成年人,对事物尚缺乏辨别能力,她的行为取决于其母是否准许。岳某群亲眼目睹其女儿投毒至被害人食用的面条中,此时岳某群希望毒死许某祥结果的发生。因此,被告人岳某群有杀人的犯罪故意,且在犯罪过程中起主要作用,许某某的行为应视为受被告人岳某群指使、利用而实施的行为,故被告人岳某群对本案应负全部刑事责任。对辩护人的该项辩护意见不予采纳。本案起因是家庭矛盾激化,被害人许某祥对案发负有过错责任,且被告人岳某群犯罪后有悔罪表现,对辩护人建议从轻处罚的辩护意见予以采纳。据此作出如下判决:被告人岳某群犯故意杀人罪,判处死刑,缓期2年执行,剥夺政治权利终身。

南通市中级人民法院依法将本案报请江苏省高级人民法院核准,经江苏省高级人民法院复核后生效。

【争议问题】唆使不满14岁的女儿投毒杀人,如何承担刑事责任?

【关联法条】《刑法》第17条、第29条、第232条

【分析思路】本案的主要争议点在于唆使不满14周岁的人杀人的行为应当如何定性及如何承担刑事责任。本案中,岳某群和女儿许某某合谋投毒杀害

许某祥,岳某群购买毒药,许某某则在岳的授意下实施投毒,并致许某祥死亡。许某某在行为时未满 14 周岁,根据《刑法》第 17 条的规定,其尚未达到刑事责任年龄,不具有辨认和控制自己行为的能力,系无责任能力者。对于教唆无责任能力者的人,能否继续适用《刑法》第 29 条的规定,以教唆犯论处?这涉及间接正犯理论。

根据我国传统理论,共同犯罪的主体须是两个以上达到刑事责任年龄、具有刑事责任能力的人或单位。一般认为,唆使未达到刑事责任年龄的人犯罪的,是间接正犯。所谓间接正犯,是指利用他人作为犯罪工具,以实现自己犯罪目的的人。间接正犯是相对于直接正犯而言的,因为其并非是行为人亲自实施犯罪,而是行为人通过他人的行为间接实施犯罪。间接正犯并不属于共同犯罪,被利用者只是犯罪的工具,而非共犯。根据被利用者的性质,间接正犯主要包括三种类型:(1)利用无责任能力者的行为,如利用儿童、精神病人实施犯罪;(2)利用无故意者的行为,如利用完全不知情的人、仅有过失的人实施犯罪;(3)利用无身份者的行为,如有国家工作人员身份者利用无国家工作人员身份者进行受贿。对于间接正犯,应当直接适用刑法分则的规定,无须适用总则关于教唆犯的规定。

根据间接正犯理论,本案中岳某群唆使许某某投毒,即属于上述利用无责任能力者的间接正犯,而非共同犯罪。由本案事实可知,岳某群事前与女儿合谋、购买毒药,且许某某的投毒行为也是经其同意后实施的。岳在客观上全程支配了犯罪事实的实现,主观上具有明确的杀人故意和利用不满 14 周岁女儿的目的,其行为已构成故意杀人罪(间接正犯),应对本案负全部的刑事责任。

假设本案中许某某在行为时已满 14 周岁,对岳某群的行为又应当如何评价?根据《刑法》第 17 条的规定,已满 14 周岁的未成年人至少要对故意杀人罪负刑事责任,因此,母女二人成立共同犯罪。其中,岳某群唆使许某某投毒,依《刑法》第 29 条,属于故意杀人罪的教唆犯。然而,即使二人成立共同犯罪,也应当认定岳某群是在犯罪中起主要作用的人。首先,二人的身份关系特殊,系长期共同生活的母女,岳作为母亲,对许某某负有特别的照顾义务;其次,作案场景是家庭内的晚饭时间,岳作为屋主,对家庭场所内的事务具有特殊的管领力;最后,许某某系在岳的即时同意下投毒,可见岳的参与是全程性的。因此,无论如何,岳某群都在本案中发挥着主要作用,辩护人的理由不能成立。

【延伸阅读】1. 杨延军:《间接正犯的几个基本理论问题新探》,载《法商研究》2010年第6期。

2. 梁根林:《间接正犯的中国命运》,载《比较法研究》2019年第5期。

6 CASE 朱某华等三人绑架案*

【基本案情】朱某华、朱某云二人系近邻。两人认为,本乡万圩村村民凌某伟在外打工很有钱,便预谋将凌某伟3岁的儿子凌某绑架到四川省彭州市的熊某艳家,向凌家勒索钱财。朱某华并于作案前几天电话告知熊某艳:"过几天带个娃来四川。"2000年3月11日凌晨1时许,朱某华、朱某云到达凌某家,制服凌某的姥姥和姨姐后,将凌某强行抱走。

3月13日下午,朱某华、朱某云到达四川省彭州市。熊某艳于3月14日到该招待所找到朱某华,并见到朱某云和被害人凌某。朱某华当即告知熊某艳小孩是绑架来的,目的是向孩子家索要钱财,因没带身份证招待所不让住宿,要熊某艳提供身份证,并向熊某艳借钱。熊某艳即将身上携带的零钱10余元给了朱某华,后又多次到朱某华等人的住处,还将其丈夫陈某清的身份证拿给朱某华用。在彭州期间,朱某云负责看管被害人凌某,朱某华在其住处附近的数个公用电话亭多次打电话给凌某的父亲凌某伟,提出索要赎金人民币12万元,为了联系方便,还要求凌某伟立刻购买手机1部。因凌家报案及时,公安机关为凌某伟提供了一部手机专门用来与朱某华联系。

后朱某华在电话中以"若报案,不能保证小孩安全"的语言威胁凌家,并指明送钱的时间及路线。熊某艳在明知凌某属朱某华、朱某云绑架而来、意在索财的情况下,仍参与朱某华向凌家要钱的活动。其中,3月14日下午,朱某华在与凌某伟通话的过程中,因凌某伟要求保证孩子安全,朱某华便谎称

---

* 最高人民法院中国应用法学研究所编:《人民法院案例选·分类重排本·刑事卷1》,人民法院出版社2017年版,第231页。

专门请了小姐看护小孩，并让熊某艳与凌某伟通话。熊某艳就在电话里威胁凌某伟："我可以帮你带好娃，但你要老实点，不要耍花招。"3月18日凌晨，朱某华、朱某云在住宿的招待所内被公安机关擒获，凌某被解救。同日上午，熊某艳也在该招待所被抓获。

河南省固始县人民检察院以朱某华、朱某云、熊某艳犯绑架罪向固始县人民法院提起公诉。起诉书认定三人的犯罪行为属共同犯罪，朱某华、朱某云是主犯，熊某艳是从犯。熊某艳辩称："事前朱某华没有打过电话同我联系，我直到被抓时才听公安人员说小孩是绑架来的；3月14日下午同凌某伟通话，是朱某华把电话放在我的耳边后，我才随便说说'要老实点，不要耍花招'之类的话。"其辩护人认为，熊某艳事先没有与朱某华、朱某云通谋，未直接实施劫持被害人的行为，资助钱物不是朱某华、朱某云绑架犯罪活动的有机组成部分，熊某艳的行为不构成绑架罪。

固始县人民法院认为，被告人朱某华、朱某云为勒索钱财，经预谋后闯入被害人凌某家，绑架凌某至四川省彭州市，两被告人的行为均已构成绑架罪。被告人熊某艳明知被害人凌某系被朱某华、朱某云绑架而来，目的是向凌家勒索赎金，但她仍积极为二人资助钱财，提供身份证以便其住宿，并在电话中威胁凌某之父凌某伟，其行为也已构成绑架罪。考虑到被告人熊某艳是在朱某华、朱某云绑架凌某之后才参与犯罪活动的，事前与朱某华、朱某云无通谋，且未直接实施劫持被害人的行为，可在量刑时酌情从轻处罚。其辩护人提出的熊某艳的行为不构成绑架罪的意见不能成立，不予采纳。朱某华、朱某云、熊某艳三人系共同犯罪，朱某华、朱某云是主犯，应按二人所参与的全部犯罪处罚；熊某艳在共同犯罪中起辅助作用，是从犯，根据其所参与的犯罪情节及所起作用，应当减轻处罚。

【争议问题】本案熊某艳的行为如何定性？

【关联法条】《刑法》第25条、第27条、第239条

【分析思路】本案主要涉及两个问题：一是熊某艳是否与朱某华、朱某云二人成立共同犯罪？二是熊某艳是否需要对其参与之前的绑架行为及结果负责？前者涉及承继的共同犯罪理论，后者则涉及绑架罪实行行为的性质问题。

关于第一问题，我们认为熊某艳与朱某华、朱某云二人成立共同犯罪，且

属于承继的共同犯罪。承继的共同犯罪，是指前行为人已经实施了部分实行行为后，在实行行为全部终了之前，后行为人以共同的犯罪故意中途参与犯罪的情形。例如，甲意图抢劫乙，在压制对方反抗后，路过的丙得知事情经过，与甲一同搜取乙身上的财物。承继的共同犯罪包括两种类型：(1)承继的共同正犯，即后行为人以共同实行的故意中途参与犯罪；(2)承继的帮助，即后行为人以帮助的故意中途参与犯罪。由于教唆是使没有犯意的人产生犯意的行为，被教唆者不可能再以同一犯意受到教唆，因此并不存在承继的教唆。

关于承继的时间范围，一般认为，承继的共犯只存在于前行为人实行行为以后、既遂以前的阶段。但是，对于继续犯而言，即使前行为人已犯罪既遂，只要犯罪所造成的不法状态仍在持续当中，便可能成立承继的共犯。例如，甲非法拘禁他人数天之后，乙得知事情经过，中途参与拘禁，二人成立非法拘禁罪的承继的共同犯罪。而绑架罪和非法拘禁罪一样，都属于继续犯，其继续状态包括绑架行为实施后持续控制被绑架人、实施勒索财物行为等，直至结束对被绑架人的控制。因此，行为人虽未参与劫持被害人，但在他人劫持被害人后，有中途参与看管人质、勒索财物或其他情形的，都有可能成立绑架罪的承继的共同犯罪。

本案中，熊某艳明知他人绑架的不法状态仍在持续中，仍以共同犯罪的故意参与其中，不仅直接实施了勒索财物的行为，同时还以提供财物等方式对朱某华、朱某云继续绑架被害人提供了物理和心理上的帮助。因此，熊某艳与朱某华、朱某云成立绑架罪的共同犯罪(承继的共犯)。

关于第二个问题，我们认为熊某艳无须对其参与之前的绑架事实负责。在承继的共犯中，后行为人是否要对其参与以前的行为和结果承担责任？对此，存在肯定说、否定说与折中说三种观点。肯定说认为，后行为人须对其参与前后的整个犯罪负责；否定说认为，后行为人只对其参与后的行为和结果承担责任；折中说认为，需要区分具体情形进行判断。一般而言，对于复行为犯应当采取肯定说，[1]对于其他类型的犯罪则采取否定说。

---

〔1〕 所谓复行为犯，是指犯罪构成要件由两个以上的行为所组成的犯罪类型。对于复行为犯，只要行为人实施了其中的部分行为，即认为该犯罪已全部着手实行。例如，强奸罪是由暴力、胁迫等行为和奸淫行为所组成的复行为犯，甲采取暴力手段压制被害妇女反抗后，乙中途参与实施奸淫的，二人成立强奸罪的承继的共同犯罪。

我国《刑法》第239条规定,以勒索财物为目的绑架他人的,或者绑架他人作为人质的,是绑架罪。关于绑架罪的实行行为,存在单一行为说与复合行为说两种观点。单一行为说认为,绑架罪是单行为犯,其实行行为只有一个绑架他人,将他人置于实力支配之下即为既遂;复合行为说认为,绑架罪是复行为犯,其实行行为包括绑架人质和勒索财物或提出其他不法要求,实际勒索到财物或其他利益才算既遂。通说采单一行为说,认为勒索财物、提出不法要求等要件只是主观的超过要素,不必有与之对应的客观行为。

综上所述,根据通说,绑架罪是单行为犯,承继的参与者只需对其参与后的行为和结果负责。本案中,虽然熊某艳为朱某华、朱某云提供了财物及住宿所需的身份证明,并且参与了朱某华向凌家要钱的活动,以言语直接威胁被害人家属,但其只需要对其参与后的部分犯罪事实承担责任。由于熊某艳只具有帮助行为和帮助故意,且无须对自己参与以前的绑架承担责任,因此其在共同犯罪中仅起到次要作用,是从犯,依法应当从轻、减轻处罚或者免除处罚。

【延伸阅读】 1. 刘宪权、张娅娅:《承继共犯的刑事责任探讨》,载《政治与法律》2010年第2期。

2. 张明楷:《绑架罪的基本问题》,载《法学》2016年第4期。

7 CASE 王某帅、邵某喜抢劫、故意杀人案

江西省瑞昌市人民法院(2002)赣0481刑初字第200号刑事判决书

【基本案情】 2002年6月6日,王某帅主谋并纠集邵某喜预谋实施抢劫。当日10时许,二人携带事先准备好的橡胶锤、绳子等作案工具,在北京市密云县鼓楼南大街骗租杨某某(女,29岁)驾驶的松花江牌小型客车。当车行至北京市怀柔区大水峪村路段时,经王某帅示意,邵某喜用橡胶锤猛击杨某某头部数下,王某帅用手猛掐杨的颈部,致杨昏迷。二人抢得杨某某驾驶的汽车及诺基亚牌8210型移动电话机1部、寻呼机1个等物品,共计价值人民币42000元。

王某帅与邵某喜见被害人杨某某昏迷不醒,遂谋划用挖坑掩埋的方法将杨某某杀死灭口。杨某某佯装昏迷,趁王某帅寻找作案工具、不在现场之机,

哀求邵某喜放其逃走。邵某喜同意掩埋杨时挖浅坑、少埋土,并告知掩埋时将杨某某的脸朝下。王某帅返回后,邵某喜未将杨某某已清醒的情况告诉王某帅。当日23时许,二人将杨某某运至北京市密云县金叵罗村朱家峪南山的土水渠处。邵某喜挖了一个浅坑,并向王某帅称其一人埋即可,便按与杨某某的事先约定将杨掩埋。王某帅、邵某喜离开后,杨某某爬出土坑获救。经鉴定,杨某某所受损伤为轻伤。

北京市人民检察院第二分院以被告人王某帅、邵某喜犯抢劫罪、故意杀人罪,向北京市第二中级人民法院提起公诉。北京市第二中级人民法院认为:被告人王某帅、邵某喜以非法占有为目的,使用暴力抢劫他人财物,均已构成抢劫罪;二人在结伙抢劫致被害人受伤后,为了灭口共同实施了将被害人掩埋的行为,均已构成故意杀人罪的犯罪未遂。被告人王某帅被判处死刑,被告人邵某喜被判处无期徒刑。

一审宣判后,王某帅不服,提出上诉。北京市高级人民法院经二审审理认为:原审被告人邵某喜的行为构成故意杀人罪的犯罪中止,应对其减轻处罚,故改判邵某喜有期徒刑20年;驳回王某帅的上诉,维持原判。

【争议问题】如何确定本案各行为人的犯罪形态?

【关联法条】《刑法》第23条、第24条、第25条、第232条、第263条

【分析思路】我国刑法理论一般将故意犯罪形态分为犯罪完成形态(犯罪既遂)和犯罪未完成形态(犯罪预备、犯罪未遂和犯罪中止)。《刑法》第23条第1款规定:“已经着手实行犯罪,由于犯罪分子意志以外的原因而未得逞的,是犯罪未遂。”《刑法》第24条第1款规定:“在犯罪过程中,自动放弃犯罪或者自动有效地防止犯罪结果发生的,是犯罪中止。”据此,犯罪未遂与犯罪中止在客观上的共同点是没有发生犯罪结果。只不过对于未遂犯而言,结果未发生是由于其意志以外的原因造成的;对于中止犯而言,结果未发生则是因其自动中止而促成的。

本案中,王某帅、邵某喜共同抢劫后欲杀害被害人杨某某,二人行为构成抢劫罪和故意杀人罪,且系共同犯罪。不过,在共同故意杀人的事实中,司法机关就二人的行为性质给出了不同的评价:王某帅的行为构成犯罪未遂,而邵某喜的行为则构成犯罪中止。司法机关如此处理的依据是什么?这涉及共犯关系的脱离与共犯的中止理论。

共犯关系的脱离，是指行为人虽然实施了共同正犯、帮助或教唆行为，但是其后消除了该行为对犯罪结果的促进作用，导致先前的共犯行为与结果之间不具有因果性的情形。[1] 共犯的中止是共犯关系脱离的情形之一，其成立条件与单独犯罪中的犯罪中止类似，只不过由于共同犯罪中各共犯人形成了相互补充利用的有机关系，共犯人不但须自动中止自己的共犯行为，还须有效防止共犯结果的发生。在共同犯罪中，实施中止的共犯人由于自己的行为，阻止了共犯结果的发生，因而应就其中止行为脱离共犯关系，仅对共犯脱离前的共犯行为承担责任，对于没有实施犯罪中止的其他共犯人，应按未遂进行处理。[2] 例如，甲、乙共同实施抢劫，乙在抢劫过程中良心发现，不但没有继续实施抢劫，反而协助被害人进行防卫，将执意继续抢劫的甲制服，此时乙的行为即符合共犯中止的条件，乙成立抢劫罪的中止，而甲则成立抢劫罪的未遂。

在本案的具体实施过程中，邵某喜因杨某某的哀求而放弃杀人，转而采取有效手段避免了死亡结果的发生，其行为构成故意杀人的犯罪中止。反观王某帅，其未采取任何避免结果发生的中止措施，对他而言，杨某某未死亡是由意志以外的原因（邵某喜的中止行为）造成的，其属于故意杀人的犯罪未遂。因此，王某帅、邵某喜二人成立抢劫罪、故意杀人罪的共同犯罪。在共同故意杀人的事实中，二人的犯罪形态有所不同，王某帅成立犯罪未遂、邵某喜成立犯罪中止。

【延伸阅读】 1. 赵慧：《论共犯关系的脱离》，载《法学评论》2003 年第 5 期。

2. 刘艳红：《共犯脱离判断基准：规范的因果关系遮断说》，载《中外法学》2013 年第 4 期。

---

〔1〕 参见张明楷：《刑法学》（第五版），法律出版社 2016 年版，第 448 页。

〔2〕 赵慧：《论共犯关系的脱离》，载《法学评论》2003 年第 5 期。

第十一章　罪　数

1 CASE 彭某安破坏电力设备案

长沙铁路运输法院(2002)湘8601刑初219号刑事判决书

【基本案情】 2002年5月22日晚12时许,被告人彭某安伙同万某良、万某青、“小李”“小陈”(均在逃)在京广线上行线K1416/100M处,将正在使用中的318号至332号支柱杆之间的接触网回流线剪断,盗得回流线340米(19股单芯钢线、18股铝绞线),造成直接经济损失人民币5250元。当第三次爬上支柱杆欲剪回流线时,彭某安被高压电弧烧伤左上肢,随后逃离现场,于2002年5月27日被抓获。

【争议问题】 彭某安盗割铁路电气化接触网回流线的行为该如何定性?成立一罪还是数罪?

【关联法条】 1.《刑法》第118、第119条、第264条

2.《最高人民法院、最高人民检察院、公安部关于盗窃罪数额认定标准问题的规定》(1998年)[1]

3.《最高人民法院、最高人民检察院关于办理盗窃刑事案件适用法律若干问题的解释》(2013年)[2]

4.《关于审理破坏电力设备刑事案件具体应用法律若干问题的解释》(2007年)[3]

【分析思路】 本案争议问题在于彭某安盗割铁路电气化接触网回流线的行为该如何定性?《刑法》第264条规定:“盗窃公私财物,数额较大或者多次

[1] 本案的审理适用该解释,但该解释在2013年失效。

[2] 该解释颁布时间是在本案判决生效之后。

[3] 该解释颁布时间是在本案判决生效之后。

盗窃的，处三年以下有期徒刑、拘役或者管制，并处或者单处罚金；数额巨大或者有其他严重情节的，处三年以上十年以下有期徒刑，并处罚金。”[1]彭某安明知回流线是公私财物而非法占为己有，窃取 340 米回流线，造成 5205 元的经济损失，其行为已经符合盗窃罪的构成要件。1998 年《最高人民法院、最高人民检察院、公安部关于盗窃罪数额认定标准问题的规定》规定：“个人盗窃公私财物‘数额巨大’，以五千元至二万元为起点。”本案中，彭某安盗窃接触网回流线造成直接经济损失 5250 元，已经符合“数额巨大”的标准。

《刑法》第 118 条规定：“破坏电力、燃气或者其他易燃易爆设备，危害公共安全，尚未造成严重后果的，处三年以上十年以下有期徒刑。”以非法占有为目的盗窃正在使用的回流线的行为是否构成破坏电力设备罪？我们对此持肯定态度。回流线实质上起着保障电力输送畅通的作用，盗割回流线有可能造成电力供应中断导致牵引机车失去动力而停车的危险。虽然彭某安的行为尚未造成严重后果，但《刑法》第 118 条规定的破坏电力设备罪是危险犯，不要求发生严重后果。因此，彭某安的行为构成破坏电力设备罪。

综上，彭某安的这一行为同时触犯盗窃罪和破坏电力设备罪，属于想象竞合，应从一重罪处罚。2007 年生效的《最高人民法院关于审理破坏电力设备刑事案件具体应用法律若干问题的解释》第 3 条规定：“盗窃电力设备同时危害公共安全的，构成盗窃罪和破坏电力设备罪的想象竞合，依照刑法处罚较重的规定定罪处罚。”该司法解释也采取了同样的立场。就本案而言，彭某安的盗窃数额巨大，根据《刑法》第 264 条的规定，应处“三年以上十年以下有期徒刑，并处罚金”，而根据《刑法》第 118 条的规定应处“三年以上十年以下有期徒刑”，两者相较，盗窃罪处罚更重。因此，本案彭某安的行为虽然同时触犯盗窃罪和破坏电力设备罪，但彭某安应以重罪即盗窃罪定罪处罚。

【延伸阅读】 1. 梁云宝：《论我国想象竞合的规则及其限制》，载《政法论坛》2016 年第 1 期。

2. 吴振兴：《试论“从一重重处断”原则》，载《法学研究》1993 年第 6 期。

3. 彭飞荣：《破坏电力设备罪中的疑难问题研究》，载《法学杂志》2010 年第 6 期。

---

[1] 本案审理时适用的是《刑法修正案（八）》修改之前的第 264 条。

2 CASE 梁某珍招摇撞骗案

安徽省合肥市包河区人民法院(2003)包刑初字第264号刑事判决书

【基本案情】 2001年11月,被告人梁某珍与王某相识,梁某珍谎称自己是安徽省公安厅刑警队重案组组长,骗得王某与其恋爱并租房同居。其间,梁某珍又先后对王某谎称自己任省公安厅厅长助理、池州市公安局副局长等职位。为骗取王某及其家人、亲戚的信任,梁某珍先后伪造了安徽省公安厅文件、通知、荣誉证书、审查登记表;印制了职务为池州市公安局副局长的名片和刑警执法证;购买了仿真玩具手枪等;2001年10月至2002年8月梁某珍多次从合肥、池州等地的公安机关盗取数件警服、警帽、持枪证以及相关材料;多次租用京GD6798号出租车,冒充是省公安厅为其配备。在骗取王某及其家人、亲戚的信任后,2002年4月至2002年8月期间梁某珍以种种谎言骗得王某家人及亲戚现金3950元并挥霍。

2002年5月,梁某珍又冒充安徽省公安厅刑警,骗取另一受害人张某与其恋爱并发生性关系。后以请人吃饭为由,骗取张某现金500元。

2002年8月初,梁某珍冒充池州市公安局副局长前往潜山县,骗取了该县人大、公安局有关领导的信任,陪同其游玩。

合肥市包河区人民法院审理后认为,梁某珍伪造公安机关的文件、印章,盗取警服、警帽,多次冒充人民警察招摇撞骗,骗取多名受害人钱款40250元,并骗取其他非法利益,严重妨害国家机关的正常管理活动,侵犯公民的合法权益,情节严重,其行为已构成招摇撞骗罪。

【争议问题】 梁某珍的行为构成几个犯罪?

【关联法条】 1.《刑法》第266条、第279条、第280条

2.《最高人民法法院关于审理诈骗案件具体应用法律的若干问题的解释》(1996年)[1]

3.《最高人民法院、最高人民检察院关于办理诈骗刑事案件具体应用法律若干问题的解释》(2011年)[2]

---

〔1〕 本案的审理适用该解释,但是该解释在2013年失效。

〔2〕 该解释颁布时间是在本案判决生效之后。

【分析思路】本案的争议问题是，梁某珍的行为构成几个犯罪？第一，梁某珍的行为构成招摇撞骗罪。招摇撞骗罪是指为了获取非法利益，冒充国家机关工作人员到处行骗，损害国家机关的威信、形象和正常活动，扰乱社会公共秩序的行为。本案中，梁某珍冒充公安厅刑警、公安厅厅长、公安局副局长等职位，骗财骗色，其行为已经构成招摇撞骗罪。第二，梁某珍的行为构成诈骗罪。诈骗罪是指以非法占有为目的，采用虚构事实或隐瞒真相的方法，骗取数额较大公私财物的行为。本案中，梁某珍冒充国家工作人员骗取他人40250元的财物挥霍，其行为已经构成诈骗罪。第三，梁某珍的行为构成伪造国家机关公文、证件罪和盗窃国家机关公文、证件罪。梁某珍伪造安徽省公安厅文件、通知、荣誉证书、审查登记表；印制了职务为公安局副局长的名片和刑警执法证；多次从公安机关盗取数件警服、警帽、持枪证以及相关材料，其行为已经成立伪造国家机关公文、证件罪和盗窃国家机关公文、证件罪。

综上所述，梁某珍的行为构成招摇撞骗罪、诈骗罪、伪造国家机关公文、证件罪和盗窃国家机关公文、证件罪。

首先，梁某珍的上述犯罪中，诈骗罪和招摇撞骗罪属于想象竞合，应当择一重罪处罚。《最高人民法院关于审理诈骗案件具体应用法律的若干问题的解释》规定，数额巨大的标准为 3 万元以上，数额特别巨大的标准为 20 万元以上。本案中，梁某珍骗取的40250 元已经属于“数额巨大”，应该处“三年以上十年以下有期徒刑”。《刑法》第 279 条第 1 款和第 2 款分别规定：“冒充国家机关工作人员招摇撞骗的，处三年以下有期徒刑、拘役、管制或者剥夺政治权利；情节严重的，处三年以上十年以下有期徒刑”“冒充人民警察招摇撞骗的，依照前款的规定从重处罚。”虽然没有司法解释对“情节严重”作出规定，但是通说认为当招摇撞骗骗取的财物数额巨大时，可以认定为招摇撞骗“情节严重”。因此，应当以量刑更重的招摇撞骗罪判处刑罚。

其次，梁某珍在两年内三次冒充国家工作人员行骗的行为，成立一罪还是数罪？我们认为，梁某珍为连续犯，其行为仅成立招摇撞骗罪一罪。连续犯是指基于同一或概括的故意，连续实施性质相同的数个行为，侵害同种法益并触犯同一罪名的犯罪。本案中，梁某珍为了获取非法利益，2001 年 8 月冒充安徽省公安厅刑警队重案组组长，骗得王某与其恋爱并租房同居，并且骗取王某及其家人的现金；2002 年 5 月冒充刑警骗取张某财色；2002 年 8 月又骗取县人大、公安局领导的信任。上述数个犯罪行为都是在获取非法利益的目的支配下，在2001年8月到2002年5月期间连续实施的招摇撞骗行为，成立连续犯，应当按照一罪处理，不对其进行数罪并罚。

最后，伪造国家机关公文、证件罪、盗窃国家机关公文、证件罪与招摇撞骗罪之间属于牵连犯关系，应当择一重罪处罚。《刑法》第280条规定："伪造、变造、买卖或者盗窃、抢夺、毁灭国家机关的公文、证件、印章的，处三年以下有期徒刑、拘役、管制或者剥夺政治权利，并处罚金。"本案中，招摇撞骗罪的量刑重于伪造国家机关公文、证件罪和盗窃国家机关公文、证件罪，应当按照招摇撞骗罪处罚。

【**延伸阅读**】1. 马乐：《如何理解刑法中的"本法另有规定"——兼论法条竞合与想象竞合的界限》，载《甘肃政法学院学报》2016第4期。

2. 黎宏、赵兰学：《论法条竞合的成立范围、类型与处罚规则》，载《中国刑事法杂志》2013年第5期。

第十二章 刑罚与量刑

1 CASE 张某扣为母复仇案

陕西省高级人民法院(2019)陕刑终60号刑事裁定书

【基本案情】 被告人张某扣家与被害人王某家在陕西汉中市南郑区新集镇王坪村南北相邻而居。1996年8月27日,王某新三子王正某因邻里纠纷将张某扣之母汪某伤害致死。同年12月5日,汉中市原南郑县人民法院鉴于王正某犯罪时未满18周岁、汪某在案件起因上有一定过错等情节,以故意伤害罪判处王正某有期徒刑7年,王某新赔偿附带民事诉讼原告人张某经济损失9639.3元。此后,两家未发生新的冲突,但张某扣对其母被王正某伤害致死始终心怀怨恨,加之工作、生活多年不如意,心理逐渐失衡。

2018年春节前夕,张某扣发现王正某回村过年,决定报复杀害王正某及其父兄,先后准备了帽子、口罩,自制了8个汽油燃烧瓶,购买了尖刀、玩具手枪等工具,并暗中观察王正某及其家人的行踪,伺机作案。2018年2月15日(农历除夕)12时许,张某扣发现王正某及其长兄王校某与十多名亲属上山祭祖,便戴上帽子、口罩并将粉红色T恤围在颈部,携带尖刀、玩具手枪尾随王正某、王校某等人至本村村委会门前守候。待王正某、王校某祭祖返回行至村委会门前村道时,张某扣趁王正某不备,上前持刀朝王正某颈部猛割一下,又连续捅刺其胸腹部等处数刀。王校某见状惊慌逃跑,张某扣追上王校某,持刀朝其胸腹部捅刺。王校某摔进路边沟渠,张某扣跳进沟渠继续捅刺其数刀,致王校某心脏、肺脏等多脏器破裂死亡。而后,张某扣返回倒在路边的王正某身旁,再次捅刺王正某数刀,致王正某右颈总动脉、肺脏、肝脏等胸腹腔脏器破裂大失血死亡。随后,张某扣闯入王某新家院子,朝坐在堂屋门口的王某新胸腹部、颈部等处捅刺数刀,致王某新右颈动、静脉及心、肺等多脏器破裂死亡。张某扣回家取来一把菜刀和两个自制汽油燃烧瓶,用菜刀将王校某停放在路边的大众斯柯达牌轿车左后车窗玻璃砍碎,并点燃两个汽油燃烧瓶,分别扔在车后排座椅和右后车窗玻璃处,致车后部燃烧,车辆毁损价值32142元。张某扣逃离现场后,于同月17日7时许到公安机关投案。

【争议问题】本案是否必须判处死刑立即执行?

【关联法条】1.《刑法》第48条、第232条

2.《最高人民法院全国法院维护农村稳定刑事审判工作座谈会纪要》(1999年)

3.《最高人民法院关于审理故意杀人、故意伤害案件正确适用死刑问题的指导意见》(2009年)

【分析思路】第一,在规范层面应当如何把握张某扣为母复仇这一情节的性质?

张某扣的杀人行为指向明确,杀害的三人均与当年其母被伤害致死的案件有关。而对于本案案发时同样在家的王正某之母杨某英,因与当年案件无关,并未被张某扣加害。因此足以表明,张某扣的杀人行为带有某种血亲复仇的色彩。问题是,即使承认张某扣为母复仇的杀人行为具有某种传统道德意义上的正当性,但为母复仇本身并非规范的量刑情节。因此,有必要探究为母复仇所表征的规范意义。

《最高人民法院全国法院维护农村稳定刑事审判工作座谈会纪要》中指出:"对于因婚姻家庭、邻里纠纷等民间矛盾激化引发的故意杀人犯罪,适用死刑一定要十分慎重,应当与发生在社会上的严重危害社会治安的其他故意杀人犯罪案件有所区别。"而《最高人民法院关于审理故意杀人、故意伤害案件正确适用死刑问题的指导意见》中进一步提出要将故意杀人案件区分为严重危害社会治安、严重影响人民群众安全感的犯罪和因婚姻家庭、邻里纠纷以及山林、水流、田地纠纷等民间矛盾激化引发的案件,对于后者明确要求在适用死刑时要特别慎重。张某扣为母复仇在性质上无疑应认定为民间矛盾激化引起的案件,这一犯罪起因指向了较低的人身危险性。另外,张某扣实施杀人行为是基于为母复仇的动机,相较于常见的故意杀人罪的犯罪动机是值得宽恕的。因为故意杀人罪的犯罪动机不是主观的构成要件要素或者必备的责任要素,当其犯罪动机值得宽恕时,表明非难可能性减少,应当作为减少责任刑的情节。并且,"动机等责任要素,虽然是影响责任刑的要素,但也

可能从一个侧面反映被告人特殊预防必要性的大小”。[1] 由此可见，为母复仇的动机同时也指向较低的人身危险性。此外，该复仇行为的杀害对象指向明确，对于无关的一般人并无危险，亦指向了较低的人身危险性。因此，基于张某扣为母复仇这一事实，测定出了在责任刑层面法益侵害性减少和在预防刑层面人身危险性较低的有利量刑情节。

第二，结合全案情节，对张某扣是否应处死刑立即执行？

根据《刑法》第 48 条之规定，是否适用死刑（包括死刑立即执行与死刑缓期 2 年执行）取决于是否属于“罪行极其严重”，而最终确定采取何种死刑执行方式则需判断是否“必须立即执行”。“罪行极其严重”中“罪行”的内容既包括表明法益侵害大小的事实，也包括表明责任程度的事实。实则，对是否属于“罪行极其严重”的判断，就是对责任刑轻重的判断。而是否属于“必须立即执行”则取决于行为人的人身危险性大小。本案中，张某扣经过长时间的策划，精心挑选在除夕当天当众行凶，并且连续杀害三人。在罪行层面，不仅应认定其造成了《刑法》第 232 条规定的法益侵害结果，并且在除夕的当众行凶也应作为责任刑增加的情节，故虽有为母复仇这一减轻责任刑的情节，仍属于“罪行极其严重”。而在人身危险性层面，从其杀害三人的事实足以推测出极高的人身危险性，虽然成立自首，并有民间矛盾激化的起因和为母复仇的动机，但本案表明人身危险性降低的情节影响力明显较小。综上，法院认定本案“必须立即执行死刑”是合理的。

【延伸阅读】 1. 陈兴良：《死刑适用的司法控制——以首批刑事指导案例为视角》，载《法学》2013 年第 2 期。

2. 蒋楠楠：《法律与伦理之间：传统中国复仇行为的正当性及限度》，载《法学评论》2018 年第 4 期。

---

[1] 张明楷：《论影响责任刑的情节》，载《清华法学》2015 年第 2 期。

2 CASE 丁某军强奸、抢劫、盗窃案*

【基本案情】1992年8月4日，丁某军因犯强奸罪被判处有期徒刑9年。1997年9月5日获准假释，假释考验期至1999年5月2日。2001年8月17日，因涉嫌强奸、抢劫、盗窃，丁某军被逮捕。经查明，丁某军于1998年6月至2001年7月，携带匕首、手电筒等作案工具，先后在10余处村庄夜间翻墙入院，入户强奸作案近40起，抢劫作案5起，盗窃作案15起。

本案审理过程中，对被告人丁某军在假释考验期间及期满后又犯新罪应该如何处罚产生了不同意见：一种意见是对被告人撤销假释，将新罪与前罪的余刑并罚，但不应认定为累犯。因为既然撤销假释，就意味着原判刑罚没有执行完毕，从而也就没有构成累犯的前提条件。另一种意见是既要撤销假释，实行并罚，又应认定为累犯，因为被告人的一部分罪行实际上是发生在前罪刑罚事实上应已执行完毕之后的。对此，青岛市中级人民法院一审认为：被告人丁某军有部分行为系在假释考验期限内重新犯罪，应当撤销假释，将前罪没有执行完的刑罚和后罪所判处的刑罚，实行数罪并罚；被告人丁某军还有部分行为系在假释考验期满后重新犯罪，构成累犯，依法应当从重处罚。

【争议问题】在假释考验期间直至期满后连续犯罪的，如何量刑？

【关联法条】1.《刑法》第65条、第86条

2.《最高人民法院关于人民法院审判严重刑事犯罪案件中具体应用法律的若干问题的答复(三)》(1985年)

【分析思路】假释是对犯罪分子附条件的提前释放，所附的条件是犯罪分子在一定考验期限内应当遵守的义务。因此，如果犯罪分子在假释考验期限内没有遵守法定的义务，则应当撤销假释。根据《刑法》第86条的规定，被假释的犯罪分子如果在假释考验期限内又犯新罪，则应当撤销假释，并且按照《刑

---

* 最高人民法院刑事审判第一、二、三、四、五庭编：《刑事审判参考》2002年第5辑(总第28辑)，法律出版社2003年版，第37～42页。

法》第71条的规定,以先减后并的方法实行并罚。

此处面临的第一个问题是,丁某军在假释考验期内实施的犯罪行为,在该期间内并没有被及时发现,此种情形能否撤销假释?1985年的《最高人民法院关于人民法院审判严重刑事犯罪案件中具体应用法律的若干问题的答复(三)》第36条规定:"对于被假释的犯罪分子,如果在假释考验期满后,才发现该罪犯在假释考验期限内又犯新罪,对尚未超过追诉时效期限的,也应当依照刑法第七十五条的有关规定,撤销假释,把前罪没有执行的刑罚和后罪所判处的刑罚,按照刑法第六十四条的规定,决定执行的刑罚。"对此有学者亦明确指出:"只要是在假释考验期内犯新罪,即使经过了假释考验期限后才发现新罪,也应当撤销假释,按照先减后并的方法实行并罚。"[1]本案中,丁某军有罪行在假释考验期内实施且未超过追诉时效,虽然在假释考验期内未被发现,也应撤销假释,以新罪判处的刑罚与前罪还未执行完毕的刑罚实行并罚。

本案面临的第二个问题是,丁某军是否成立累犯?根据《刑法》第65条第1款的规定,成立累犯要求后罪发生于前罪的刑罚执行完毕或者赦免以后。同时,该条第2款对所谓"刑罚执行完毕"作出规定:"前款规定的期限,对于被假释的犯罪分子,从假释期满之日起计算。"本案中,丁某军在假释期满前后连续犯罪,对于在考验期间内实施的犯罪当然没有构成累犯的空间。值得讨论的是,能否基于原假释考验期期满后实施的一部分犯罪行为认定其成立累犯?从形式上看,答案似乎是肯定的。一审法院即采取了这一观点,将经过原假释考验期认定为前罪刑罚事实上已执行完毕。然而,这一观点忽略了假释被撤销的事实。根据《刑法》第86条第3款之规定,对于假释被撤销的犯罪分子,应当收监执行其尚未执行完毕的刑期。也即假释被撤销的,意味着原判刑罚没有执行完毕,并不满足《刑法》第65条规定的"刑罚执行完毕"这一构成累犯的要件。因此不能一方面撤销假释,另一方面又认为丁某军构成累犯。

综上所述,在假释考验期间直至期满后连续犯罪的,应当撤销假释,将原假释期满前后实施的犯罪与前罪还未执行完毕的刑罚实行并罚,对于原假释期满之后实施的犯罪,不应认定构成累犯。

---

〔1〕 张明楷:《刑法学》(上),法律出版社2016年版,第629页。

【延伸阅读】 1. 柳忠卫:《假释撤销实务问题研究》,载《人民检察》2006年第5期。

2. 刘金鹏、王昭雯:《假释撤销制度若干问题研究》,载《人民检察》2001年第5期。

3 CASE 陈某策故意伤害案

福建省高级人民法院(2005)闽刑终394号刑事判决书

【基本案情】 2004年5月16日凌晨5时许,被告人陈某策驾驶摩托车与驾驶组装三轮摩托车的被害人张某宝发生碰撞。随后,双方均召集数人来到撞车地点。在理赔过程中,陈某策一方的张某华与张某宝发生冲突,张某华先推张某宝,随即张某宝持一把菜刀与其对打,并砍伤张某华和陈某策手部,致二人轻微伤。随后,陈某策等人持从路边找到的铁棍一起围追张某宝。陈某策喊打并首先持铁棍击中张某宝的头部致其倒地后,数人一起持铁棍对倒地的张某宝一顿乱打,致张某宝头部及身体多处受伤。张某宝经送医院抢救无效于同月18日死亡。经鉴定,张某宝系严重颅脑损伤致神经系统功能衰竭而死亡。

在案发过程中,被告人陈某策先后三次报警称:其摩托车被一无牌机动三轮车撞倒,对方逃离;其摩托车被一机动三轮摩托车撞倒,摩托车受损,报警人受伤;顺济桥头有人拿刀砍人。公安人员赶到现场后,发现被害人已被送医院抢救,而陈某策仍留在现场(同案多人已经离开),遂将陈某策带到医院治疗。公安机关经了解后,认为陈某策有重大犯罪嫌疑而进行审查,其承认了自己的犯罪事实。

案件进入审判阶段后,围绕陈某策是否成立自首发生争议。一审法院认为,陈某策虽在案发过程中多次报警,但没有主动向公安机关交代自己的犯罪行为,而是在公安机关经了解认为陈某策有重大犯罪嫌疑对其进行审查后,才承认自己的犯罪事实。故陈某策有自首情节的辩护理由不能成立。一审宣判后,陈某策不服提起上诉。二审法院经审理认为陈某策成立自首。

【争议问题】 实施犯罪行为后滞留犯罪现场等候警方处理的行为能否认定为自动投案?

【关联法条】 1.《刑法》第 67 条

2.《最高人民法院关于处理自首和立功若干具体问题的意见》（2010 年）

【分析思路】 依据《刑法》第 67 条第 1 款之规定，成立自首应当满足自动投案与如实供述自己罪行两个条件。具体到本案，对陈某策是否成立自首的争议主要在于其是否属于自动投案。

根据《最高人民法院关于处理自首和立功若干具体问题的意见》之规定，“犯罪后主动报案，虽未表明自己是作案人，但没有逃离现场，在司法机关询问时交代自己罪行的”应当视为自动投案。据此，应当肯定陈某策属于自动投案，进而成立自首。但是，这一司法解释出台于 2010 年，而本案发生于 2004 年，在当时无法直接依据该条认定陈某策成立自首。

准确理解自动投案的含义以正确认识自首制度的本质为前提，而把握自首制度的本质需要探寻立法规定自首的目的。换句话说，应当解决的问题是，刑法为何将自首规定为法定从轻、减轻量刑情节？刑罚的目的是报应与预防的辩证统一，而实现报应与预防的目的要求及时地对犯罪分子施加刑罚。诚如贝卡利亚在《论犯罪与刑罚》中谈及刑罚的及时性时所言，“惩罚犯罪的刑罚越是迅速和及时，就越是公正和有益”。[1] 设立自首制度，鼓励犯罪分子主动投案、如实供述，积极配合国家刑罚权的行使，有利于及时实现刑罚的目的。因此，刑法将自首规定为法定从轻、减轻量刑情节是基于功利的目的，是为了降低司法追诉成本，及时地行使国家刑罚权，以实现刑罚的目的。也即，自首从宽的根据并不在于被告人人身危险性降低，而在于降低刑罚成本，提高刑罚适用效益的功利目的。

既然自首制度的本质是功利的，那么只要犯罪人主动将自己交付于国家的追诉，降低了司法成本，节约了司法资源，促使了国家刑罚权的及时实现，就应积极认可其投案的自动性，而不对投案的动机、方式等细节过多苛责。就本案而言，陈某策在案发过程中多次报警，且最终留在现场等候公安人员到来，足以表明其等候公安前来处理的态度。此外，同案多人已经离开的事实表明陈某策有充分的时间可以离开，而其所受的手部轻微伤显然也并不影响其离开案发现场。因此，陈某策留在案发现场是主动将自己交付于国家追

---

〔1〕［意］贝卡利亚：《论犯罪与刑罚》，黄风译，中国法制出版社 2002 年版，第 65 页。

诉,节约了司法成本,符合设立自首制度的目的,应认定其属于自动投案,成立自首。

综上所述,立足于自首制度的目的,将陈某策的行为解释为自动投案,进而认定其成立自首是妥当的。2010 年颁布的《最高人民法院关于处理自首和立功若干具体问题的意见》也采取了这一立场。

【延伸阅读】 1. 马克昌:《论自首》,载《法学评论》1983 年第 1 期。

2. 莫洪宪:《论自首和立功》,载《法学评论》1996 年第 2 期。

4 CASE 深圳王某出售鹦鹉案

广东省深圳市中级人民法院(2017)粤 03 刑终 1098 号刑事判决书

【基本案情】 王某因售卖变异的小金太阳鹦鹉被刑事拘留后,公安机关在其宿舍查获待售各类珍贵、濒危鹦鹉 45 只,经鉴定为绿颊锥尾鹦鹉(人工变异种)35 只、和尚鹦鹉 9 只、非洲灰鹦鹉 1 只。以上鹦鹉均被列入《濒危野生动植物种国际贸易公约》附录Ⅱ,多数涉案鹦鹉系人工驯养繁殖。深圳市宝安区人民法院一审以非法出售珍贵、濒危野生动物罪判处被告人王某有期徒刑 5 年,并处罚金人民币 3000 元。二审中,深圳市中级人民法院虽然认定王某行为达到了《刑法》第 341 条第 1 款规定的"情节特别严重"(应判处 10 年以上有期徒刑),但基于王某待售 45 只鹦鹉属于犯罪未遂且多数涉案鹦鹉系人工驯养繁殖,应当适用《刑法》第 63 条第 2 款规定的特殊减轻处罚,因此最终判处其有期徒刑 2 年(在法定刑以下判处刑罚),并处罚金人民币 3000 元。其后,经依法报请,最高人民法院核准了该二审判决。

【争议问题】 最高人民法院核准该案下调两个幅度减轻处罚是否合理?

【关联法条】 1.《刑法》第 63 条、第 341 条

2.《最高人民法院关于审理破坏野生动物资源刑事案件具体应用法律若干问题的解释》(2000 年)

【分析思路】 依据《刑法》第 63 条第 2 款的规定,即使不具有法定处罚情节,根据案件的特殊情况,经最高人民法院核准,可以对犯罪分子在法定刑以下判处刑罚。对此,就本案争议问题分析如下:

一是本案是否属于《刑法》第63条第2款规定的“特殊情况”？

立法设置法定刑时的依据是通常情形，这便可能难以兼顾个案的特殊情况。案件事实是纷繁复杂的，当个案的罪行相较法定最低刑对应的程度明显较轻时，需要减轻处罚以实现罪刑均衡。最高人民法院研究室《关于收购、运输、出售部分人工驯养繁殖技术成熟的野生动物适用法律问题的复函》（法研〔2016〕23号）中指出：“由于驯养繁殖技术的成熟，对有的珍贵、濒危野生动物的驯养繁殖、商业利用在某些地区已成规模，有关野生动物的数量极大增加，收购、运输、出售这些人工驯养繁殖的野生动物实际已无社会危害性。”具体到本案来讲，涉案的绿颊锥尾鹦鹉因为生态恢复和人工饲养，其数量得以极大增加，是否不再作为珍贵动物予以保护或有待商榷，但收购、出售此类人工驯养繁殖的鹦鹉实际的社会危害性至少已经显著降低。虽然对野生动物犯罪的法益是环境价值，而非保护某种动物的生命个体，但多数涉案鹦鹉系人工驯养繁殖而非纯野生动物这一事实仍然表明，王某行为对野生种群及生态造成的损害明显小于实施该犯罪的通常情形，也即社会危害性较小。

另外，王某在日常生活中难以明确知道出售何种鹦鹉构成犯罪，更无从知道司法解释将人工饲养繁殖的动物与纯野生的动物完全同等对待。换句话说，将完全人工饲养的动物解释为珍贵、濒危野生动物的这一做法或有超出公众预测可能性之嫌，难以为一般人所接受或认同。基于此，至少足以表明王某主观恶性和人身危险性较小，也即预防必要性较小。

根据并合主义与责任主义的原理，公正的量刑要求以责任刑限定刑罚的上限，在责任限度内考虑预防的目的。在对王某的刑罚裁量中，首先根据其较小的社会危害性确定了较轻的责任刑上限，而在此责任刑限制之下考虑预防的需要时，又因其预防必要性较小，确定对其最终的宣告刑应更为轻缓。因此对王某应处的刑罚明显轻于法定最低刑对应的程度，如果对其直接按照《刑法》第341条第1款的规定处以10年以上有期徒刑，违背罪刑相适应原则，故适用《刑法》第63条第2款规定的减轻处罚是妥当的。

二是本案下调两个幅度减轻处罚是否合法？

二审法院认定王某的犯罪行为达到了《刑法》第341条第1款规定的“情节特别严重”，也即原本应判处10年以上有期徒刑，其最终判处的2年有期徒刑实际上是降低了两个量刑幅度。需要讨论的问题是，降低两个量刑幅度是否符合减轻处罚的限度要求？

《刑法》第63条第1款对法定减轻处罚明确规定，有数个量刑幅度的，应当在法定量刑幅度的下一个量刑幅度内判处刑罚。但《刑法》第63条第2款对特殊减轻处罚的规定中并无相同表述。对于该问题，学界也产生了不同的观点。一种观点认为，特殊减轻处罚并无限度的要求，可以跨幅度减轻处罚，甚至减至免除处罚。[1] 另一种观点则认为，特殊减轻与法定减轻受到同等限制，也即不能跨幅度减轻处罚。[2] 但这一争议并不影响本案的判断，因为二审法院对王某未售出的鹦鹉作了犯罪未遂的认定。根据《刑法》第23条规定，对未遂犯可以减轻处罚，也即王某具有一个法定减轻处罚的情节。主流观点认为，在具有一个法定减轻处罚情节，下降一个量刑幅度后如果不能实现罪刑均衡，仍可适用《刑法》第63条第2款规定的特殊减轻处罚。[3] 因此，对王某降低两个量刑幅度处罚的判决是妥当的。

基于以上分析，本案二审法院对被告人王某减轻处罚的判决适当，最高人民法院对该判决的核准符合公众期待与公正观念。

【延伸阅读】 1. 张明楷：《论减轻处罚与免除处罚》，载《人民检察》2015年第7期。

2. 时延安：《酌定减轻处罚规范的法理基础及司法适用研究》，载《法商研究》2017年第1期。

5 CASE 李某奎强奸、杀人案

云南省高级人民法院(2010)云高法终字第1314号刑事判决书

【基本案情】 云南省昭通市巧家县李某奎因感情纠纷一直想报复王某。2009年5月14日，李某奎之弟李某与王某之母陈某因琐事发生打架，李某奎得知后便赶回巧家县。同月16日13时许，李某奎在王某金家门口遇见王某及其3岁的弟弟，以两家的纠纷为由与王某发生争吵、抓打。抓打中李某奎将王某的裤裆撕烂，并用手将王某掐晕后抱到王某金家厨房门口实施了强奸。王某被强奸后醒来跑向堂屋，李某奎便提起一把条锄打击王某头部致其

[1] 参见杜坤瑾：《减轻处罚规范化常态化适用思考》，载《中国检察官》2019年第5期。

[2] 参见黄祥青：《减轻处罚情节的理解与适用》，载《人民司法》2013年第11期。

[3] 参见张明楷：《论减轻处罚与免除处罚》，载《人民检察》2015年第7期。

当场倒地,后又提起王某弟弟的手脚将其头猛撞房门,并找来一根绳子,将王某姐弟的脖子勒紧后逃离现场。经法医鉴定王某姐弟二人均系颅脑损伤伴机械性窒息死亡。2009 年 5 月 20 日 14 时 30 分,李某奎到四川省普格县城关派出所投案。经调解,李某奎家属付给被害人家属安葬费 21838.50 元,并提供一块土地用于安葬被害人。

2010 年 7 月 15 日,云南省昭通市中级人民法院经审理,认为李某奎犯罪手段特别凶残、情节特别恶劣、后果特别严重,其罪行极其严重,社会危害极大,应依法严惩。虽李某奎有自首情节,但不足以对其从轻处罚,故以故意杀人罪判处其死刑,剥夺政治权利终身。随后,李某奎提起上诉。二审法院以李某奎具有自首情节,认罪、悔罪态度好,积极赔偿被害人家属而对故意杀人罪做出改判,判处其死刑,缓期 2 年执行。

在随后召开的新闻发布会上,云南省高级人民法院副院长赵建生对二审改判作出解释:李某奎强奸杀人案属于民间矛盾、婚姻家庭、邻里纠纷激化引发的故意杀人,对其一般不宜判处死刑。但死缓的改判仍然引发了广泛的质疑。被害人家属连同本村 200 多名村民联名向云南省高级人民法院提起申诉,云南省检察院亦对此案发出再审检察建议。2011 年 7 月 16 日,云南省高级人民法院宣布启动再审,最终以李某奎犯罪手段特别残忍,情节特别恶劣,后果特别严重,社会危害极大,不足以对其从轻处罚为由撤销原二审死缓判决,改判其死刑,剥夺政治权利终身。2011 年 9 月 29 日,经最高人民法院核准,李某奎被执行死刑。

【争议问题】判处死刑“立即执行”的条件是什么?

【关联法条】《刑法》第 48 条、第 232 条

【分析思路】第一,如何正确理解《刑法》第 48 条第 1 款关于适用死刑的规定?

《刑法》第 48 条第 1 款明确规定:“死刑只适用于罪行极其严重的犯罪分子。对于应当判处死刑的犯罪分子,如果不是必须立即执行的,可以判处死刑同时宣告缓期二年执行。”对此妥当的理解是,该条款前句和后句第一处的“死刑”均包括死刑缓期 2 年执行。也即这一条款前句是对适用死刑标准的规定,而后句是对死刑执行方式的规定。具体来讲,前句规定的“罪行极其严重”指对客观危害的量定,是死刑(包括死刑立即执行与死刑缓期 2 年执行)

适用的一般化标准。而最终判处死刑立即执行还是缓期2年执行则取决于被告人的“不同情况”。[1] 因此,“罪行极其严重”并非判处死刑立即执行的充分条件,而是适用死刑(包括死刑缓期2年执行)的前提。至于最终确定何种死刑执行方式,则需在满足“罪行极其严重”的基础上进一步对是否属于“必须立即执行”作实质的判断。

第二,如何界定“罪行极其严重”与“必须立即执行”的实质内涵?

应当首先明确的是,“罪行极其严重”与“必须立即执行”是两个独立的情节,二者内涵不可混同。“罪行极其严重”中“罪行”的内容既包括行为的客观危害,同时也包括行为的主观因素,也即包括表明法益侵害大小的事实与表明责任程度的事实两个方面,前者如行为结果、行为手段、行为次数、行为对象等,后者如故意、过失、目的、动机、预谋等。而对于是否“必须立即执行”的判断则应立足于行为人的人身危险性。一方面,是关注行为人犯罪前或犯罪后的情节,如行为人的一贯品行表现,有无犯罪前科,是否累犯、再犯,是否自首,是否立功,是否积极退赃、赔偿等。另一方面,由于客观存在的行为事实不仅是评价是否构成犯罪的依据,同时也是人身危险性的重要表征,因此可以由行为事实估测行为人的人身危险性。[2]

第三,结合全案,李某奎是否属于“必须立即执行”?

具体到本案来讲,李某奎故意杀害两人,造成了《刑法》第232条规定法益侵害结果,当然属于“罪行极其严重”,对其应适用死刑(包括缓期执行)并无争议。值得讨论之处在于李某奎是否属于“必须立即执行死刑”。如前所述,对于是否“必须立即执行”的判断应立足于行为人的人身危险性。民间矛盾激化的犯罪起因、自首与对被害人家属的赔偿属于表征较低人身危险性的情节,而连杀两人并均导致死亡,对王某杀害前的强奸行为,一名被害人是并无纠纷关系的三岁幼童等情节则指向高度的人身危险性,对此应通盘考虑、充分考量各情节的作用力大小,对各情节进行全面审度和综合平衡。我们认为,李某奎虽有可以从轻处罚的情节,但综合全案来看,这些从轻情节难以在量刑层面超过或抵消从重情节的影响,因此仍应认定为“必须立即执行死刑”。

---

[1] 储槐植:《死刑司法控制:完整解读刑法第四十八条》,载《中外法学》2012年第5期。

[2] 劳东燕:《死刑适用标准的体系化构造》,载《法学研究》2015年第1期。

【延伸阅读】 1. 陈兴良:《故意杀人罪的手段残忍及其死刑裁量——以刑事指导案例为对象的研究》,载《法学研究》2013 年第 4 期。

2. 劳东燕:《死刑适用标准的体系化构造》,载《法学研究》2015 年第 1 期。